金剛経の禅
禅への道

Suzuki
Daisetz

鈴木大拙

春秋社

目次

金剛経の禅

禅への道

金剛経の禅

I　般若即非の論理

1　手引の言葉

過般、東洋美術国際研究会の催しで、主としてドイツ人のために、禅に関して一場の講演を試みた。そのときの話をここに記述したいと思う。『金剛経』の禅に関する講話の序文のようなものになるであろう。

昔、唐に石頭希遷《せきとうきせん》（七〇〇－七九〇）という有名な禅者がいた。この人は曹洞《そうとう》系の祖師の一人で、馬祖《ばそ》道一などと同時代の人であった。その人の弟子に石室善道というのがあった。この人がある日、石頭と一緒に山歩きをした。そのとき、石頭が前方に木の枝の道をふさいでいるのを見て、それを斬ってくれないかと善道にいいつけた。善道は斬る道具を持っていないので、石頭にそれを貸してくれといった。石頭は腰から山刀《なた》を抜き取って、抜身のほうを善道に突きつけて、「さあ取れ」といった。善道は抜身をつかむわけにはゆかないので、「そっちの柄のほうをまわしていただきたい」といった。そうすると、石頭は、「柄が何の役に立つかい」と、こういったという話がある。これを聞いて、善道は悟るところがあったということだ。

　山刀《なた》とすれば、大したことにも考えられないかもしれぬが、今これを日本刀——三尺の秋水としたら、その抜身を目の前に突き出されて、「さあ、これで斬ってこい」といわれたら、善道ではなくても、普通にはきもを消すことになるのはきまっている。実際役に立つのは刃のほうで、柄のところではないのである。柄は刃のところを使うだけの手段となるもので、刃そのものではない。しかし、突き出された刃をつかめば、つかんだ手は直ちに斬れるに相違ない。この刃は実に何でもかでも斬る。いわゆる、人触るれば人を斬り、馬触るれば馬を斬るといったあんばいに、抜身はすこぶる近寄りがたいものである。

　ところが、実在というものは——それは最後の真実であるが、抜身と同じもので、近寄るものはことごとく殺されてしまわなければならないのである。それで、禅者はいつもこの真実をつかませるために、弟子を教育する上においても、まだるこしい手段とか、方法とか、そういうものには頓著《とんじゃく》しないで、単刀直入にそれをつかませようとする。石頭は、このゆえに、抜身を弟子の目の前に突き出して、「さあつかめ」というのである。

石頭のこのやりくちは、単に禅というものがどういうものであるかを知らしめるだけでなく、普通の教育者のやり方とちがい、いわゆる善巧方便で、時間を費すことなしに、いつでもほんとうのものから離れないように努めているということをわからせるのである。

今、手で刀の刃を握るという話をしたが、そのついでにまた手の話を一つする。それは大徳寺の開山で、大燈国師（一二八二―一三三七）はながく三条五条の橋の下で乞食《こじき》仲間にはいって、乞食の生活をしていたそうだ。ところが、時の朝廷で、この大燈国師を捜し出して大徳寺の開山にしたいと思われた。しかし国師を捜し出す方法が、なかなかつかなかった。そのころは乞食も、なかなかたくさんいたものと見える。ところが、国師は瓜がすきだということを知っている者がいて、それでは瓜の供養をしてみようということになった。乞食どもがゾロゾロと大勢やって来た。その中に、顔つきの尋常ならぬ者が一人いた。どうもこれが国師であろうと思われたが、しかしその上に、なお確かめたいと思ったので、瓜を渡す役人は、瓜を自分の手に持ちながら、その乞食にこういった、「無手で受け取れ。」つまり、国師に、手を出さずに受け取れということなのである。これが普通の人ならば、ずいぶん、まごまごすることであろうが、その乞食は、何ら躊躇の色も見せないで、「無手で渡せ」と、直ちに応答した。それで大燈国師はまったく地金を現わしてしまった。否応《いやおう》なしに引き上げられて、ついに大徳寺の開山にさせられた。この話は、ほんとうか、うそかは知らないが、とにかく面白い話として禅者の間に喧伝せられている。

もう一つ、手に関した話がある。これはまた唐代の話であるが、道吾《どうご》（七六九―八三五）が、雲巌曇晟《うんがんどんじょう》（七八二―八四一）に尋ねた、「大悲千手眼、那箇是正眼《カレ》。」これは千手観音さまは手も千本あれば、眼も千である。その千の眼のどれがほんとうの眼であるのかということなのである。そのとき、雲巌の答えに、「灯のないときに枕を捜すようなものだ。どうだ、わかるか」と、こういわれて、道吾が、「わかった、わかった」といった。雲巌がさらに「どうわかったか」と尋ねると、道吾は、「通身是眼《レ》」と答えた。通身これ眼というのは、「躰《からだ》全体がみな眼だ」ということである。眼というものが別にあって、その眼を使うか、使わぬかというのではない。千手観音の眼は、千眼あろうと、二千眼あろうと、その眼の一つ一つがことごとく観音その人である。別にどの眼がどうの、この眼がこうのということはないのである。これは手の話でなくて、眼の話になったが、手にしても同じことである。千本の手のことごとくが観音それ自体なのである。観音がこの手を使うとか、その手を使うとかいうようなことでなくて、使われるその手が、そのとき一つ一つ観音自身である。使うということになると、使うものと、使われるものとに分かれる。分かれるということは、いわゆる主観というもの、また客観というものがあって、能所が分かれる。能所の分かれるところに禅はないので、能と所が一つにならなければならないのである。すなわち観音さまは眼そのもの、手そのものである。また一つ一つの手、一つ一つの眼が観音その人である。別にその手、その眼を使う観音があるのではなくして、眼と手とが直ちに観音である。

この関係をよく見てとるところに禅というものがある。

これを序文として『金剛経』を解することができるとともに、前述の意味を汲み取りえられるならば、『金剛経』は別に講義するまでもなく、直ちに読了ということにしてもいいわけである。が、誰も彼も、こういうふうに読了しうるわけではなかろうから、やはり順序としては『金剛経』について解明することにしたい。

2 『金剛経』について

『金剛経』は『般若経』の一部である。『般若経』は、普通には六百巻といわれていて、いかにも冗漫なものと思われよう。事実、『般若経』は繰り返しが多くて、なかなか一つかみにその意味を説くことがむずかしいともいわれる。これはインド民族の考え方がそういうことになっているので、われわれ日本人にとってはいかにもまだるこしいという感を免れない。六百巻の『般若経』のうちで、『金剛経』がいちばん簡潔な経文であるといってもよい。が、これだって、なかなか簡潔明瞭というわけにはゆかない。いくらかの繰り返しはある。それで、私がこれを講義するにあたっては、一一の文句について話をすることをしない。『金剛経』全部を通じて、ある意味では『般若経』全部を通じて、もっとも大切と思われる項目を、いくつか並べあげて、そうしてそれについての愚見を述べることにする。それをたよりにしてお経を読んでゆけば、お経自身はさしてむずかしい術語を含んでいないから、素人《しろうと》でも容易にわかることと信ずる。ある意味ではこの経は禅宗所依《しょえ》の経典といってもよいので、次に述べることがわかれば、お経とともに禅についても、いくらかの了解が得られようと思われる。

『金剛経』は唐代において最もよく読まれたお経の一つである。それで敦煌《とんこう》で発見した経文のうちでも、『金剛経』の写本がいちばん多かった。それは、その時代に最もよく読まれたという証拠になるのである。今日でも『金剛経』は主として禅宗の人に読まれるのである。

『金剛経』、詳しくいえば、『能断金剛般若波羅蜜多経』である。能断というは、字のとおりの意味で、よく切れるということである。仏教的にいえば、煩悩を能く断つというのである。般若《はんにゃ》波羅蜜《はらみつ》の力は、金剛のように、何でも断ち切ってしまう。般若波羅蜜（多）というのは、般若は梵語《ぼんご》でプラジュニャー、波羅蜜はパーラミターである。プラジュニャーはすなわち般若で、漢語では智慧《ちえ》と訳されている。この智慧は、普通の知恵とはちがって、一次元高いところの智である。このことについては後述することにする。すなわちこの智慧が了解されることによって、すべての『般若経』が了解されるわけである。あるいはまた、すべての仏教が、これでわかるといってもよい。俗に「般若の智慧」というが、それは同じ意味のことを重ねたのである。波羅蜜というのは、波羅は向う岸という意味で、蜜は到る、達するという意味。波羅蜜で「彼岸に到る」ということになる。日本や中国の学者は、波羅蜜を「到彼岸」という意味に解している。すなわち「度」の義に解している。ところが、近代のヨーロッパにおける梵語学者の間では、波羅蜜を度の義に解しないで、「完全」の義にとる。すなわち般若波羅蜜は、「完全な智慧」ということになる。この「完全なもの」は、般若だけでなく、六つあることになっている。これを六波羅蜜、または六度という。六度とは、大乗仏教者の道徳的項目である。大乗仏教者の生活は、この六度、すなわち六つの完全な徳目を実行することにより達せられる、と、こういうふうに考えているのである。

3　六波羅蜜

六度とは、布施《ふせ》、持戒、忍辱《にんにく》、精進《しょうじん》、禅定《ぜんじょう》、智慧の六つである。これを簡単にいえば、布施は施すことである。自分をなくして、すべてを人のためにすることである。よくいわれる滅私奉公である。滅私奉公だけでは、まだ十分に大乗的行為とはいわれない。そこに何か、もう一つ上の力が働かなくては、宗教的に、すなわち大乗的に、波羅蜜というわけにはゆかない。しかし、今それを詳しくいうことはやめておく。

次の持戒は、戒律を守ることである。戒律というのは、外から加えられて、この身を拘束するという意味ではなくして、心のもっている本来の徳、すなわちわれわれ人間が、集団的生活を送るにあたって、各自がそれぞれ守らねばならないところのものが、自然に出てくるわけである。これを戒という。

忍辱とは忍び、耐えることで、ある意味では、消極的な道徳とも考えられよう。しかしながら人間には単に耐えるということではなく、おのずから出てくる積極的な意味のものがある。それがないと、宗教的にならないのである。ただ不自由に耐えるという意味ではない。人から加えられた恥辱を忍ぶ、こらえるという意味だけではない。ほんとうの仏教者の目から見れば、恥辱というようなものはないのである。自分というものがないとき、何をか恥辱といおう。ただ集団生活全体の上に加えられた恥辱というようなもの、それはある。この場合と、個人を主にした場合とは大いに区別しなくてはなるまい。仏教において供養ということをいうが、供養という字のほうが忍辱というよりも、あるいは積極的な気分が出るともいわれよう。しかしこれはまた他日のことにする。

次に精進であるが、この精進はすこぶる積極性に富んでいる。仏教生活の力点がここにあることがわかる。普通に仏教者は意気地《いくじ》のないもののように考えられている。ことにインドのような熱帯国では、精進ということは意味のないようにも考えられよう。あるいは、生理的に不可能なことども考えられよう。しかしながら、自己というもののないときには、人間はくたびれるということを知らないようになる。つまり精進の生活をしなければならないようになるものである。

次は禅定。禅定はいわゆる坐禅であると見てよろしい。ここにいう禅は、中国や日本でわれわれが普通に解しているところの禅宗の禅とは意味が多少ちがっている。禅定はインド伝来の心身の鍛錬《たんれん》法である。つまり、外へ出てさわがしく散乱しがちな心を、内へ収めて、いわゆる、心を一所に制すれば事として弁ぜざるはなしということになるのである。禅定は東洋独特の精神鍛錬法であると思う。これがなくては、何事もできない。普通の注意力を養うというよりも、まだ一段高いところをねらっているのが、禅定の元来の意味である。

その次が智慧、すなわち般若。般若の何ものたるかは、すでに了解せられたことと信ずる。ここに般若が六波羅蜜のいちばん終りにおかれ、布施がいちばん初めにおかれてあるのは、偶然でなく、そこに何らかの意図があると見てよい。布施は実行方面に考えられ、智慧は知的な意味になる。しかし実際、われわれの生活の上における実行は、智慧・精進と二つに分かれているものではなくして、王陽明が知行《ぎょう》合一といっているように、布施の行為が出る因は智慧である。智慧が会得せられれば、布施の行に出なければならないようになる。私にいわせると、般若は布施で、布施が般若である。こういってもよいのである。

4 『金剛経』の訳者・内容など

仏教経典はすべてインドで編集されたということになっている。『金剛般若経』も、やはりインドで出来たもので、『般若経』の一部である。『般若経』はおよそ六百巻ということになっている。そのうちにはいろいろな般若系の経典が集められてある。六百巻は、禅宗などでは何か大事件のとき、お祈りをするときに誦《よ》む。普通には正月三日の間、朝早く起きて転読する。転読とは、お経の初めと終りを誦んで、真ん中のところのお経を持ち上げて縦に持って、前後をスッとひろげて、その間をカルタでも振るようにバラバラとさせるのである。それを二三度やると、その一巻は転読せられたのである。しかし六百巻もあるのであるから、坊さん一人が何十巻かを分担して何十人もいれば、割合たやすく転読できるとも考えられる。正月の寒い最中に朝暗いうちに本堂へ出て、火もない所で、一山の僧侶《そうりよ》が大声をあげて、お経をバラバラさせて転読をやるのは、なかなかの勤めであるといってよろしい。こういうことをやると、聖寿万歳、国家安穏、民草もその堵《と》に安んずるということになるのである。般若の功徳というものは、これほど偉大なものである。その中の『金剛経』であるから、これを翻読すれば、また相当な功徳があるに相違ない。

それはそれとして、インドの経典はたいてい冗長で繰り返しが多いのである。ことに『大般若経』になると、この特質が著しく目につくのである。わずかな『金剛経』でも、いま少し簡潔にできそうなものだと考えられる。これがインド人の行き方なので、中国人や日本人の頭から見ると、いかにもまだるこしく感ぜられる。ことに禅宗の目から見ると、何とかこんな繰り返しをやめて、一息に片づけてしまっていいように思われる。それで雲門のごときは一字関といって、一字で哲学上や宗教上の大問題も片づけているのである。中国人の頭は、この点ではインド人に比較すると、すこぶる簡単明瞭にできている。明瞭は疑わしいが、とにかく、簡単は簡単である。今、明瞭といったが、この明瞭は中国人には、あるいは欠けているともいわれる。この欠けているところが、かえって含蓄性に富んでいると見てよい。明瞭性と含蓄性は時によると相反するものである。インド人は繰り返しが多く、冗漫であるが、その代りに、彼らの頭は概念的で、またある意味では明瞭性をもっているといえる。

禅がインドに発達しないで、中国まで来なければ、その成立を見なかったのも、インドの民族性では禅を作り上げることができなかったのである。禅になるべき本質はインドの哲学的・宗教的直観力にあるのであるが、これが禅的表現をもつようになったのは、中国民族の間でなくてはならなかった。

これから『金剛経』について述べるのであるが、自分は今までの人のように、題名を説明したり、一々の字句を説明したりなどすることはしないつもりである。『金剛経』を通じて流れているおもな思想のいくらかについて、禅者の立場から何か説明的なものを加えてみる。それでお経全体の帰趨《すう》が了解せられると思う。その前にこの経文は誰が訳したのかを述べなくてはなるまい。

普通に読まれているのは鳩摩羅什《くまらじゅう》（三三六―四〇九）の訳である。この人は今から一千五百年ほど前の人で、インドから中国へ来た訳経家のうち、最も傑出した一人である。『金剛経』は羅什の訳のほかに、玄奘《げんじょう》三蔵（五九九―六六四）の訳がある。これは唐代の人で、誰も知っているように、インドへ長い旅をして、無事に帰って、そうして翻訳に従事した。これも訳経者のきわめて傑出した一人である。羅什時代の訳を普通に旧訳《くやく》といい、玄奘時代のを新訳といっている。新訳はいろいろな点において科学的な正確さをもち、原文にきわめて忠実である。旧訳はこれに反して新訳ほどの正確さをもっていないが、原文の意味に、より多くの関心をもっていたといえる。文字の配列においては新訳のように正確でないが、意味を徹底させることにおいて、それを中国人向きにすることにおいて、新訳よりもすぐれている。それで新訳よりも旧訳のほうが、一般に流行したわけである。『金剛経』なども、玄奘の新訳の、文字の上で文法的に正確なのよりも、羅什の旧訳の、意味の上で中国人の心理によく訴えるほうが歓迎せられたわけである。

今、普通に使う羅什訳の『金剛経』は三十二節に分かれている。これは原文ではそう分かれているのではなくて、羅什が分けたのである。細かに節を切ってある点で、経文を解する上には便利である。この原文は梵語で書いてあるが、日本で発見せられたもので、今日ではデーヴァナーガリー文字で出版されている。それゆえに漢文の経典とこの原文とを比較して読むこともできる。しかし羅什の使った原典が、今日残っている原典と同じであったかどうかは、もちろん問題である。

5　般若の論理

　これから、『金剛経』の中心思想と考えられるものを取り上げて、お話しする。これは禅を思想方面から検討するということになるのである。まず第十三節にある「仏《ノ》説《クハ》二般若波羅蜜《ヲ》一。即《チ》非《ズ》二般若波羅蜜《ニ》一。是《ヲ》名《ク》二般若波羅蜜《ト》一」から始める。これを延べ書きにすると、「仏の説き給う般若波羅蜜というのは、すなわち般若波羅蜜ではない。それで般若波羅蜜と名づけるのである。」こういうことになる。これが般若系思想の根幹をなしている論理で、また禅の論理である、また日本的霊性の論理である。ここでは般若波羅蜜という文字を使ってあるが、その代りにほかのいろいろの文字を持って来てもよい。これを公式的にすると、

　　AはAだというのは、
　　AはAでない、

ゆえに、AはAである。

これは肯定が否定で、否定が肯定だということである。お経では、この次に、すぐまたこういうことが出てくる。微塵というは微塵でないから微塵だというのである。仏は三十二相をもっているといわれるが、その三十二相は三十二相でないのである。それで三十二相があるといわれるのである。こうしたあんばいで、すべての観念が、まず否定せられて、それからまた肯定に帰るのである。

これはいかにも非合理だと考えられよう。すなわち、もっと普通の言葉に直していうとわかる。山を見れば山であるといい、川に向かえば川であるという。これがわれわれの常識である。ところが般若系思想では、山は山でない、川は川でない、それゆえに山は山で、川は川であると、こういうことになるのである。一般の考え方から見ると、すこぶる非常識な物の見方だということにならざるをえない。すべてわれわれの言葉、観念、または概念というものは、そういうふうに、否定を媒介として初めて肯定に入るのが、ほんとうの物の見方だというのが、般若論理の性格である。さきに般若は、六波羅蜜の項目としてあげられているといったが、この般若なるものは実は普通の意味の知識ではないのである。われわれの知識というものは、常識の上でも、科学の上でも、いずれも、その物をその物として見るということであるが、般若の智慧なるものは、これに反して、まずその物を素直《すなお》に受け容れないで、これを否定する、それはそうでないという。そして、それから肯定に帰るということになるのである。これはいらぬ話だ、必要でない道行きをわざわざしなくてもよいではないかといわれるであろう。「柳は緑、花は紅」、それでもう初めからたくさんではないか。柳は緑でなく、花は紅でないから、柳は緑で、花は紅だということは、平地に波乱を起こすことで、われわれの頭を、かえって混乱させることではないか。

それはそのとおりである。しかしこの頭の混乱というのは、もともと、われわれ自身から持ち出したことなので、当初には何らの混乱もなかったのである。いわゆる平地に波乱を起こしたのは、その罪誰にあるのでもなくして、われわれ自身にあるのである。それはどういうわけかというに、山が山でないというと妙に聞こえるが、われわれは初めから生も死もないのに、生まれて死んで、死んで生まれるというと、かえって不思議になるのに、われわれはそれに気がつかないのである。そして、いつまでも生きたいとか、死にたくないとかいうのである。そこにかえって波乱が起きたといってよかろう。山や川や花や何かの場合には、これを否定すると、不思議だ、非合理だといわれて、われわれ自身の上になると、「不生」のところに生死を見たりして、「不生」の否定を、何ということなしに考えている。不生の上に生死を考えることは、山を山にあらずといったり、花は紅ではないということと同じく、不合理だとか不都合だとかいえば、まことにそのとおりなのである。知性的判断の上に立ったり、情意的選択のうちに動いているかぎり、霊性的直覚には至りえないのである。般若の論理は霊性の論理であるから、これを確認するには、横超の経験がなくてはならぬ。

禅はこの論理を論理の形式で取り扱わない、そこに禅の特殊性がある。すなわち生死の問題などに対してはこういうのである、「君らのそう逃れたいという生死なるものはどこにあるのか。離れたいという繋縛はどこにあるのか。誰か君らを縛っているものがあるか。誰が君らを動かないようにしているのか」と、こういうあんばいに逆襲して来るのが禅論理の特性である。普通の常識がまず否定せられて、その否定がまた否定せられて、もとの肯定に帰るということは、まわり遠い話である。しかしわれわれの意識は事実上この回り道をやらないと承知しないのである。般若の智慧、すなわち霊性的直覚そのものから見れば、初めから山は山、川は川で、そこに何らのめんどうも曲折もないのである。しかし感性的直覚から霊性的直覚に至る道は、ここでいうようには容易なものではない。

ところが、こんなめんどうなことのできるのは人間の特権である、人間にのみ霊性的生活が許されているからである。人間は人間として偉いといってよい。やはり万物の霊長だということになる。生死の問題とか、煩悩・涅槃の問題というようなことは人間にだけあるのであって、動物や植物にはそういうことはないのである。犬にしても猫にしても、生死とも善悪とも美醜とも何ともいわぬ。生まれるときに生まれ、死ぬるときには死んでゆく、すきなものはたべる、お腹《なか》一杯になれば寝ころぶ。ただ人間だけが、何で生まれたのか、何で死なねばならないのか、あるいは死にたくないとか、生きたいとかいって、いろいろに騒ぎたてる。動物も植物も死にたくないのであろうが、しかし死ぬときには黙って死ぬし、枯れるときも黙って枯れてゆく。人間のようにもがくことはしない。そのもがくことをしないところに、動物の、ある意味での優越性があり、人間に及ばないところがあるともいえる。しかしわれわれは、犬にも猫にもなりたがらない。山を山と見るときに、まず山は山でないと見て、それからまた山と見るというような、まだるこしい論理を好んで行じているのである。このまだるこしさが人間以外にはないというところに、人間の悲劇と喜劇とがある。動物にはもちろんそういうものはない。人間以上の神であるとか、あるいは天人というようなものにしても、この人間的なまだるこしさというものはない。つまり、まだるこしさ、悩み、わずらいというようなことは、人間の特権だといっていいのである。般若はこの人間の特権というものを、はっきりと認めている。そこに霊性的生活の世界が開けてゆくのである。

6　竹篦背触

さて、そのことを、これほどはっきりとつかんでいるのは、インド人の頭のいかにも鋭いということを示している。インド人は、政治的には今日、はなはだ望ましくない状態に浮き沈みしているると思われるが、宗教的哲学的思索の深さにおいては今までもそうであったごとく、今後も世界の思想界を動かすべき力をもっていると、私は信ずる。般若の思想でインドは世界を征服するかもしれない。それが中国へ来て、また中国流の特別な言いあらわし方が発展してきたということにわれわれは多大の興味をもつしだいである。そしてそれが今度は日本へ来て、日本的霊性的直覚を構成するようになったので、われわれの感興はますます大ならざるをえないのである。インド人は般若が般若でないから般若だというようなあんばいに概念的な言いあらわし方をしたが、中国人の言いあらわし方は、またいかにも具体性を帯びている。

それで、こういう公案が出来た。「竹篦背触《しっぺいはいそく》」というのである。それはどういうことかというと、ある禅坊さんが、竹篦を取り出して、「これを竹篦といえば触れる。そうでないというと背《そむ》く。背かず、触れないでなんという。」これが公案である。触れるというは肯定のこと、背くというは否定である。肯定もせず、否定もせず、すなわち肯定と否定とを離れて、竹篦の竹篦たるゆえんを示せというのである。言葉でいうとこうなるが、竹篦の実体は眼前に露堂堂たることを忘れてはならぬ。『金剛経』の般若は般若でないから般若だというのと同じ理屈である。否定と肯定とは元来相容れない。これは矛盾である。その矛盾を事実の上に解消しようというのが禅のねらいどころである。それで、だいたいこういう公案というのは、何かの点で両方に引っかかっている。つまりジレンマである。今の場合でも、背かず触れず、否定せず肯定せず、竹篦の全面目を発揮させるというのであるから、ある意味の隘路《あいろ》に突っこまれたようなものである。これをどうして脱却し解消するかというのが公案なのである。

また、こういうこともある。これは傅《ふ》大士という人の言葉であるが、

空手ニシテ把リ二鋤頭ヲ一、歩行シテ騎ル二水牛ニ一。
人ノ従リ二橋上一過グルニ、橋ハ流レテ水ハ不レ流レ。

これで見ると、空手で鋤《すき》の柄をつかんでいるということである、歩いていて牛に乗っている、橋の上を通ると、橋は流れて水は流れない。矛盾に満ちた言いあらわし方である。普通の常識で見ている世界では、こういうことは不可能の事実と考えなくてはならない。空手であるから何もないのである。鋤の柄でなくても、何ものも空手の中にあるべきわけはない。空手ということが、すなわち、その手の中に何ものもないということなのである。もうひとつ言いかえると、何もなくて何かあるということになる。また逆にして、何かあるが、何もないということにもなるのである。これはどうか。歩いて牛に乗っているということも、橋が流れて水が流れないということも、同じことである。有ることがなくて、無いことがあるのである。般若でないということにな

る。般若でないから般若だということになる。手の中に鋤はある。橋の上を人は通っている、水は流れている。否定が肯定せられ、肯定が否定せられている。これは常識的には一種の謎のようなことにもとられよう。

霊性の論理は、はたして謎か。こんな、いわば、わけのわからぬようなことであるが、このわけのわからぬことがいわれるのが、さきにもいったように人間の特権なのである。これがいわれるので、人間は人を救いもしたり、また人を殺したりもする。われわれの存在事実というものは、この矛盾で構成せられているのである。存在しているということが、霊性的の上では、矛盾の自己同一ということになるのである。論理的矛盾そのことが存在なのである。考えるということが人間の特権であるかぎり、竹篦というなら、その存在が霊性の上で納得せられるものとならなければならぬ。この納得すなわち直覚を、知性面に現わして見ると、背くか触れるか、肯定か否定かという矛盾に陥らなければならぬのである。竹篦の存在事実は、つまり知性面の論理では矛盾になるのであるが、霊性的直覚では、そのままに受け容れられて、矛盾が矛盾でなくなる。

矛盾ということにしておくかぎりは、人間はそれで生きてゆくわけにはゆかない。矛盾に生きてゆけないということは、矛盾と気がついたら、それを解消しないと生きてゆけないということである。矛盾と気のつかないかぎりは、ちょうど猫が鼠を捕えたり、犬が知らない人にワンワンと吠えると同じだ。しかし、人がワンといって、そうしてこの「ワン」はどういうことなのかと考えだしたら、むやみにワンワンといえなくなってしまう。「ワン」ということを、そのまま「ワン」ですませば、そこに肯定も否定もないが、「なぜ」とか、「何のために」とかいうようなことを考えだせば、ワンをワンとして、そのままでゆくわけにはゆかなくなる。「ワン」がまっすぐに出ない。そこに踏みとどまらなければならない。つまりそれが否定である。ワンが否定せられるということになるのである。否定せられたと気がつくと、もう一歩も動けなくなる。禅の修行というものは、つまり自由に動いていたものを、まず動けなくさせる修行だといってよろしい。すなわち否定の修行である。あるいはこういったほうがよいかもしれない、いわく、まず否定に撞著《どうちゃく》したから禅に入ったのであると。禅は否定の修行だというよりも、まず否定があったので、それから禅を修行することになったというほうがわかりやすいであろう。否定ということを感じうるのが人間である、それは人間にのみ許された霊性的生活のゆえにである。それで「不生」を否定した生と死の観念から脱出しようと、人間は努めるのである。つまり人間が矛盾ということに気がついたとき、彼はもうすでにその矛盾を解消したということになっているのである。しかしそれは解消ができてからの話で、矛盾がすなわち矛盾の解消だと気のつくまでには、なかなかの回り道をやってゆかなければならないのである。禅者はこの回り道をできるだけ近道――もしありとすれば――させてやろうというので、「竹篦背触」が持ち出されるのである。竹篦といえば、中国では坊さんが身のまわりに持っているものらしい。二尺か三尺、どのくらいあるか知らぬが、そのくらいの長さの竹の切れだと見ておけばよかろう。実際は木の切れでもいいが、とにかく禅坊さんが日常持っているそのものを人々の面前に突き出して見せて、背触の問答を始めたしだいである。竹篦というと、われわれにあまり関係のないもののように思われようが、はたしてそうであろうか。竹篦と呼ばれようが、木の切れっぱしと呼ばれようが、どちらでもよいと考えられよう。なるほど、それがただ坊さんの手の中にある一つの竹の切れだということにとどまるかぎりは、そうともいわれよう。しかしながら、問題は、その竹篦という一つの道具にあるのではなくして、この竹篦という一個の存在事実と見られるものの中に含まれている論理的矛盾——その解決が目の着けどころなのである。これは何でもないということではなくて、直ちにわれわれの生死の問題、人間存在そのことの問題、客観的世界の存在の問題というようなところに関連してくるのである。関連というよりも竹篦が直ちに人生そのもの、世界そのものなのである。そこに突さ出された竹篦は和尚の手裏にあるのでなくて、自分がそれなのである。竹篦背触の解決は、そのままで自分の生死の解決、したがってまた宗教的大問題の解決ということになるわけである。竹篦とか、人生とか、世界とかいうものを、それぞれ別個の存在事実として、いくつにも分けて考えているかぎりは、まだこの問題の核心に触れたものではないのである。

「仏説《ぶっせつ》般若波羅蜜。即非《そくひ》般若波羅蜜。是名《ぜみょう》般若波羅蜜。」この形式を自分はまた即非の論理といっているのである。これは論理か何かわからぬが、とにかくまあそういっておく。この即非の論理が、また霊性的直覚の論理であって、禅の公案を解く鍵《かぎ》なのである。これがわかると、『金剛経』もまたわかるのである。六百巻の『般若経』も、何のことなくすらすらと解ける。格に入って格を出るという日本的芸術的直覚の根拠にも徹しうるのである。

II　応無所住而生其心

1　とらわれぬ人

「応無《おうむ》所住而生其心《しょじゅうにしょうごしん》」ということをお話ししたいと思う。これは『金剛経』の中の有名な句である。どういう意味で有名かというと、中国における禅宗の六祖に慧能《えのう》（六三七—七一二）という人がある。この人は唐代の中ごろの人であるが、中国で禅宗というものが、しっかりとした根を下ろすようになったのは、この人からである。この人が他人の『金剛経』を誦むのを聞いて、この句にあたるところで悟りを開いたという話がある。中国では『金剛経』はよほど古くから誦まれていて、ことに敦煌で発見せられた写本のうちには、『金剛経』の写本がいちばん多かったというところから見ても、そのひろがり具合がわかろう。

このお経はさきにも述べたと思うが、『般若経』の一部であるが、だいぶ、繰り返しがあるけれども、一とおり読んで、わかりやすいお経である。そうしてあまり細かいことも説いていないので、そのころの中国人には一般に好まれたもののようである。六祖は学問のない人だったということになっているので、自然、むずかしい『法華経』や『華厳経』などよりも、こういうお経のほうが聞いていてもよくわかったことだろうと思う。

そこで「応無所住而生其心」、これは「応《まさ》に住する所なくして而《しか》もその心を生ずべし」と読むのである。この意味は、つまり、無心または無念ということと同じである。住するというのは、何か一定の場所、または事柄にとらわれて、そこから離れられないというのが住である。それは貪著《とんじゃく》ということである。

この貪著が、知的に解せられても、また情的に解せられてもよいが、とにかく何かにとらえられるところがあって自由がきかない、それが貪著である。われわれは、たいてい何かにとらわれている。財にとらわれなければ、名にとらわれるとか、名にとらわれなければ、権力というようなものにとらわれている。こういうものにとらえられていると、そのとらえられているところが弱点であって、相手に、その点から突っこまれてくるのである。これがすきである。たいていのわれわれには何かのすきがある。

昔、ギリシャの哲人にアルキメデスという人があったが、その人のいわく、「わしに梃子《てこ》の台さえあれば、地球でも何でも自由に動かせる」と。この梃子の台がみなにあるアキレスの腱《けん》である。これを突かれる、これが人間の弱点である。名とか、権力とか、利とかいうものに縛られているので、その縄《なわ》のはしを誰かにつかまれれば、その人は他によって自由に動かされるのである。「応に住するところなくして」というのは、そんなつかまれどころをもたぬとの義である。宗教的哲学的には、もっと広い意味があるのであるが、しかし一般に考えて、実際的に話し合っても、何にもとらわれるところのない人ほど、始末におえぬものはないのである。

2 無住《ヲ》為《ス》レ本《ト》

それはそれとして、六祖慧能の禅は、

立《シテ》二無念《ヲ》一為《シ》レ宗《ト》、無相《ヲ》為《シ》レ体《ト》、無住《ヲ》為《ス》レ本《ト》。

これである。無念と無相と無住、この三つの脚が鼎《かなえ》のように、六祖の思想の基底をなしているのである。無念というのは、いわば心理学的方面から見たのであり、無相というのは形而上学的方面から見たのであり、無住は道徳的、実地的であると見てよかろう。無住も、無相も、無念も、つまるところ、同じ方向をさしているのである。

無住というと、いかにも落ちつきどころがないように考えられよう。われわれの分別知の上から見ると、それはもっともである。これは前にも話したように、分別の立場をまったく離れたところを見てからの考え方なのである。考え方というよりも、見方というほうがよかろう。考えるというと、どうしても分別・反省・往復などということがある。見るという字には、むしろ分別も批判も何もない。ただ現成底《げんじょうてい》そのままである。躊躇《ちゅうちょ》することも何もいらない。こういう見方を手に入れてから、無住といっても、無念といっても、無相といっても、ちゃんと落ちつくところのない落ちつきがあるのである。こういう矛盾した言いあらわし方は、禅を説くにおいて、どうしても避けることのできないところのものである。さきに、般若は般若にあらず、それが般若だといった。これも矛盾であるが、この矛盾がすなわち相即するところに、禅の見方が成り立つのであるから、無住の住、無相の相、無念の念ということにならざるをえないのである。これを霊性的直覚といっておく。

『維摩経』というお経があるが、その中にこういうことがある。

又問《フ》。生死有《リ》レ畏《レ》、菩薩当《キャ》二何《ニ》所《ナル》レ依《ル》。維摩詰言《ク》。菩薩於《ハテ》二生死《ノ》畏《レノ》中《ニ》一、当《ニ》レ依《ルベシ》二如来功徳之力《ニ》一。

文殊師利又問《フ》。菩薩欲《セバ》レ依《ラント》二如来功徳之力《ニ》一者、当《キャ》二於《テカ》レ何《ニ》住《ス》一。答《テ》曰《ク》。菩薩欲《セバ》レ依《ラント》二如来功徳之

力ニ一者、当シレ住スレ度二脱スルコトニ一切衆生ヲ一。又問フ。欲セバレ度セント二衆生ヲ一、当キヤ二何モノカ所レ除カル。答テク曰。欲セバレ度セント二衆生ヲ一、除ク二其ノ煩悩ヲ一。又問フ。欲セバレ除カント二煩悩ヲ一当ニ二何モノカ所レ行ゼラルベキヤ。答テク曰。当ニレ行ズベシ二正念ヲ一。又問フ。云何ニシテカ行ズルヤ二於正念ヲ一。答テク曰。当ニレ行ズベシ二不生不滅ヲ一。又問フ。何ノカ法不生、何ノカ法不滅ナリヤ。答テク曰。不善ハ不生ナリ、善法ハ不滅ナリ。又問フ。善不善トハ孰レヲ為スヤレ本ト。答テク曰。身ヲ為スレ本ト。又問フ。身ハ孰レヲ為スヤレ本ト。答テク曰。欲貪ヲ為スレ本ト。又問フ。欲貪孰レヲ為スヤレ本ト。答テク曰。虚妄分別ヲ為スレ本ト。又問フ。虚妄分別ハ孰レヲ為スヤレ本ト。答テク曰。顛倒想ヲ為スレ本ト。又問フ。顛倒想ハ、孰レヲ為スヤレ本ト。答テク曰。無住ヲ為スレ本ト。又問フ。無住ハ孰レヲ為スヤレ本ト。答テク曰。無住ハ則チ無シレ本。文殊師利、従リ二無住ノ本一立ツ二一切ノ法ヲ一。（『維摩経』、羅什訳、観衆生品第七。筆者加点）

〔又問ふ、生死に畏れ有り、菩薩まさにいづれに依る所なるべきや、維摩詰《ゆいまきつ》いはく、菩薩は生死の畏れの中においてまさに如来功徳の力に依るべし。文殊師利又問ふ、菩薩、如来功徳の力に依らんと欲せば、まさにいづこにおいてか住すべきや、答へていはく、菩薩、如来功徳の力に依らんと欲せば、まさに一切衆生を度脱することに住すべし。又問ふ、衆生を度せんと欲せば、まさに何ものか除かるべきや、答へていはく、衆生を度せんと欲せば、その煩悩を除くべし。又問ふ、煩悩を除かんと欲せば、まさに何ものか行ぜらるべきや、答へていはく、まさに正念を行ずべし。又問ふ、云何《いか》にしてか正念を行ずるや、答へていはく、まさに不生不滅を行ずべし。又問ふ、何の法か不生、何の法か不滅なりや、答へていはく、不善は不生なり、善法は不滅なり。又問ふ、善と不善とは孰《いず》れを本となすや、答へていはく、身を本となす。又問ふ、身は孰れを本となすや、答へていはく、欲貪を本となす。又問ふ、欲貪は孰れを本となすや、答へていはく、虚妄分別を本となす。又問ふ、虚妄分別は孰れを本となすや、答へていはく、顚倒の想を本となす。又問ふ。顚倒の想は孰れを本となすや、答へていはく、無住を本となす。又問ふ、無住は孰れを本となすや、答へていはく、無住は則ち本なし。文殊師利、無住の本より一切の法を立つ。」

ここに、無住の本は無住であるというと、無の本は無であるということになる。これはいくら繰り返しても同じことであるが、これが絶対無である。有無の無でない。また有無の外にさらに無があるのでもない。有無直ちにこれ無である。ここに霊性的直覚がある。

黄檗《おうばく》（?―八五〇）の『伝心法要』に「応無所住而生其心」を説明して、これは有無の諸法を離れて、心が日輪のようになって、常に虚空に居て、光が十方に遍満して照らさざるところなしというようなもので、ここに「省力底の事《じ》」がある。すなわち、とらえられるところなしに、造作的・技巧的に無用の力を使うことなしに、任運自在という義である。これがまた「無棲泊処《むせいはくしょ》」である。無棲泊処というのは、すなわち無住、無所住の意味である。これをまた「本来無一物」ともいうのである。

黄檗の言葉をもう少し引用する。これは誤解されやすいとも思うところもある。しかしこれは避けられない。人間の言葉――それだけにつきまわっていると、どこかですべり落ちる。黄檗いわく、「近ごろの禅道を学ぶものは、みな一切の声色についてまわるが、それはわが心とは関係のないものだ。心を虚空と同じくし去り、枯木石頭のごとくにし去り、寒灰《かんかい》死火のごとくにし去れば、いくらか相応するところもあるであろう。そうでないと他日閻魔《えんま》さんにとっちめられるぞ。とにかく、有だとか無だとかいうものをことごとく離却《りきゃく》せよ。」禅はそれから出る。

3 心

「その心を生ずる」という、この心であるが、これが、なかなか紛糾した問題である。あまり深入りせぬが、元来、心はいろいろな意味にとられているので、ときどき、どういう意味でこの字が使われているか、考えさせられることがある。普通に仏教では、心を三とおりぐらいに見ている。一つは心臓、すなわち肉団心《フリダヤ》という意味で解せられている。物の中心または核心になるという義である。もう一つの意味は、仏教者の定義によると、集起心《チッタ》である。これは、多くの働くものをある場所に集めて、その集めたところから何かの用《はたらき》が起きてくるの義である。これは普通にわれわれのいうよりも、もう少し根本的なものである。次に今日われわれのいう意識——分別心に相当したものを摩那《マナス》という、思慮分別の心である。しかし、禅でいう心は、もっともっと深い意味のものである。分別心でも、思慮心でもない。これは無分別心と呼んでいるが、分別を超越したところに働く心である。分別心または分別意識というが、こういうものの底に無分別心が働いていると、自分はいうのである。この無分別心の働きを見ないで、ただ分別心だけを見ているときに、われわれは本具底の自由を失うのである。つまりどこかに住するところがあるといけないので、分別心では有所住とならざるをえないのである。無分別心が分別心を通じて働いて出るということがわかると、この住から離れられるのである。それで「住するところなくしてその心を生ずる」というのは、無分別心が、すなわち住するところのない心が、分別意識上に働くの義である。「その心を生ずる」ところは分別意識であるが、それは無分別心からでなくてはならぬ。無分別心を往々に解して単なる分別を否定したものとするようであるが、それはそうでなくして、無分別心は分別心とともに働いているのである。無分別心すなわち分別心、分別心すなわち無分別心。有が無、無が有であるというところに、「応無所住而生其心」の妙用が、働きが出てくるのである。この働きは妙用である。この妙用がわかると、六祖のいうような無念・無相・無住ということがまたわかるのである。

4　無功徳

これを道徳的にいうと、無所住は達摩《だるま》の無功徳である。これは、人のよく知っているところであるが、昔梁《りょう》の武帝（四六四―五四九）が達摩と会見したときに、梁の武帝は、元来仏教に対してすこぶる厚い信仰をもっていたので、こういう問いを出した、「自分はお寺を建てたり、坊さんをこしらえたり、坊さんを供養したり、いろいろ仏教のために力をつくしているが、どういう功徳があるだろうか。」こう尋ねたとき、達摩は「無功徳」といったのである。元来仏教では、報いを考えて仕事をするということをきらうのである。普通われわれの社会的経済的生活では、どれだけの仕事に対しては、どれだけというふうに、それぞれの報償が定められている。これは近世の個人的営利主義の経済から見ても、またいわゆる国家社会主義の経済から見ても、報償のない経済生活というものは不可能である。親に孝をつくすということも、君に忠をつくすということも、たいていの場合には、みな何かの形での報償に心がとられている。報償は有形のものでなくても、何かの意味において、一に対する一、二に対する二というように、報いを求める。哲学者のいう合目的性がそれである。

分別の世界、われわれの日常の世界では、合目的的でない行為はないのである。それゆえに、こうすればああなる、ああすればこうなるというようなあんばいに、こちらから出た働きが、何かの形でまた向うから帰ってくるということにならなくてはならないのである。それを意識するとしても、意識しないとしても、われわれの生活はそういうふうに規定せられているのである。それが分別世界の成立理由である。報償は、知性的にいえば、因果性である、これがないと、われわれの日常生活は成り立たぬといってよろしい。

武帝の考えも、もとよりこの範囲を出なかったのである。ところがそれを、達摩は「無功徳」ということで蹴飛《けと》ばしてしまったのである。

これを表面の意味から解すると、すなわちただの分別知上の知識で見ると、無功徳生活は今日の集団的生活組織というものを根底から破壊するものといってよい。原因結果の世界、すなわち、分別性をもった秩序体を否定するのであるから、無政府主義だといってもよいわけである。ある面から見ると、宗教にはそういうところがある。それで宗教的経験の正体が正当に日本的霊性的直覚の上で解釈せられ、受け容れられないと、そこにはすこぶる剣呑《けんのん》なものがあるということになる。しかし、前にいったように、無分別の分別で、また分別の無分別で、どうしても分別のうちに無分別のところがないと、われわれはその存在の根底にすわりを見ることができぬ、すなわち安心することのできないものがある。すなわち、無住の本が無住であるという、その無住のところに安住しないと、いつも自分のいるところに対して言い知れぬ圧迫を覚えるのである。宗教家は覆《くつが》えすことのできないところに自分の立場を得たいというのである。それゆえ、何といっても無住の場所を一つ見つける、合目的的でない、いかにも馬鹿げたところを見つけなくてはならぬのである。

5　嬰孩行

これを嬰孩行《えいがいぎょう》という。つまり、赤子《あかご》になるということである。宗教家はキリスト教者でも、仏教者でも、儒教者でも、道教者でも、みな子供心というところを見ている。キリストは、赤子のようでなくば天国に入ることができぬという。中国の人も、「大人は小児の心を失わず」という。老子にも、何かこれに似たような言葉があった。しかし単におとなが子供になれという意味ではないのである。おとなはおとな、子供になれる気づかいはない。それから子供がそのままで、おとなになるということもありえない。小児の心を失わずで、心が純真なもの、赤裸裸のところ、分別計較《けきょう》にとらえられぬところがあってほしいというのである。正三道人は、「自分たちはみなばけものだ」というが、いかにもそのとおりである。このばけものには生後数カ月を経ないでなりたがる傾向がある。周囲の人がそうさせるのである。しかしとにかく、われわれは一度化けてみないと、化けない前の自分がわからない。化けるのも悪くはない、ただ化けの化けたるゆえんに自覚のないのが、いちばん危険である。赤子はどうしてもおとなとならざるをえない。が、われわれは何かにつけて子供らしさを慕う傾きをもっている。人間は何か太古の時代をあこがれる。神代をあこがれるということなども、この嬰孩行がわれわれのたましいを呼ぶと見てもよかろう。

ローレライのようなもので、ラインの河の底からなにか、魔物か、天人かわからないが、われわれを呼ぶ声がする。そのような心持でわれわれは分別性の現成底《げんじょうてい》を離れたい、無分別の波の底へ飛び込みたい気がするのである。

それといって、直ちに魔物の呼ぶままに引かれて行こうとすると、思わぬ危険にその身をさらすことになる。これは人間の生命というものを知らない行き方である。生命は成長する。生命は時間的である。無分別の波の中、空間性の淵の底に沈んで行ってはならぬ。生命を分別の上に築き上げなくてはならぬ。これが生命の意味である。おとなは子供になってはならぬ。ただ、子供の心をもたなくてはならぬ。一人前のおとなとして理智を十分に備え、いろいろな感情も十分に備えていて、しかもそこに赤児の無功徳性、非合目的性をもたなくてはならぬ。非合目的性というよりも、没合目的性というほうがよいかもしれない。それで孔子は、「七十歳にして心の欲するところに従いて矩《のり》を踰《こ》えず」という。これが赤児の心である。そういう内容をもった嬰孩性で、初めて人間が完成する。ただ昔が恋しい、赤児の時代がよかったというようなことだけでは何にもならない。理屈は十分にいわなくてはならぬ。感情は豊富でなくてはならぬ。豊富な感情と、盤根錯節《ばんこんさくせつ》を切り開く理智分別をもちながら、しかもその奥に嬰孩性、すなわち無功徳なものを、深く蔵していなくてはならぬ。

6 無報償の世界

達摩が武帝の問いに対して、無功徳といったのも、武帝が自分の仕事に対して報償を求める、そこに分別にわずらわされた純粋ならぬものがあるので、達摩はその虚を衝いたしだいである。武帝は無所住でなくて、有所住であった。因果にとらえられて、よいことをしようとしたのであるから、まことに結構であるが、そこに宗教的なものが見られぬ。宗教には、どうしても無所住の意味が入ってこなくてはならぬ。無所住というのは、無所得心の意味である。すなわち、決《けつ》定《じょう》して不得《ふとく》一法、すなわち孩提《がいてい》心の義である。孩提は無所住である。またこれを不識といってよい。すなわち、武帝が「いかなるかこれ、聖諦《しょうたい》第一義」と問うたら、達摩は「廓然無聖《かくねんむしょう》」と答えた。武帝がさらに「朕に対するものは誰ぞ」というと、達摩はすかさず「不識」と喝破した。この達摩の「不識」は、ただ「知らぬ」という意味ではない。「不識！」それだけである。この「不識」は、般若の即非の論理のもう一つの言いあらわし方である。これをまた「非思量！」ともいう。薬山（七五一―八三四）の言葉に左のようなのがある。

師坐次《ニ》、有《リ》レ僧問《フ》、兀兀地《ごつごつち》思二量《スルヤ》什麼《なにヲカ》一。師曰《ク》、思二量《ス》箇《ノ》不思量底《ヲ》一。曰《ク》、不思量底如何《ンガ》思量《セン》。

師曰《ク》、非思量。

この「非思量」は「不識」と異なったものではない。「無所住」も同義である。「無所住」は論理的というよりも、行為的であるが、「不識」と「非思量」は、知性的である、論理性をもっている。禅にはいつもこの両方が見られる。霊性そのものには二面はないが、二つに分けるべきではないが、人間の意識は、いつも一つ物を二つに見ようとする。これが意識の特性で、もとよりそうあってよいのである。しかし、二つと見るのは、こちらである、見るほうが一を二にするので、見られる物そのものは二でないのである。見るほうで二つにするのは、見るほうからすれば事実であるが、見られるほうからすれば、人間がいらぬものを付け加えてくれたというわけになる。二つにするほう、すなわちこちらを主にして、向うを客にすると、客は主に制せられて、客は思わぬものを背負わされて迷惑することにもなろう。それだけならよいが、もし主のほうで、自分がわざわざ向うにもたせたものを、向うが本来もっているもののように思って、そんな取り扱いをすると、主客ともにとんだ迷惑をする、争いは絶えず両者の間に起こる。それを今度は主、すなわち自分を無にして、客のほうを主にすると、道元禅師（一二〇〇—一二五三）が「万法来たって我を証する」といわれたように、自然に無所得が得られる。すなわち無功徳で、無所住で、そして活潑潑地の働きがそこから湧いて出る。本来の一つ——一つだけあれば無である——本来無を二つに分けて見るというところに、無理が出来て割り切れぬものが残る。その無理を打ち消すか、あるいは取り去るのが、「非思量」、「不識」、「応無所住而生其心」である。六祖の無念・無相・無住も、このところを見ての話である。霊性的直覚の世界は、どうしても分別識を一ぺん爆砕しないと、その姿を現わしてくれぬ。

合目的的というときには、そこに二つの世界が分かれて出る。目的が向うにある。それを獲得しようと努める自分がこちらにある。両者相対峙《たいじ》する。対峙の世界は相剋《そうこく》・相殺の世界である。また力の関係で規制せられる世界である。そこに悪い意味での人間性が現われる。一たびこの悪い意味での人間性が現われてくると、とめどがなくなる。人間自滅の期がきっと来る。それゆえ、出発点において誤らないよう気をくばらなければならぬ。集団生活を規制するものは合目的性の原理でなければならない。が、この原理はまたその中に自《みずか》らを立てて、他をしりぞける性格をもっていることを忘れてはならない。これがかえって相互を滅亡に導く原理となるのである。ここに大きな矛盾がある。どうしても、無分別の分別の世界がそこに展開せられなければならぬ。すなわち大悲の本願という原理にぶつからねばならぬ。

大悲本願の原理は日常生活の人間性を超越したところから出てくるものである。これは没合目的性、無功徳性、無分別性、応無所住性というべき境地があって、初めて感得せられる。それで、人間はこの境地を見つけなくてはならぬのである。無所住の境地にいないと大悲はわからぬ。力の対峙の世界はここで初めて克服せられ、解消せられて、そしてそれと同時にその意義に徹しうるのである。没合目的底のところにのみ合目的性を打ち建てることができて、後者はその本務を果たすことになるのである。

分別の世界、合目的的世界では常に闘争があり、喧嘩《けんか》があって騒々しい。しかし無分別的霊性的世界が一たび瞥《べつ》見せられると、喧嘩はあっても、そこには憎悪がない、我執がない。自我を忘れた争いであるから、いかに激しく戦っても、憎しみというものは出ない。敵を殺しても、それは憎しみの鏖殺《おうさつ》でなくて、愛のたしなめである。禅者は活人剣と殺人刀と二つを使い分けるというが、人を殺すのがすなわち人を活かすこと、殺人刀が直ちに活人剣とならなければならぬ。「応無所住而生其心」でないと、このような神変は行ぜられない。これに反して何か滞《とどこお》るところ、住するところがあると、活人剣がかえって殺人刀になる。仏教ではよく「煩悩即菩提」というが、無所住のところにあれば、われわれのもつ煩悩はすべて菩提とならざるをえないのである。

7　超因果の世界

「応無所住而生其心」ということは、実に東洋的宗教霊性ともいうべきものの根本義を構成している。般若の即非論理は霊性的直覚の知性面を道破したものであるが、無所住はその行為面を直叙したものである。両面相助けて霊性的生活の完璧《べき》が期せられる。日本的霊性は、ことにこの点について留意しているのである。この句の意味は行為面で見るべきで、平易な言葉では、跡を残さないということである。跡を残さぬというは、因果にとらわれないということである。因果に落《お》ちずでもなく、因果を昧《くら》まさずでもなく、因果ということ、そのことに心をわずらわさずということである。因果は因果で、それ自身の道を踏んでゆくのであるが、因果の中で働いているわれわれは、因果そのことには関心しないで、働くことそのことに、意識の全力を傾注すればよいのである。それが客観的にどういう結果になろうが、そういうことには頓著しないのである。これが跡を残さぬの義である。遊戯三昧《ゆげざんまい》の境地である。

こういうと、あるいは、「どういうことになってもかまわぬ、何でもかでも、無茶苦茶に、思うこと欲することを勝手にやってのければよいのか」ということに考えられもしようが、それとはちがうのである。客観的に結果をかまわぬというのは、他人に迷惑がかかってもかまわぬということではないのである。ただ、その結果なるものが、自分にとって、どういうことになるかということをかまわぬというのである。たとえば、この仕事をすれば、こういう報酬がある、戦《いくさ》に行って功を立てれば、勲章がもらえるとか、お役人ならば、仕事ができれば位が上がるとか、もっと重い役目につかせられるとか、昔の人のいう、「名を竹帛《ちくはく》に垂れる」とか、あるいは家名をあげるとかいうようなこと——これはいずれも有所住の行為である。霊性的生活の圏《けん》外にある行動である。昔も今も、たいていこういうことで、個人の働きを社会的に有効ならしめようと努めたのであるけれども、これは、はなはだ宗教的ではないのである。霊性的に見ると、「滅私奉公」などという考えも、まだ至ったものではないのである。いま一段の飛躍が要求せられる。

今、因果の法にとらえられぬといったのは、わかりやすくいうと、自分の行為の結果として、社会がどういう形で自分に対してくれるかということを念頭におかぬという意味である。つまり報いを求めない、無功徳的に行動するということである。これを跡をとどめない、跡を残さぬというのである。禅ではことにこれを貴《たっと》ぶということは、ただ貴ぶという意味ではなくして、その中に含まれている霊性的立場を挙揚《こよう》しようとするのである。これを禅語でいうと、「羚羊《れいよう》掛角」である。羚羊というのはかもしかだというが、そのかもしかを、私は知らないが、とにかく、角のある動物で、夜眠るときに角を木にひっかけて眠るというのである。それで、犬なら犬が、その動物の跡をつけて来ても、地面に足跡が残らぬので、どこかでそれを見失うわけである。それを中国の禅人が「羚羊掛角」といって、禅録には所々で見る言葉である。こういうことが『五燈会元』（第四巻）に出ている。

あるとき黄檗希運（?—八五〇）のところへ六人の雲水が訪ねて来た。五人のものはみな一様に礼拝したが、残りの一人は坐具を提起して一円相を画した。そこで黄檗のいわく、「一ぴきの悪い猟犬がいる」と。その僧いう、「彼は羚羊の声を尋ねに来ている。」檗、「羚羊には声がないので尋ねようがない。」僧、「彼は羚羊の跡を尋ねに来た。」檗、「羚羊には跡がない。」僧、「彼は羚羊の蹤《ゆくえ》を尋ねに来た。」檗、「羚羊には蹤がない。」僧、「そんならそれは死んだ羚羊でござるな。」黄檗はそれでその場は休止したが、次の日上堂していわく、「昨日羚羊を尋ねていた坊さんがいるなら出て来ないか。」その僧が進み出たので、檗いわく、「昨日の公案はまだ結末がついていない。わしは休止したが、お前はどうするのだ。」その僧、何とも返事ができなかった。それで黄檗のいわく、「多少はわかったような雲水坊主だと思っていたが、ただ学問好《ず》きの沙門《しゃもん》にすぎなかったか」と、そういって彼を追い出してしまった。

8　人

またそのころ（唐。八〇〇年ごろ）盤山宝積《ばんざんほうしゃく》という禅者がいたが、その人はこの無功徳を端的に次のように述べている。ちょうど刀を空中で振りまわすようなものである。空中で振りまわす刀であるから、向うへ届くとか届かないとかいう問題はさらにないのである。それからその振りまわした刀の描く円であるが、それは空輪で何らの跡がない。そうしてまた刀の刃の欠けるということもない。こういう具合に心が働くとき、それを無心とも無念ともいってよい。そしてこの無念がすなわち全心である。全心がすなわち仏だ、全仏である。全仏はすなわち人である、人と仏とは一体である。この一体が働くときに、念念不停流《ねんねんふじょうる》ということになる。心の流れは止まらぬ、これが心心不異である。

ここに盤山が全仏は人であるといっている、この人という字に気をつけてみたい。この人というのは、普通、われわれが分別意識の上でいうところの人ではないのである。分別意識の人は自我である。この自我は分別の世界では役に立つが、これが最後のものではない。霊性的生活をする人ではない。霊性的生活を送る人でないと、最後の実在に到達したものとはいえぬ。すなわち安心ができないのである。安心のできるところは、いわゆる自我または個己なるものを滅却したところでないと見いだされないのである。

普通に、自我を滅却するというと、何もないからっぽの人間のように思う。あるいはまた、そこにいま一つ、分別識上の概念をもって来て、それに付け加えるということにする。しかし宗教的立場からすれば、ちょうど「朝三暮四」と「朝四暮三」との相違で、実質上、そんな自我滅却はいずれも霊性的なものではない。宗教的または霊性的生活という立場では、どうしてもそういうような分別的なものをすべて絶滅して、そうして絶対無のところ、すなわち無所住のところで、働かねばならぬ。宝積禅師の「全仏即人、人仏無異」というその人の働くところは実にこの場所なのである。

絶対無ということを誤解する人もかなりある。あまり抽象的になって、何もなく、ガランとしたもののように考えられる。それから抽象的だとか具体的だとかいうことでも、その立場立場で、どちらがどちらかわからぬものである。日本的霊性的直覚というべきものも、はなはだ抽象的で内容が何もないではないかといわれることもある。普通には分別意識以外に出て働くことのできないのがわれわれの状態である。それゆえ、絶対無は、何もないことだということで片づけられる。自分にいわせると、無とか有とかいうと、あまり論理的・知性的になってしまうから、人という考えをそこへ入れて見たいというのである。

この人は行為の主体である、霊性的直覚の主人公である。ここから「しかもその心を生ずる」のである。絶対無の場所というほうに気をとられないで、はたらきの出る機《はずみ》を見得したいのである。そこに人があるのである。

こういうとまた、この人というものには、何か手があり、足があり、意識がある一個の個己的実体を考えるかもしれないが、そうではない。「応無所住而生其心」というように、無所住は絶対無であり、而生其心というのが行為の主体、すなわち人で、それがそこから飛び出して来るのである。われわれには言葉や文字にとらわれる分別意識というものが発展してきているので、人というと、分別上の個己のように受けとられやすいのである。ある意味では、泥《どろ》で泥を洗う泥試合のようなもので、ああいえばああ、こういえばこうということになっている。人間はすべてそういうもので、泥試合以上に出ることのできない運命の下に喘《あえ》いでいるといってもよいのだ。ただ、そこに一つの眼があってほしい。この眼さえあれば、表は泥試合であろうが、また血で血を洗うということになろうが、わかっている人の眼から見れば、そこに見られるべきものが見られているのである。それで人であるが、こういうわけで、誤解のないようにしてほしいのである。そうでないと、猿が月の影を水の中にとらえようとするようなもので、影の争いになるおそれがある。人は、とにかく影法師ではないのである。

　これをまた自然法爾《じねんほうに》ともいうのである。また「無義を義とする」という親鸞聖人の他力の定義ともなるのである。またこれをはからいなしともいうのである。またどこかで述べた無目的的と見てもよい。はからいのない、何ら計画を立てない、目的《めあて》をしておかない、報いを求めぬ、自分を主にした因果を考えない——いずれもみんな同じ意味合いの言葉である。これを自分は「無分別の分別」といっている。分別がないのではない、無分別から出る分別なのである。いわゆる赤《あか》児《ご》の嬰孩心ではあるが、ただの無分別ではない、分別はある。無分別の分別、分別の無分別というと、ここの意味が見えると思う。霊性的生活の知性的および情性的なるものとちがうゆえんはここにある。いわゆる孔子の「心の欲するところに従って矩《のり》を踰《こ》えず」というのが、それである。

また、無難《むなん》禅師（一六〇三―一六七六）の歌に、

生きながら死人となりてなり果てて心のままにするわざぞよき

というのがある。これが無分別の分別、分別の無分別である。また、行為の般若論理であるともいえる。生きながら死人になるということは、分別的に考えれば不可能なことである。すなわち否定で肯定、肯定で否定という矛盾が、同時に成り立つということになる。論理的に考えれば、どうしてもできようがない。しかし無難禅師にはそれができる。なぜかというに、彼は日本的霊性的直覚の中に生きているからである。彼の歌はこの直覚の直叙で、分別論理から割り出したものではないのである。

生きながら死人となるとは如何、しかも「なり果てて」とさえいうのは何の義であるか。絶対に死人となるといえば、まったく生きていないということである。絶対死人になるとすれば、どこから「心のまま」などという心が働き出るか。これほど矛盾した考え方、言いあらわし方はないであろう。しかし霊性的直覚から見ると、これほど直叙的な言いあらわしはないのである。無難禅師はここでは心といっている。が、それは人である。この人、この心のままにする業《わざ》、すなわち行為は、みな善であるというのである。これが霊性的生活の模様である。どこかでいったことがあるが、悟る前には善悪があるが、悟った後は、善も悪もことごとくが善である。悟らない先には善も悪もという分別がある、この分別が悪いというのであるから、いずれも悪である。死ぬというは分別の境から出ることである。霊性的自覚に体達することである。無難禅師の歌にある「心のまま」というその心、それが盤山禅師のいわれる全仏即人という人である。また、臨済《りんざい》禅師の「一無位の真人」である。人も、心も、仏も、みな一つの霊性的自覚である。禅者はよく「這箇《しゃこ》」という。心といっても、また仏、人といっても、もとよりよろしいが、あるいはそれがあまりに有相的にとられて、さきにいった個己の概念に解せられるかもしれぬ。それをおそれて「這箇」というのである。「這箇」は「これ」である。しかし「これ」もまた、月をさす指で、その指にとらえられてはならぬ。この指はつまり何もさされた物のない指である。さされて見るべき月はないのである。そしてその指もまた、もとよりないものである。それゆえ、ない月をさすのは、指であろうが拄杖《しゅじょう》であろうが、坊さんの持つ払子《ほっす》であろうが、それは何でもよいのだ。が、何もない指でさされた、何もない月は、その何もないところから照りわたるのである。この月、この心、この人が見つかるのを霊性的直覚という。そして、それが働き出ることによって、無功徳、または超善悪、無目的的、無所住底が現前するのである。

9　はからい――受動性

はからいのないということは、浄土系だけでいうことではなくして、すべての宗教には、はからいのないところがあるものである。宗教の受動性がここに見える。宗教の最後の立場は受動性の認得であるといってもよい。それでよく鏡のたとえの出ることがあるが、ここに一枚の鏡がある。そこで、その前に月があれば月が映る。川があれば川が映る。山があれば山が映る。男でも女でも、景色でも何でも、あらゆるものが、そのままに映る。これは鏡に受動性がないとできないことである。鏡がその鏡たるものを自ら働き出させると、山は山でなくなり、水は水でなくなり、鏡もまた鏡の本質を失うのである。鏡の鏡たるところはその受動性にある、その自らのないところにある。

宗教的意識の最後の立場は、この自らの受動性に徹底して、本来の無一物を明らかにするところにある。それで宗教的信仰を木石にたとえたりすることがよくある。これは誰も知っているように、禅録などによく出てくるたとえである。木石だという無情的なものに考える。しかしこのたとえでは、木石の非情性のところを見るのではなくして、その受動性のところを認めなくてはならぬのである。無情性または非情性と受動性または他力性は、表面上ちょっと似たようにも考えられようが、その実はそうではない。たとえというものは、よいこともあるが、元来たとえだからよく誤られる。

宗教的立場から見る木石は、その心のない、感情のない、無意識のところを見るのではなくして、木石が我というものを立てないで、向うから来る客観的・環境的条件に相応して動く、すなわち万物が鏡に映るようなところを見ているのである。そこに木石の受動性、鏡の受動性、宗教意識の受動性が体得せられる。

しかしただ受動性というと、また誤られることもあろう。無難禅師もいわれるように「心のなすわざ」がある。心は映すだけでない、そこに一つの行為性のあることを見なくてはならぬ。単なる受動でなく、その実、受動のうちに能動がある。受動の能動、能動の受動である。鏡には映すということがある。物が鏡に映る、鏡は物を映す。映るは受動性で、映すのは能動性である。映す、照らすは、単なる受け身を意味しない。物が来て映るといえば、鏡は受動的だが、それを映すといえば、能動的である。鏡は能動で受動、受動で能動だといわなくてはならぬ。それを無分別の分別、分別の無分別というのである。ここに人がある、心がある。受動が能動で、能動が受動だというと、ここにまた矛盾がある。否定が肯定で、肯定が否定だというのと同じように、言葉の末、論理的には、はなはだつじつまの合わぬことになる。

これは、初めから繰り返し繰り返しいってきたことであるが、最後の這箇というものは、論理的構想としては、どうしても、矛盾そのものを当体としているというよりほかないのである。生活の実際では、この矛盾のゆえに働きが出る、行為が可能なのである。働きといえば、論理的には矛盾ということになる。鏡の映す働きもまた矛盾のゆえであるといってよろしい。「応無所住而生其心」――雲は無心で岫《くき》を出るともいう。しかし映す鏡の本来の性格に徹しないで、鏡は映すべきであるといって、そこに自我の念をさしはさむようになると、鏡には無心に映すということがなくなる。鏡には、ああしよう、こうしようというように、すべきはからいをもたないところに鏡そのものがある。何らの計画性をもたないところに、鏡の受動性の本質がある。またこれを「自然法爾」の姿ともいうのである。

10　如・只麼・自知

インドの仏教者は、この端的を「如《によ》」という。如は如如と続けられる場合もある。また真如ともいわれる。如という字は、はなはだ深い意味をもっている。如とは「そのようである」ということである。「そのよう」とは「只麼《しも》」である。インド的には如、中国的には只麼である。只麼は禅で盛んに用いられる言葉である。すこぶる面白い言葉である。只麼の日本語は「そのまま」である。しかし「そのまま」というと、また、大なる誤解の因になる。分別意識の上では、いつも何かで、曲折のあるものである。

禅者は、そのまま禅というとあまり喜ばない。浄土系でもそれに似たような言いあらわし方がある。法に誇るとか機をたよるとかいうこともある。そのままといっても、ただのそのままでなく、そのままを自覚しなくてはならぬ。この自覚、この認識のないそのままでは口頭禅である。ただ口先でそのままだというだけではいけないのである。禅に自覚がなくてはならぬ。そのままをそのままと見る知がなくてはならぬ。この知が悟りである。この知が霊性的直覚である。これは分別識上の自覚ではない。「了了自知」ということは無分別知の上でいうことである。

大珠慧《え》海《かい》（七二〇―八一四）の『頓悟要門論』にいわく、

心若《シ》起《リ》去《ル》時《モ》、即《チ》莫《シ》二随《ヒ》去《ルコト》一、去心自《ラ》絶《ス》。若《シ》住《スル》時《モ》、亦《タ》莫《シ》二随《ヒ》住《スルコト》一、住心自《ラ》絶《ス》。即《チ》無《キ》二住心一、即《チ》是《レ》住《スル》二無住処《ニ》一也。若《シ》了了《トシテ》自知《スレバ》住《シテ》在《ル》レ住時《ニ》、只物《ニ》住《スルノミ》。亦無《ク》二住処《モ》一、亦無《シ》二無住処《モ》一也。若《シ》自《ラ》了了《トシテ》知《ラバ》四心《ノ》不《ザルコトヲ》三レ住《セ》二一切処《ニ》一、即《チ》名《ク》三了了《トシテ》見《ルト》二本心《ヲ》一也。亦名《ク》二了了見性《トモ》一也。只箇《ノ》不《ル》レ住《セ》二一切処《ニ》一心者《トハ》、即《チ》是《レ》仏心《ナリ》。亦名《ケ》二解脱心《ト》一。亦名《ケ》二菩提心《ト》一。亦名《ケ》二無生心《ト》一。亦名《ク》二色性空《ト》一。経《ニ》云《ク》証《スト》二無生法忍《ヲ》一、是也《ナリ》。

〔心もし起り去る時も即ち随ひ去ることとなし、去心自ら絶す。もし住する時もまた随ひ住することとなし、住心自ら絶す。即ち住心無き、即ちこれ無住処に住するなり。もし了了として自知すれば、住して住に在る時、只物《しもつ》に住するのみ。また住処も無く、また無住処も無し。もし自ら了了として、心の一切処に住せざることを知らば、即ち了了として本心を見ると名づく。また了了見性とも名づく。ただこの一切処に住せざる心とは即ちこれ仏心なり。また解脱心と名づけ、また菩提心とも名づけ、また無生心とも名づけ、また色性空とも名づく。経に云はく無生法忍を証すと、これなり。〕

これをよく読んでみると、いかにも「応無所住而生其心」の意味が明白に汲み取れる。また只《し》麼《も》の意味もよくとれる。只麼に住する時に住する所なく、また無住の所もなしといってあるが、そのまま禅は、そのままの意味でのそのままではなく、そのままをそのままとして、そこに了了とした一つの認識のあるところを、そのまま禅、只麼禅として見たい。しかし今いう認識を分別上の認識と見られては、また大いに過《あやま》るものがある。これは無分別の分別である。認識するものと、認識せられるものとが、一つである時である。これが無分別の分別で、分別の無分別である。了了たる自知である。見るといえば、能所が分かれる、二つになる。けれども、今いう認識——霊性的直覚は能所のない認識、自ら知るというも自知底のない自知である。この自知には、普通に分別識上でいえば、「自」がある。その「自」の中に、自ならざるものを分けて、すなわち一つの自を二つにして、そうして自が非自を見るという意味がある。一が二に分かれて、そうして、その二の間に、見るとか、知るとかいっているかぎり、霊性的直覚から遠ざかるのである。一がそのままで直ちに見であり、知であるところに直覚が成立する。それゆえに、知られるもの、見られるものの外に、知るもの、見るものがない。それと同時に、見るもの、知るものの外に、知られるもの、見られるものがないのである。これが能所を絶するの意義である。分別意識の上では、能知と所知、能見と所見の二つがなくてはならぬ。霊性的直覚の場合は、分別意識では批判不可能である。

Ⅲ　三世心不可得（一）

1　時間の問題

本講は『金剛経』第十八節の「過去心不可得、現在心不可得、未来心不可得」について述べる。これは、心とは何かという問題と同じである。心は絶えず動いているもの、すなわち働いているもので、一刻もその働きを止めない。「働く」ということは「時間」である。それで、心の問題はやがて時間の問題になる。時間といえば、過去・現在・未来と三つに分けていうのが普通である。心を現在にとらえることもできないし、過去にとらえることもできぬ。したがってまた未来にとらえることもできぬ。未来はまだ来ないのであるから、もちろんとらえられない。過去はすでに過ぎ去ったものである。そこで、とらえられそうに思われるのがいわゆる現在であるが、この現在とは、過去と未来の境目にあるもので、過去から離れて別にない、また未来から離れてあるのでもない。ちょうど、数学者が線には幅がないというように、現在は過去と未来の間を画している線であるから、これと手を着けるべき幅がない。指でおさえることのできる点がない。「現在は?」といえば、もうすでに現在でない。それはかえって現在を過去にして見ていることである。現在はどうしてもつかむことのできないものである。それで三世心不可得ということになる。

空間と時間ということは哲学の大問題である。ことに時間が問題になる。われわれはどこから生まれて来たか、死んでからどこへ行くかと尋ねるが、生死の問題はすなわち時間の問題である。天地の初めとか、天地の終りとかいうこともまた時間の問題である。物理学者や天文学者は、天地のはじまり、日月星辰の出来上りというようなことを問題にする。しかし宗教家の問題とするところは、出来上らない先の問題である。出来上るのに何億年かかろうと、かかるまいと、それは問題でない。それをずっとさかのぼって、億とも兆とも劫《こう》ともいってよい、数字では勘定さえもできない時の話である。つまり時ということのいわれない、その時が問題になるのである。時間の問題は、そんな悠遠な、永遠の問題のようにも思われるが、しかし、それがまた直ちにわれわれの身辺に接近してくると、昨日・今日・明日の問題になり、さらに、一秒の何万分の一の問題にもなる。何億光年とかいう天文学的な数字を使わないと、過去の話ができず、未来の話ができないというのではなくて、ちょっと手を上げたか、下げたか、目をパチパチさせたか、させないか、というところに、すでに非常な問題が含まれている。生まれたとか死んだとかいうような話よりも、問題はもっと切実であるといってよい。それで、今私がちょっとこの本を持ち上げるというときに、問題は、時間の問題は、心の問題は、もうすでにそこに出てきているのである。これほど現実的な問題、具体的な問題はない。何億という数を勘定してからの問題ではないのである。これがわからないと、宗教の話はできない。もちろん、霊性的生活の話はできないということになる。

2 徳山

三世心不可得をことに今日問題にするのは、禅宗の歴史に次のような話があるからである。唐時代に徳山《とくさん》(七八〇—八六五)という人がいた。この人は蜀《しょく》の人で、子供のときから坊さんになったが、仏教の唯識哲学について深い造詣があり、兼ねて『金剛経』については専門的研究をやり、すこぶる自信があった。世間では彼を周金剛といっていた。周は彼の俗姓である。ところが彼は、南方に禅宗というもののあることを聞いた。その教えによると、「直指人心見性成仏」ということらしい。これはどうももってのほかである。仏の教えによれば、仏にはそんなに楽になれるものでない。何代も何代も生まれかわり死にかわりして修行して、そうして初めて仏さまになるのである。成仏というものはけっして容易のわざではないのである。見性すれば直ちに仏になるなどということは考えられない。それは仏の説ではなくして、魔の説法でなければならない。これはどうしても説破すべきであると、こう覚悟して、徳山は、蜀の山の中から湖南地方へ出かけて来たのである。

そこで、彼はまず澧《れい》州の龍潭《りゅうたん》を訪ねようと心がけた。そこには天皇道悟《てんのうどうご》（七四八―八〇七）の弟子で崇信というのがいた。その山の近くに茶屋があったので、そこでまず休んで、昼飯すなわち点心を食べようと思って、婆《ばあ》さんにそれを注文すると、この婆さんはただものではなかった。婆さんいわく、「点心を供養してもよいが、まずこちらの問いに答えてほしい。点心はそれからである」と。何でもない腰掛茶屋の婆さんから、こんなに挑戦せられたので、周金剛の徳山は「よろしい」といった。婆さんすなわち問う、「あなたが背中に担いでいらっしゃるのは、それは何ですか。」徳山いわく、「これは青龍の注した『金剛経』というお経だ。」婆、「それなら『金剛経』のことを尋ねますが、その中に過去心不可得、現在心不可得、未来心不可得ということがある。あなたは点心がほしいといわれるが、その点じようといわれる心は、いったい過去心なのか、未来心なのか、現在心なのか、どれを点じようとするのか。」婆さんにそういわれて、徳山は何とも返事ができなかった。青龍の注釈にたよって『金剛経』を研究したのであるが、その注釈の中には、このような問いに対して答えのできるような文句はなかった。婆さんはこの若い自信に富んだ雲水坊主のまごまごしているのを見て「お気の毒だが、あなたは点心なしに行かなければならない」と。

そのころには、よく婆さんで禅的に有名なのがあった。徳山と並び称せられる臨済《りんざい》も、婆さんと問答をしたことがある。それから趙《じょう》州和尚にも看経《かんきん》について、箚盗みについて、婆さんとのいきさつがあった。「婆子焼庵」といって、婆が供養する坊さんの庵を焼いたという話は有名な公案である。白隠の師匠の正受《しょうじゅ》老人の母親もそんな婆さんの一人であった。正受老人を訪ねて来る生意気な雲水などは、出会い頭に、その婆さんに叩きつけられたという例もある。鎌倉時代にも女性で有名な禅尼がいた。中にはずいぶんきわどい禅問答をやったという話も残っている。とにかく、徳山はこれで我を折って、真剣に修禅をやった。ついには「道《い》い得《う》るも三十棒、道《い》い得《え》ざるも三十棒」といって、有名な徳山の棒を振りまわしたのである。

3 諸行は無常なり

心の問題は時間の問題である。心という何か一つの個己的なものがあると考えると、それは空間性をもってくるが、インドでは、ことに仏教では、心・念・識などといって、その時間性についての思索が続けられた。ここに東洋思想の特色があるといってよい。日本的霊性的直覚もまたこの面に動いているものがあるようである。それは他日別に論ずることとして、今は「諸行無常」ということについて一言したい。

諸行無常《しよぎようむじよう》。是生滅法《ぜしようめつぽう》。
生滅滅已《しようめつめつい》。寂滅為楽《じやくめついらく》。

これは『涅槃経』にある有名な四句の偈《げ》である。普通には、無常というと、いかにも悲しい感情が出るように連想されてきたが、それは主観的方面の事である。客観的に見ると、何もかも移り変わって、昨日の瀬は今日の淵となるというように、水の流れのやまないのが、この世の状態なのである。すべてのものは生滅の法である。生滅せぬものはないのである。諸行の行も諸法の法も同一義に見てよい。行は行為の意味でなくして、すべてのもの、ということである。すべてのものは動く、働く、何か作用する、それが行である。「行」は梵語のサンスカーラである。語根のクリには、「働く」、「仕事する」の意味もある。つまり、すべては「動く」、動くとは常住性をもたぬ、ということである。「業《カルマ》」も同じ語根から来ている。このサンスカーラの世界は、それゆえ、働いて、動いて、流れてやまない。刻々に移り変わってゆくのである。それが物のほんとうの姿である。何も別に不思議はないというべきである。

「諸行」とは対照的に使われる「諸法」がある。この法はダルマが原語で、「行」とは反対に、じっと動かない、「常住不変」という意味をもつ。「諸法常住」は、『法華経』などでもよくいう。それで法といえば動かぬ義があり、行といえば動いてやまぬの義がある。実在はこの両面で人間に把握《はあく》せられるといってよい。動いて動かず、動かずに動く——これは矛盾だが、それが世界の実相なのである。しかし今の四句の偈の場合では、動く面から諸法を見ていて、これを諸行というのである。

万法をその動く面から見れば、時間の問題とならざるをえぬ。時間ということになれば、過去・現在・未来で、常なるものはない。無常である。すなわち動いてやまぬ。生じて滅して、滅して生ずる。何ものか生滅の法ならざる、である。ところが、この生滅そのものを滅し終ると、すなわち時間そのものを超越すると、そのとき寂滅の正体が得られる。寂滅は何もかも有無の無になったというのではない。絶対無に徹したといえばよかろう。ここで生滅のない、生死につながれない霊性的生活が可能になる。生と死は肯定と否定の世界で、これを越える、あるいは生滅滅已するところが寂滅、すなわち肯定即否定、否定即肯定ということである。

寂滅は、さきに般若の論理を述べたときと同じく、生の肯定、滅の否定、この二つを克服したところに展開する無功用《むくゆう》底である。寂滅は矛盾の自己同一である。「寂滅為楽」を世間の人は一般に情けないというような感傷的なものに解して、文学者などは昔から人生悲劇のお題目として考えている。たとえば『平家物語』は、「祇園精舎《ぎおんしょうじゃ》の鐘の声、諸行無常の響きあり。沙羅双樹《さらそうじゅ》の花の色、盛者必衰《しょうじゃひっすい》の理《ことわり》を顕《あら》はす」で始まっている。近松の浄瑠璃にも、何かの心中物であったと思うが、「七つの鐘が六つ鳴りて、残る一つが此世の別れ、寂滅為楽の響きあり」とかいうような文句があったように覚えている。

この諸行無常の偈《げ》に、そんな意味は含まれていないのである。それをそんなふうに考えさせたものは、つまり仏教者が自分の教えに対する認識不足から来たものといわなくてはならぬ。寂滅為楽は、けっして生を滅するの意ではないのである。生じて滅し、滅して生ずるという時間的連続の無窮性を打破して、初めて自分の本来の姿を見ることができる。それをすなわち寂滅為楽といったのである。「為楽」は「喜びもなくまた憂いもない」ところでないと可能ではないのである。

それゆえに、この楽は絶対である、「畢竟浄」である。生滅滅已で生滅そのものがなくなるのであるから、寂滅為楽は霊性的絶対境である。生滅とか有無とかいうような相対的観点から見られては、仏教はだいいなしである。仏教の基礎そのものが破毀《はき》せられてしまうのであるから、それから先の話はもうできないということになる。この点を深く省察しなくてはならない。

4　念念不停流

『碧巌録』の第八十則に、

挙《こ》す。僧、趙州《じょう》に問ふ。初生の孩子還《かえ》って六識を具するや也《ま》た無きや。趙州云はく。急水上に毬子《きゅうす》を打す。僧復《また》投子に問ふ。急水上に毬子を打すと、意旨如何。子云はく、念念不停《ねんねんふじょう》流《る》。

初生の孩子というのは、生まれたての子で、生まれたてのものが六識を具するや否やというのが問題である。そうすると「急水上に毬子を打する」と趙州が答える。急水上に毬《ま》子《り》を打すということは、投子（八一九―九一四）の答えにあるように「念念不停流」ということである。われわれの心の動きは、過去心から現在心、現在心から未来心と、刻々に還《かえ》り流れて行くので、念念水の流れのとどまらないようなものである。中国の孔子も川岸に立って、水の流れを見て、「逝《ゆ》くものは、それかくのごときか、昼夜を舎《お》かず」といったことがある。そのとおりに、念念不停流である。過去から現在に続き、現在から未来へ続き、続き続いていつで終るかわからぬ。未来もわからぬように、生まれぬ先も、またわからぬ。そのわからぬ中に「人生七十古来稀《ナリ》」を生きてゆくわれわれである。

ところで、この動く念念をとらえて心の正体をしらべようとすれば、その念はもうすでにそこにない。現在は幅のない線であるから、とらえるにも引っかかりがない。現在は過去と未来との間に概念的に一線を画したものであるから、これをつかもうとするには、その一線上に立っているわけにいかない。しかし立たなければ過去か未来のどちらかへすべり落ちる。そこでとらえたものは「現在」というものの影法師である。しかし実をいうと、この影法師はとらえられるものではないのである。それでわれわれは永遠に自分の影法師を追いかけまわしているのである。骨折り損のくたびれもうけである。不可得を可得にしないと時がわからぬ、生死がわからぬ、人生がわからぬ。ここでもまた般若の論理に徹しなければならないことになる。霊性的直覚にはどうして到達するか。

趙州や投子の場合では、ただ「念念不停流」である、「急水上打毬子」である。別に一念がどうの、現在がどうのとはいわない。在るがままを在るがままに表現し、すなわち直叙して、それですんでいる。どうも不可得と口ではいっているが、言葉の使い方ではわれわれと同じことをいっているが、不可得の裏に何やら可得底をつかんでいての話らしい。三世心不可得は実は現在心不可得で尽きているのである。そしてその現在心の不可得が、不可得のままで可得せられているのである。すなわち不可得の可得、可得の不可得である。趙州も投子もそこの意味をはっきり見ているので、お互いにいうことの間に、動きつつ動かない一点の揺曳《ようえい》がある。二人の禅僧の間には、切って切れぬ一脈が通じているのである。これがわからないので、雲水の坊さんは、あっちで尋ね、こっちで尋ねているが、尋ねている間は、迷子《まいご》である。何ものも入手できないで一生を終えることになろう。了了自知ということをしばしばいったが、ここにも一つの智がなくてはならぬ。霊性的直覚である。この智についてはまたどこかで述べる機会があろうと思うが、つまり、覚は、智にほかならぬのである。

5　時間の種種相

時間の問題を究極的に解決する準備として、アレックシス・キャレルという人の書いた本に『未知数の人間』とでも訳すべき本がある。これは今度の大戦前に出たものである。この人はロックフェラーの科学研究所の研究員で、野口英世博士などと同僚であった有名な科学者である。この人はカトリックの信者で、その上での科学者であるので、この人の書いた本には、普通の科学者のいうところと違った一種の宗教性をもっている。彼には神秘的な立場のようなものがある。細かに論ずると、時間の問題は物理学上・哲学上の大問題であるが、今はきわめて通俗的観察にとどめる。時間はざっと三様に見られる。一つは機械的・物理的時間で、それは時計で計られている。第二は生理学的時間とでもいうべく、われわれの内臓や筋肉や神経などの機能から見た時間制である。たとえば、七十にもなれば年寄りでもあるが、四十、五十のものよりかえって元気な人もある。三十、四十で若いといっている人の中でも、生理的に老廃しているもののないことはない。生理的時間は必ずしも太陽系的時間と一致していない。それからまた第三次の時間――内面的時間感というようなものがある。これは物理学や生理学的時間とはまったくかけ離れたもので、われわれのもつ主観的生活から見る時間感である。たとえば、浦島太郎はほんのつかの間だけ龍宮にいたと思うのに、うちに帰ってみれば、もう何百年も過ぎ去っていたという話がある。これは東西両洋いずれにもある話である。またわれわれは夢を見るときに、夢はほんの一分か二分かわからないほどきわめてわずかの物理的時間を経過したにすぎなかったが、その間に十年、二十年の歴史を見ることがある。それから高い所から落ちるというような出来事のあったとき、それは二、三十秒の間であっても、自分の今までの過去の歴史の全体が、パノラマのように、目の前に展開されて見えるというようなこともいわれている。ことごとくではなかろうが、ある人は臨終に自らの一生を見ることがあると思う。こういう主観的時間感というものは、とうてい物理的に測量することのできるものではない。ベルグソンの哲学に持続ということがある。これはある意味の主観的時間感である。生命というものを客観的に計ると、二日三日、一年二年、百年二百年ということになるが、われわれの生命感そのものは、時計や太陽の運転で、百年二百年と計られないものがある。われわれは各自に内面的に生命の持続を感ずる。これはどうしても、一般的に、数学的、万人共通的に計量せられぬものである。

ところで仏教または禅でいう時間は、こういう各種類の時間性とまったくその質を異にしたものである。念念不停流というと、何だかベルグソンの持続またはキャレルの内面時間感のようなものに解せられやすいところもある。しかし次のようなことを忘れないでいてほしい。すべて世間でいう現在は絶対の現在でなくて、何かの意味で、前後にひっかかりをもっている。すなわち二元的で対象性を離れえない。可得底がそこにある。禅、または霊性的直覚の上では、不可得の可得で、ただの可得でない、また可得の不可得である。こういう矛盾を含まないところには、禅はないといってよい。

雪竇《せっちょう》（九八〇―一〇五二）は趙州の六識の公案に対して、こういっている。「茫茫《タル》急水打《ス》二毬子《ヲ》一、落処不レ停《トドマラ》 誰《カ》解《セン》レ看《ルコトヲ》。」この「誰か看ることを解《げ》せん」というところに、趙州も投子も雪竇も、何やら一つ見ているものがあるのである。これが直覚である、自知である。しかし、覚るもの、知るもの、見るものが、覚られ、知られ、見られるものの外にあるというように、考えてはならない。それは流れを停《と》めることになる。流れは停まらないのである。停まらぬ流れをそのままにして、そこに一つの自覚がある。それはなかなか、論理的な言葉で言いあらわしにくいのである。

「誰か看ることを解せん」というような言詮――反語のような疑問詞のようなもので、間接的に指示するのが近道であろう。外の問題もそうであるが、時間の問題も最後の解消は禅的認識である。霊性的直覚ということを、上来しばしば繰り返したが、それを把握しなければならぬ。それは知性的分別、感覚的直覚の領域にとどまるものでなくて、その中に、その下に、不断に動いているものである。普通の分別意識を離れてはいないが、ただそれだけのものでないということを、ここでも強調しておきたい。

6 日日是好日

時間の問題を解するに、雲門の「日日是好日」という公案が好資料になる。これは『碧巌録』の第六則である。雲門文偃《うんもんぶんえん》（?―九四九）は唐末五代《ごだい》の人で、雲門宗の始祖である。

雲門垂語して云はく、十五日已前《いぜん》は汝に問はず、十五日已後、一句を道《い》ひ将《も》ち来たれ、自ら代って云はく、日日是れ好日。

雲門があるとき――これは半夏《はんげ》（夏安居の中間の日）の十五日であったろうと思うが、そのとき――垂語して「十五日已前は汝に問はず、十五日已後に一句を道《い》ひ将ち来たれ」といったが、誰も答えるものがないので、自ら代って「日日是れ好日」といったのである。これは禅家にとっては有名な公案で、時の問題をここで解釈することができる。雲門の垂語の意味は、表面では十五日が問題になっている。その日は十五日であったので、すなわち月の真ん中であったのであろう。それで十五日以前といえば過去、十五日以後といえば未来。問題の形は過去のことについては問わないが、未来に関して何とかいえということになっているが、実際の意味は、十五日以前がどうの、以後がどうのということではないのだ。過去がどうの、未来がどうのというのではなくして、即今《そっこん》一句をいえということなのである。「只今《ただいま》」、「即今」、「現在」、これが問題なのである。『金剛経』のいわゆる三世心不可得で、この心不可得の立場において何か一句を道《い》えというのである。三世心不可得なら、その不可得底を道破せよということなのである。一句はすなわち絶対の一句で、一とか二とかに関係のあることではない。絶対の一句といえば、過去・現在・未来にとらわれず、すなわちまた有無などいうことにとらわれず、すべて相対的なものを離れて、絶対の立場において出るところの一句なのである。雲門はこれを道えと要求するのである。すべてを絶対の現在に帰して、そこからの一句、これを何というか。

一般に時間といえば、時計のダイヤルで一分、二分、それから一時間、二十四時間、それから一日、二日、三日、一カ月、十二カ月、一年、二年、それから百年、二百年、千年、万年というように勘定することになっている。

ところが、この勘定ほど不思議なものはない。千年でも億年でもいいが、それを今ここで勘定するとして、それがどこで尽きるということはないのである。過去でも未来でも、その勘定がどこかで尽きたというならば、またその尽きた先がなくてはならぬということになる。とにかく、時間は上下前後に無限である。過去に向かっても、未来に向かっても、同じことがいえる。われわれはものを区切るように慣らされている。区切るところでは、いかにもはっきりするが、そのあとさきは何もわからないのである。そしてそのわかったところだけを見るときには、いかにもわかっているが、その「わかっている」というところが、わからぬものの真ん中にあるのである。わからぬものが前からとあとからと、わかったというものの中に溶け込んでいるのである。その溶け込んでいてわからぬものを見ないでおいて、ただ目の前だけでわかったと思うところを、わかったわかったとしておくのである。ところが、そんなわかり方はほんとうのわかり方とは思われないのである。なぜかというに、そのわからぬものが、何かいうと、わかったと思うところへ出てくるからである。きれぎれに切ったところが、ほんとうにわかるというには、どうしても、そのわからぬものの奥までをも見ておかないといけない。すなわちそのわからないというものと一つになって、それとともに、わかるというところへ入ってゆかなくては、ほんとうのわかり方とはいえない。雲門がここで十五日と、十五日以前と、十五日以後とを分けて、以前はどう、以後はどうというが、それは彼のわれわれがもつ分別意識に向かっての一種の挑戦であるといってよい。「これがわかるか」というのは、つまり、十五日そのもの、只今というその今、そのものについて、何かの認識がなくてはならないと、迫ってくるのである。雲門の言いあらわし方が、ちょっとわかりにくいようにも見えるが、それはいわゆる雲門の賊機《ぞくき》で、それには心をわずらわされないでよい。彼の意図するところは、ただ、過去心不可得、現在心不可得、未来心不可得のまっただ中に入れというのである。それで雲門の答えは「日日是好日」なのである。この日日是好日がわかれば、十五日以前がどうの、十五日以後がどうのというようなことは問題でないのだ。十五日——この只今、この現在、絶対の現在がわかれば、雲門は満足するのである。

人間は数字というものをこしらえて、それで物を考えるようにしてゆこうとするが、なるほど、ある限られた範囲ではまことに結構で、物事が次から次へと処理せられてゆくのであるが、しかし、それがためにかえってわからせなければならぬところが遮蔽されてしまう傾きがある。禅のやり方では、それゆえに、どうしても一般人であるところのわれわれの考え方というものを、逆にして見なければならないことになるのである。逆にするというのは、平常の肯定底を、とにかく、まず否定するという意味である。それで禅録を読むと、一般分別の世界に住んでいるわれわれにとっては、いかにも破天荒な言いあらわし方が絶えず出てくるのである。否定は論理の語彙《い》に属するが、これを中国流に言いあらわすと、「金剛王宝剣を揮《ふる》う」というような、いかにも勇ましい日常経験の言葉になるのである。これがいわゆるロマンティックで、東洋的なるものでもあろうが、今日の知識人から見ると、何かほかの言いあらわし方があってもよいというわけであろうか。

それで、時間の問題であるが、なるほど、一時、二時、三時、四時というあんばいに、時なるものを切り刻んでゆくことは、まことに便利である。単に内面的時間感というもの、あるいはもっと奥へ入って、霊性的直覚または禅的時間感とでもいうべきものに、立場をとってみると、自分だけでは、それで大いによいかもしれぬが、他に通じないということはたしかにある。それで禅者は実際生活の上へ出て、十二時に分けられた時間の間に起臥《きが》する必要がある。そのときには、禅者はこの十二時を使うというのである。趙州は、あるとき、雲水に向かって、「お前たちは十二時に使われているが、わしは十二時を使っている」といったことがあるが、禅ではこうなくてはならないのである。自分で分けた時間に自分が使われているようでは、はなはだ不都合であろう。使うために分けたので、使われるためではなかったのである。

あるとき、ある坊さんが雲門に尋ねた、「十二時中（一日中）どうしたならばむなしく過ごさぬということになりましょうか」と。この問いに対して雲門は、こう答えた、「お前はどこに向かって、この一問を据《す》えようとするのか」と。この答えもまた十二時を使っている人でないと出てこない反問である。雲門に尋ねた坊さんの立場は、十二時に使われている立場で、それで十二時をむなしく過ごすとか、過ごさぬとかいうのである。十二時を使っている人から見れば、むなしく過ぎてゆく十二時などということは考えられないのである。今日われわれのよくいう「充実した生活」ならば、どこに裂け目などというものがありえようか。内面的に充実した十二時を使いまわしている生活そのものから見れば、十二時をどうのこうのというような、問いの出てくるすきまはない。むなしく過ごさぬという者は、その実、むなしく過ごしている時間の連続をやっていることになるのである。すなわち、いつも十二時に使われていることになる。

この問題はまた、直ちに生死の問題である。生まれるとか、死ぬとかいうことは、時間の問題である。生まれるのが過去で死ぬのが未来だ。いわゆる雲門の十五日以前と、十五日以後の問題である。生死にとらわれているということは、十二時に使われていることである。暦なるもので、一カ月を三十日に分けて、そうして一日、二日、三日と数えることにしておくと、十五日以前とか十五日以後とか、あるいは今日が一日であるとか、明日が二日であるとかいうようなことになる。そうなると、昨日と今日、生まれた死んだということが出てくる。しかし、雲門のいわゆる十五日、すなわち、この只今、この現在、絶対の現在の場に立っている者からすれば、昨日も今日も不可得である、生も死も不可得である、有も無も不可得である。世界が出来たとか、これるとかいうようなことも、雲が目の先をかすめるようなものである。しかしこれはぼんやりしているということではもちろんない。

生死の問題は、こういうふうに時間という点から見ると――そして実際は、そう見なければならないのであるが――雲門がある坊さんの「生死到来したが、如何が排遣せん」と尋ねたのに対して、彼は手を差し出して「我にその生死をかへし来たれ」と、こういった。つまり、生死というものがあるならば、そうして、それを排遣しなければならないものとするならば、その生死をここに持ち出してもらいたいものだ、そんなものがあるなら、それを出して見せてくれないかというのである。時間が直線のようなもので、その上に、生死というものが並んで動いていて、それ今は生だ、今は死だということになると、われわれはいつもこの二つの観念にとらえられて、これを追いまわさなければならないようになる。これが十二時に使いまわされるというのである。

これと似たような話が、妙心寺の開山の関山《かんざん》国師にもあった。関山国師の所によく雲水坊さんがやって来た。関山国師が、「お前何しに来た」と尋ねられると、雲水は「生死の問題を解決に来たのだ」という。すると関山は、「おれの所には生死などというものはないぞ」といって、坊さんを追い帰してしまったということである。これも雲門が「我に生死をかへし来たれ」といって、手を差し出したのと同じことである。

生死の問題・時間の問題を、禅はどんなふうに取り扱うかについては、これでたいてい見当がつくだろうと思う。三世心不可得の端的を見取しようと思うならば、切り刻まれた時間の方面から見ないで、この時間ということそのことのまだ何も話されないところ、すなわち現在そのものをとらえなくてはならないのである。三世というものに分けてしまうと、もうそこに十二時が出来たり、十五日があったり、過去・現在・未来があったりするが、そういうもののまだ出てこないところ、まだそういうことをいわぬところに向かって、看破するところがなくてはならないのである。時間というものの出てこないところは、すなわち絶対の現在である。過去・未来に分かれて考えられる現在でなくて、絶対の現在——それが不可得の正体である。これが手に入らないと、禅は話にならない。霊性的直覚の世界はこれから開ける。

ところで、この絶対の現在というのであるが、絶対はそれ自身不可得であるから、そんなものは何になるかともいわれよう。不可得は可得底の世界でとらえねばならない。すなわち過去・現在・未来という時間の上で、それをとらえなければならない。絶対の現在がそのままであるかぎりは手の着けようがない。絶対の現在は自らを限定することによって、それ自身たることを得るので、そこに看破の余地がある、また道破の可能性がある。そこで雲門の日日是好日の意味がわかると思う。雲門の日日は十二時の日日ではないのである。十二時の出てくるところに立って見たところの日日である。それは日日でない日日であるが、それなら、それはわれわれの考えているところの日日ではないのかといわれよう。ところが、雲門の日日は、われわれの日日の外にないのである。朝になると日が出て、夜になると星の出る日日ではあるが、雲門はとらえられずにそれを見ている。趙州が十二時を使うように、雲門は日日の中にいて日日を使っている、とらえられないでいる。それゆえ、日日は是れ好日である。雨が降っても好日、風が吹いても好日、天気がよくても好日である。雲門の好は絶対の義である。彼の好日は絶対の現在である。「両頭を截《せつ》断して一剣天に倚《よ》って寒し」で、禅者の用語は哲学者のように冷静でない、知性的でない、情意性を帯びていて、具体的である。かえってわかりやすいともいえるが、また一方ではわかりにくいともいわれよう。「日日是好日」と絶対の現在と三世心不可得と、この三つを並べてみると、あるいは日本的霊性でないと味わえぬものがあるようにも思う。

7　六月不レ熱、五穀不レ結

乃《チ》云《ク》、約《シテ》二日月《ニ》一知《ル》二昼夜《ヲ》一。約《シテ》二昼夜《ニ》一知《ル》二時節《ヲ》一。箇箇《ノ》常情也。只《ダ》如《キンバ》二天地未《ダ》レ剖《レズ》文彩未《ダ》レ彰《レザル》已前《ノ》一、還《テ》喚《デ》二今日《ヲ》一作《スガ》二半夏《ト》一即《チ》是《カ》。不《ルガ》レ作《サ》二半夏《ト》一即《チ》是《カ》。卓拄杖《シテ》云《ク》、六月不《レバ》レ熱《セ》、五穀不レ結《バ》。

これは大燈国師のあるときの半夏《はんげ》の上堂である。訓読すると、「乃ち云はく、日月に約して昼夜を知る。昼夜に約して時節を知る。箇箇の常情也。ただ天地未だわかれず、文彩未だ彰はれざる已前の如きんば、還って今日を喚《よ》んで半夏となすが即ち是か。半夏となさざるが即ち是か。卓拄杖して云はく、六月熱せざれば五穀結ばず」と。こういうのである。だいたいの意味は、われわれは日月の移り行くのを見て、昼とか夜とかいうものを、また分けて午《うま》の刻、丑《うし》の刻といって、十二時に分ける。これが普通人の行き方である。ところが天地がいまだ剖《わか》れず、物の色形もまだ出てこないときには、時間も何もないので、今日を半夏というべきであろうか、また半夏といってはいけないであろうか。天地のいまだ剖れない先の立場に立って物を見るときには、半夏も何もないわけであるが、それでも自分たちは今現にこの法堂に集まっているのはどういうものか。国師はこんな自問自答をやって、それから傍《かたわ》らにあった拄杖をガタリと床の上に立てていわく、「六月（すなわち夏）が熱くないと、秋に米がとれない」と、こういって下座せられた。

これなども三世不可得という立場から三世の可得底を見ての話である。絶対の現在が自らを限定して、そうして、三世になる、三世になっても自らは依然としてその中にある。天地いまだ剖れざる以前といっても、大徳寺の半夏は半夏で、これは否定できない覿《てき》面の事実である。この覿面底に覿面して、それと同時に、そこで天地未剖《みほう》以前、父母未生以前の消息に接しなければならない。これが霊性的直覚なるものである。そしてその直覚をどう直叙するか。大燈は六月不レ熱、五穀不レ結である、雲門は日日是好日である、関山は我這裡無生死である。『金剛経』は過去心不可得、未来心不可得、現在心不可得である。

禅の行き方は、いつも一方に肯定をおき、また一方に否定をおく。その二つは絶対的に矛盾する、それをそのままにしておく、否定にもよらず、肯定にもよらない、そしてそこで一句をいえと、迫ってくるのである。この一句が絶対の一句である。それが道取できなくてはならない。ここに絶対の現在の自己限定がある。天地が剖れるとか、物が出てくるとかいうところにのみとらえられていると、絶対が見えない。相対をそのままにしておいて、しかも相対ならざるを見なくてはならない。あっちを見たり、こっちを見たりして、これが過去だ、これが現在だ、これが山だ、これが川だとかいうことをしないで、山を直ちに山といい、半夏《はんげ》を直ちに半夏というところがなくてはならない。これが絶対の現在そのものである。

この心の動くのが悪いというのではない、その動くところに使われ、とらえられる、十二時に駆り立てられるのがいけないというのである。動いているものを動いているままに看取し道破する機をつかむとき、それが霊性的直覚を形成する。大燈国師も雲門和尚もここで手を携えて行くのである。

羅山というのが巌頭和尚に尋ねた、「起滅已《や》まざる時如何」と。すると、巌頭は「咄《とつ》、是れ誰か起滅する」と答えた。この答えの意味は、来たとか去ったとか、起きたとか滅したとか、動いたとか動かぬとか——そんなことをするものはいったい、どこにあるのか。莫迦《ばか》をいうな、ということである。羅山の問いは十二時にとらわれているものの問いである。起また滅、滅また起、それが十二時の姿そのものである。起滅とか生滅とかいうと、そこに起滅するものを考えるが、そんな実体から離れて、十二時といえば、抽象的になる。数字は何でもみな抽象的で、一とか二とかいうものはない、一つの林檎《りんご》とか、三つの桃《もも》とかいうことになって、桃はあり、林檎はある。が、一といい、三というものはない。すべて抽象である。抽象であるが、林檎は一つでなければ二つ三つまたそれ以上で、それは数字で現わすより外ない。それで起滅の問題も数すなわち時間の問題となるのである。出たり入ったりすること、起また滅することは時間である。起滅といえば、起滅する実体を考えて、その起滅は時間であることを忘れる。時間は抽象性の数字で現わされるから、そこには「誰か」ということはない。が、「誰か滅する」といえば、それは三世心不可得の中心を突いているといわなければならない。起滅にとらわれていては十二時に使われるより外ない。

8　黒鱗皴地

虚堂智愚《きどうちぐ》（一一八五―一二六九）というのは、大徳寺の開山大燈国師の師匠大応国師の師匠なのである。宋末の人で、あるときの問答に、左のようなものがある。

冬至小参。僧問《フ》、黒豆未《ダ》レ芽《ブカザル》時如何。師云《ク》、黒鱗皴地《コクリンシュンチ》。僧云《ク》、芽《ブク》後《ハ》如何。師云《ク》、黒鱗皴地。
僧云《ク》、芽《ブクト》与二未《ル》レ芽《ブカ》時《ト》一如何。師云《ク》、黒鱗皴地。僧云《ク》、若《シ》与麼《ヨモナレバ》有《ラン》二甚《ナンノ》分暁《ナルコトカ》一。師云《ク》、向《テ》二無分暁ノ処ニ一識二取セヨ黒鱗皴地ヲ一。

〔冬至小参。僧問ふ、黒豆未だ芽ぶかざる時如何。師云はく、黒鱗皴地《こくりんしゅんち》。僧云はく、芽ぶく後は如何。師云はく、黒鱗皴地。僧云はく、芽ぶくと芽ぶかざる時と如何。師云はく、黒鱗皴地。僧云はく、若し与麼なれば甚《な》んの分暁なること有らん。師云はく、無分暁の処に向って黒鱗皴地を識取せよ。〕

これは冬至《とうじ》の問答であるが、冬至は、一陽来復といって、中国では二十四節の一となっている。この日で陰窮まり春の気が動くというから、草も木も芽を出すことになる。それでこの日の問答はおのずから豆の発芽に関するものとなった。すなわち時間の問題がここにもあるのである。未芽は未来、芽後は過去、芽と未芽とは現在であると見てよい。またこれを人生と見てもよい。生まれぬ先、生まれてから、死んでゆく時というあんばいに、三時に切ってみてもよい。また論理的に否定と肯定と、否定にも肯定にもわたらぬ時というふうに考えてもよい。とにかく、人間の意識はこのように、物事を二つまたは三つに刻まないと成り立たないのである。ところが虚堂はそのいずれに対しても黒鱗皴地といっている。黒鱗皴地とは、無分別、無分暁、不可得ということである。『金剛経』の三世心不可得である。虚堂のこの場合における問答の骨子は、十二時といったり、冬至、夏《げ》至《し》などといったり、過去現在未来といったりなどする世界を突き抜けて、無分別の境地に入って、そこでその無分別を分別するところにあるのである。何もかも黒鱗皴地であるが、その黒鱗皴地の世界において一隻眼をもてというのが、虚堂のねらいである。十二時の世界は動く世界で、これはとめられぬが、その動きにつれて動かぬものがある、それを看取させたいというのが虚堂の立場である。それで芽が出ても、出ないでも、黒鱗皴地であるが、この黒鱗皴地のところに滞っていないで、そのうちに了了自知するところあれ、すなわち黒鱗皴地のところに向かって黒鱗皴地を識取せよというのである。黒鱗皴地は絶対の現在である。この絶対の現在が自己を限定することによって、豆の芽が出る、それから葉になり花になるという世界が開けるのである。とにかく、霊性的自覚または直覚というものがなくてはならぬというのが、虚堂小参の示衆である。

時間を一つの直線のように考えて、そこに過去・現在・未来という点が刻まれてゆくと考えるとちょっとはっきりするようにも見えるが、少し突きつめるとわからなくなる。時間を、哲学者のいうように、円と見るほうがよい。その円の上に過去・現在・未来が同時に成立するのである。はなはだ矛盾をきわめた話のようであるが、この矛盾のところに「黒鱗皴地を識取せよ」である。現在といえば現在、未来といえば、いまだ来ず、過去といえば、過ぎ去った。どうしても同時に一しょにあるということはできないと考えられる。それが普通の論理である。しかし、少し深く考えてゆくと、この普通の論理のあてはまらぬところへ出てゆく。どうもわれわれの霊性はそうなっているのである。とにかく、十二時に使われていてはいけない。趙州のように十二時を使う立場、雲門のように、日日是好日の立場、虚堂のように、識二取《セヨ》黒鱗皴地《ヲ》一の立場、ここに至って初めて過去・現在・未来を一握りに握りつぶす消息がわかるのである。黒豆が芽を出してきた、花が咲いた、実が出来た、——それで結構だが、そこにいま一つ了了自知底があってほしい。それがないと黒豆の正体には徹底しない。黒豆の正体がつかめなければ、芽の出る、出ないもわからない。黒豆の黒が面白い、黒鱗皴地である。それは直線上に見るべきでなく、絶対の現在という円周のない円環としてつかまなければならない。この円環は円周がないから、中心はいたるところにある。自分がこうしている、ここが直ちに天地の中心である、絶対の現在である、六月不《レバ》レ熱《セ》、五穀不レ結である。限られた円では中心は一つしかない、そしてそれは動かない。無周辺の円だと中心は一つでまた一つでない、誰もかもが中心である、そして相互に融会して相礙《さ》えない。個己はいずれも個であって、しかも超個たるを妨げない。円融無礙《げ》である。これを事事無礙法界とも、法界縁起ともいうのである。華厳教の論理は東西古今の思想の絶巓《ぜってん》である。そうして、これが今、日本的霊性によってのみ解されているのである。

Ⅳ　三世心不可得（二）

1　再び時間について

時間の問題の解決は、存在に関するすべての問題の解決であるといってよいであろう。どう解決するか。それは前述したようにまず時間を直線的に考えることをやめなければならぬ。これがわざわいの因である。時間という直線があって、その上に、過去、現在、未来が遷流するものと考えると、三世の関係も意味も前後もわからなくなる。百年二百年ないし一万年一億年というふうに、時間を切って、またそんなものを直線的時間の上に並べて見て、これが過去、これが未来といっても、時間そのものは何もわからないのである。たとえば一億年前の時間はどうなるのか、一億年後の時間はどうか。すなわち天地未剖《みほう》以前は如何《いかん》、劫火洞《とう》然として大千倶《とも》に壊《え》するときは如何《いかん》などという問題は未解決に終らざるをえない。億とか兆とかいえば長くなるようだが、それは一分でも一秒でも同じことである。それで今日只今、絶対の現在がわかれば、みなわかるということにならざるをえないのである。それがわかれば、三世心不可得も刃《やいば》を迎えて解くべしである。禅者はよく「即今事《ノ》作麼《ソモ》生《サン》」というが、この即今がいつでも問題の中心である。またこの一本の拄杖子がわかれば一生参学の事畢《おわ》るともいう。拄杖子は空間を塡充する一箇の棒ちぎれではない。やはり即今の事である。こんな場合には空間も時間の中に入れて見てよいのである。

　時間を過去・現在・未来に分けることは、実際生活の上において、便利であることは否まれない。が、それだとて、時はそんなきれぎれのものから出来ていると断定すべきではないのである。時はどうしても仏教、たとえば『華厳経』に書いてあるように、「無量劫一念《ナリ》。一念無量劫《ナリ》。須《ク》レ知《ルベシ》一方《ハ》無量方、無量方《ハ》一方《ナルコトヲ》」でなくてはならない。念は時間で、方は空間であるが、元来時間と空間とは、分けて見るべきものでない、時間即空間、空間即時間と見るべきである。あるいは空間―時間と二字の間に連結符をおいて、一つものと見るべきである。絶対の現在に時間も空間も入っているから、「一念無量劫」ですべてを尽くすわけである。

　一念の念は刹那《せつな》の義で時間の極促なるものである。すなわち只今である。一方の方は空間の一点をいうのである。しかし方も畢竟《ひっきょう》は念である。それで時間がわかれば空間がわかる。無量劫が一念であるとわかれば、無量方が一方であることもわかるのである。それはなぜかというに、絶対の現在には念も方も含めてあるからである。時間的に延びると、無量劫となり、空間的にひろがると、無量方となるのである。いずれも一念が出発点でなくてはならない。一念は現在である。この現在を把得しさえすれば、過去でも、未来でも、永遠でも、不可得のままで可得となるのである。

繰り返していうが、絶対の現在というのは西田哲学の言葉である。三世中の現在は相対的で、過去に対し未来に対している。絶対の現在は禅者のいう一念である、または一念不生である、即今の事である。すべてはこの絶対の現在から生まれ出て、またそこへ滅し去るのである。これを形で現わすと、時間は直線に見てはいけない。円にしなくてはならぬ。すべてが過去、現在、未来と、直線的時間の上に連続して行くものと考えると、その考えはいつか行きづまる。分別識ではそうならざるをえない。これに反して、霊性的直覚の中から見ると、一念の円相の上に、過去、現在、未来が現出し没入するというように道取しなくてはならないのである。それで一念または一念不生のうちに、千年があり、万年があり、無量劫があるのである。言い換えれば、一念の上に、過去も、未来も、現在もみなことごとく映っているのである。この意味を『金剛経』では、過去心不可得、現在心不可得、未来心不可得という。

不可得というと、いかにもたよりのないように感ぜられるかもしれないが、この語の意味は、消極的・否定的ではなくて、実に積極的・肯定的なのである。それで不可得の可得、あるいは可得の不可得といってよい。あるいはまた心理的に一念がすなわち無念で、無念がすなわち一念だといってよい。無念が絶対の現在である。

大燈国師に、ある年の除夜の小参に、「所以《ニ》師僧家《ハ》、自二従《リ》空劫已前、威音那畔一、一日日《ノ》未《モ》三嘗《テ》逐《ハズ》二一日《ヲ》一、一時時《ノ》未《モダ》三嘗《テ》随《ハズ》二一時《ニ》一、云云」というのがある。これまた十二時に使われずの意である。空劫已前、威音那畔では、いまだかつて一日とか一年とか一時とか一秒とかいうものを分けていない。逆にいうと、この一日、この一時が直ちに空劫已前で威音那畔である。時間を逐《お》うたり、またこれに随うなどいうことは、こんな人には、ありえないことである。それで飯田欓隠師は、これに左のごとく注釈を加える。いわく、「空劫那畔が別に仕舞ってはないぞ。法華に六十小劫猶如食頃とある。これを見て、天桂は大《おおい》に疑うた。夫《それ》が元《もと》で曹洞の半分を占領した。初めの願力は大切じゃ。無始已前とは今じゃ。無終已後も今じゃ。只今に安住して、自己を忘ずる時、久遠の昔も今じゃ。無辺世界も今じゃ。皆只今の領分じゃ。禅の実験は只今の体得にありじゃ……。」（筆者加点）

2　無　念

六祖の時代に、無念ということが強く主張せられた。六祖は「無念を宗となす」といっている。

達摩時代には無念よりも、無心が使われていたようである。しかし無心も無念も同じ意味である。この無心の無念が体得せられたときに、仏教はことごとくわかるのである。無心または無念、または一念、これを正念ともいうのである。それでよく「正念相続」ということがある。絶対の現在そのものの働くところを踏みすべらないようにする、これが正念相続の意味である。それは直線的に過去や未来が上がったり、下がったりすることでなしに、周辺に妨げられない一円相の中で、いたるところに中心を据えているという自覚である。哲学者は、これを絶対の現在の自己限定であるというが、これは論理的な表現で、仏教のほうでは三昧《サマーディ》である。

三昧というのは梵語の音訳で、その意味は正受である。「正しく受ける」ということは、無念すなわち一念に、すなわち正念に住することである。花を見れば花と見る。山を見れば山と見る。鴉《からす》が鳴けば鴉と聞く。これが「正しく受ける」、三昧である。単なる感性的直覚でなくて、霊性的直覚に裏づけられているところのものである。よく人のいう「成りきる」ということ、これが正受であるが、「成りきる」にもいろいろあって、やはり霊性的に裏づけられたものがないと、本物ではない。「成りきる」、「そのものになる」ところでは、念が二つに分かれないで、一念すなわち無念である。ここに芸術の神秘もある。しかし宗教的・霊性的になるには、いま一歩突き進まなくてはならないのである。われわれはよく「形を写さないで精神を汲む」などというが、その精神にも深浅がある。そのものをしてほんとうに真正にそのものたらしめるゆえんのものを握らなくてはならぬ。形はそれによって初めて精神を象徴するものとして出来上る。形から精神に入ることも、もちろん可能であるし、またある程度まではそうなくてはならぬが、形からするものはどうも形にとらえられやすい、そしてその形たらしめるゆえんのものに触れえぬおそれがある。形を十分に了解して、しかもそれにとらわれず、その精神の動くままに動くことができると、形は形だけでなく、生きたものとなって、見る者に迫ってくる。これが東洋芸術の長所である。ある場合では、精神というものが強調むしろ誇張せられて、形のほうが忘れられることもないではないが、元来が精神と形とは別別ではなくして、精神のあるところには、必ずそれを表現させる形がなくてはならず、形のあるところには、その形を活かしてゆく精神があるものである。それゆえに、どちらがどちらというわけにはゆかないが、われわれは形と心とを共に把握して、そこに二つのものの渾《こん》然たる一を見なくてはならない。この一ということがすなわち三昧である、無念である、絶対の現在である。それをまた莫妄想《まくもうぞう》という。莫妄想とは、妄想なしにおれということであるが、妄想がなければ、それが正受で、三昧で、一念で、無念である。円覚寺の開山の仏光国師（一二二六―一二八六）が時宗《ときむね》に莫妄想ということを教えたというが、これはまた驀直《まくじき》向前《こうぜん》である、一心不乱ということである。浄土系では「南無阿弥陀仏」の一念で助かるというが、この南無阿弥陀仏と自分とが一つになってその間に他念の入る余地がなければ、莫妄想の心境に入る。それが直ちに往生決定である。それで『歎異抄』に、念仏は一ぺんでたくさんである、一ぺんの念仏で助けられるので、たくさんの念仏を繰り返すことによって助かるのではない、と書いてある。が、これを自力的に見ると、莫妄想、正受、三昧の意味と相違せぬのである。「南無阿弥陀仏の一声」というのは、自分と南無阿弥陀仏とが一になるとき、初めて出る声である。そのとき自分というものはない、ただ南無阿弥陀仏がある。「自分」があるかぎりは、南無阿弥陀仏と自分とは分かれる。自分が名号を唱えるということになって、唱える者と唱えられる名号とが二元的になる。二元的になる間は正受ではない。正受というのは、受ける者もなく受けられる者もないときの心境をいうのである。受ける者と受けられる者とが分かれては、もはや正受ではない、三昧ではない。真宗と禅宗とは、よほどちがうように見られているけれども、煎じつめてみれば、こういうようなところで両両手を相携えて行くということになる。

3　死ということ

ここにちょっと、思い出すままに付け加えておきたいことがある。近ごろよく「死ぬる」ということを聞く。「死にさえすればいいんだ」と、こういうふうに思っている者が多いようである。戦《いくさ》に行けば、もちろん死ぬることでもあるし、また死ぬるについてかれこれと躊躇《ちゅうちょ》すべきではあるまいが、これは消極的な考えである。ここではまだ十分に我《が》というものが取れていない。自分というものが出ている。宗教的な考えをもつ人ならば、そんな消極的な、すてばち的な考えには動かされない。なぜ、ただ死ぬるということをいわないで、自分のもっている任務・所作・仕事・職責などいうものを遂行するのが第一義だと考えないのだろう。自分の任務を果たすということがどこへ行っても第一番に考えられなくてはならないことで、それから出てくる死とかいうようなことは第二義の事で、そんなことに心をわずらわすべきではないのである。当面の仕事に対して全幅の精神を投げ込む、その仕事に成りきる、三昧の境地に入る、無念、無心になる、それがいちばんだいじなことで、死のうが生きようが、そういうことは、その場合においては問題ではない。こういうふうに考えてゆくのが、非常時のみでなく、いつでも、われわれの当然もつべき覚悟だと自分は信ずる。ただ死ぬ、死ぬというようなことばかりでは何にもならない。『葉隠』に「武士道は死ぬことと見つけたり」というような言葉もあるし、また昔の武士は何でも死をおそれないというふうに覚悟をきめているのであるが、事実は同じことであって、心のもちようは正しいほうにもってほしいものである。消極的な考えよりも、積極的に自分の身の振り方をきめてゆくということは、単に宗教的意味からでなく、一般の日常の倫理的心得としてもだいじであろう。非常時であるから死をおそれないとか、平和な時であるから死をおそれるとかいうように、問題を死の上に注ぐことをしないで、平時でも、戦時でも、また常時でも、非常時でも、何でもかまわない、すべきことはいつでもあるのであるから、そのすべきことに三昧になって、それに成りきって、その外のことを考えない、結果は死ぬことになるかもしれず、生きることになるかもしれず、苦しいかもしれず、あるいはそうでないかもしれない。そういうことはどうでもよいので、すべき仕事をする、これが何時でも人間の心構え、集団的生活をしているわれわれの心構えとして一般に妥当性をもつものである。非常時とか、平時とかいうような区別をしないでよいのである。禅者の言葉に「平常心是道」ということがある。また「無㆓事於心㆒、無㆓心於事㆒」（心に無事で、事に無心なれ）という言葉があるが、これでなくてはならぬ。ここには生死ということはないのである。何でもすべきこと、そのことに成りきれば、無心である、無心であれば、無事である、それが平常心である。そこに道がある。この道さえ踏んでゆければ、非常時には非常時であり、平時には平時である。何も非常時だから、とくにこういう覚悟をしなければならぬとか、非常時がすんでしまえば、非常時にもっていた心は捨ててよい、また平時のだらりとした心になるのだということがあってはならぬ。非常時もなく平時もなく、いつも坦坦《たんたん》如として、また淡淡如として、行くところ適《かな》わざるはなしということでなくてはならない。それで初めてほんとうの安心が出るわけだ。これが「莫妄想」である。

4　公案と見性

　禅をやる人は「隻手の声を聞け」とか「趙州《じょう》の無字を見てこい」とかいうような話を聞かされると思うが、これはどういうことであるか。三世心不可得、すなわち過去心不可得、現在心不可得、未来心不可得というような問題は、哲学的に大問題だと考えられるが、隻手の声だの、趙州の無字だの、庭前の柏樹子《はくじゅし》だのというと、いかにもくだらないことのようである。また単なる謎のようにも見える。こんな謎のどこに仏教があるのか、どこに禅があるかといわれよう。しかしそれは表面的な考え方で、まだ絶対的現在に徹底しないからである。まだほんとうに過去や未来あるいは現在というものを考えないからである。「隻手の声」には、論理的に矛盾の自己同一を含んでいるので、これがわかれば、宇宙存在の大問題もおのずから解けるのである。これらの公案はすべていわゆる常識的な考え方を打ち切ろうという刀である。しかしこう振り上げられた刀を、外からばかり見ていては刀はわからぬ。刀自身にならなければならぬ。斬られようとする立場から見ないで、斬ろうとしている刀そのものの立場に立たなくてはならぬ。公案の刀は公案を離れては斬る力がない。隻手の声を聞こうとしては聞かれぬ。隻手になることによって、それが聞かれる。一般に坐禅を始める人は、刀で斬られることをおそれて、その斬る刀そのものを自分に引ったくることをしないから、公案の意味がわからぬ。したがって公案は気のきいた謎としか考えられぬのである。自分が公案になると、そのとき、絶対的現在は何を意味するかがわかる。それが「莫妄想」である、「莫煩悩」である、北条時宗である。

とにかく、参禅をする、禅の修行を始めるというからには、われわれは今までもっていた考え、今までやってきた考え方というものを、どうしても徹底的に捨てなくてはならない。どうして公案の刀がそういうものを斬るであろうか、斬ることができようか、などというような考えを、断然捨てなければならぬ。そんな批判や反省は、従来の考え方のみで成立するので、その考え方では修禅は不可能だからである。それで刀そのものにまず成ることがだいじである。これを正念工夫とか、三昧とか、成りきるとかいうのである。われわれはいつも過去・現在・未来でくくられていて、はなはだ自由をもたない。刀で斬られることばかり考えて、斬ることを知らぬ。斬る立場は絶対一元の立場で、自主自由はそれから出る。向うを見ているかぎり、自由は得られない。対象性論理の縄《なわ》でくくられていては、永劫に自由を得ることはできない。縛られまいとするなら、こちらが縛る位地に転ずるのが捷径《しょうけい》であろう。禅者の公案なるものは、この転換を実現させる契機である。

禅には見性ということがある。これは悟りのまたの名で、霊性的直覚である。これは隻手の声なら隻手、無字なら無字、そのものに成りきって、三昧の境地に入ったとき、自然に感得するところのものである。三昧はただ無我夢中になるということでない。その中に自覚——霊性的自覚がなくてはならぬ。いわゆる惺惺著《せいせいじゃく》である。それで見性である。見のない三昧は禅でない。無字に参じたら無が見えなくてはならぬ。隻手に参じたら隻手の声を聞かなければならぬ。悟りは覚《さと》りである、知覚である、理屈ではない。覚りは考えて得られるものでない。すなわち覚《さと》ろうと思って覚られるものでない。まず三昧に入る、成りきってしまう、そうするとそれから自然に霊性的直覚が出てくる。悟りを待つということのきらわれるのは、向うに目当てをおくからである。まずやらなければならないことは、三昧の状態を招致することである。三昧の得られんことを憂えて悟らざることを憂えざれ、である。三昧すなわち正受の状態に入れば、公案と自分とは二つに分かれないから、そこにあるものは公案だけである、公案に対するものとしての自分はない。自分が公案と相対して立っているかぎり三昧はない、正受はない、したがって見性の経験はありえない。

見性の経験においては、見が性であり性が見である。性を見るのでなく、見る者がそこにあるのでない、また見られる性があるのでない。見即性、性即見、ここに見性の経験があるのである。見即性、性即見というのも、要するに、三昧（正受）の状態そのもの、絶対的現在そのものであるといってもよいが、そこに見または知または覚なるものがあることを忘れてはならぬ。絶対的現在は哲学的語彙《ごい》であるが、ここで借用する。

5 黒豆

これは既述のとおりであるが、いま一度お話しする。『虚堂録』に、あるときの冬至の小参として、黒豆の芽が出るとか、出ないとかいうことがあった。この黒豆は、われわれが日常、目に見、手に触れるところの小さな豆の粒である。それが芽を出そうと出すまいと、一般には大した関心のもてぬ事象とも考えられよう。われわれの人生観または世界観に対して大した関係のあることでないようである。しかし今いったように、三昧という見地からすると、一粒の黒豆の中にも、天地とか宇宙とかというように大きなものと考えられているものさえも、そこで自由に呑吐《どんと》せられているのである。豆は小さい、地球は大きいというのは、分別の世界にいて、対象的に物事を考えるからである。豆そのものになれば、その豆は、宇宙どころではない、宇宙のいくつをも集めた大大的宇宙でも何でもかまわない、それが何のことなしに一粒の豆の中に収められる。三昧の境地は、幾何学的または物理学的に考えられた世界のものでないからである。禅者がよく分別計較《けきよう》を離れるというのは、ここを見ているからである。絶対的現在の立場からすれば、黒豆であろうが、地球であろうが、天文学的に見た何億の星の輝く大空であろうが、そういう分別的・対象的に見た世界の尺度は問題にならないのである。さきに、なすべき仕事を見て、その仕事の結果、死ぬるとか、生きるとかいうことに頓著するなといったが、この倫理的立場と同様に、今の場合でも、黒豆そのものに成りきれば、黒豆も自分もなくなるから、そんなものを成立させていた世界もなくなって、さらにまた別のちがった世界が開けて出るのである。それが経験せられなければ禅は語られないのである。「黒豆になれ」というも「隻手の声を聞け」というも同じである。隻手の声の場合では聞くというが、黒豆の場合では「見る」といってよい。あるいはまた「黒豆の芽を出す音を聞く」といってもよい。黒鱗皴地《こくりんしゅんち》なるものを識取しなければならない。どういう形式の表現を用いるにしても、とにかく、こういう問題の中心は「成りきる」というところにあるのだ。「無念」というところにあるのだ。すなわち「莫妄想」である、「驀直向前《まくじき》」である、「南無阿弥陀仏の一声」である。そうなると、問題は何でもないと思われていたことが、非常なことになるともいえる。また、今まで非常にだいじであるとか、あるいは尋常ならずと考えられていたことが、今度はかえって何でもないことになったともいえる。それで昔の禅者も、一本の草の葉を仏のように使う、仏を一本の草のように使うともいっている。これなども、道ばたに生えている草、名も知れぬ草、一寸か二寸の小さな草の葉、それに気をとられているというわけではない。また仏は一丈六尺の黄金のからだをもっている、三十二相の具わったものである、いかにも見事なもので、人間世界のものではないなどということにとらわれているのではない。丈六紫磨の黄金仏であろうが、われわれの足の下で何でもなしに踏みにじられている草の葉でも、そのものに成りきることができると、それは直ちにいわゆるソロモンの栄華も及ばぬという百合《ゆり》の花になるのである、そのままで光を大千世界に放つということになるのである。そしてこれがまた逆にもいわれるのである。すなわち三十二相の仏が野中の一本杉になるると。そういうことは直線的な時間に縛られていてはいえない。円周で限られない一円相の中、いたるところに中心があるというものの中にすわることを知ることによって、初めて上述のごとき自由さが得られるわけである。これが容易に首肯されないというのは、われわれの平常の考え方が、時間を追ったり空間を追ったりして、その中にいろいろな区切りをつけて、そうしてその区切りにとらえられているからである。この区切りにとらえられない、いわば内面的霊性的生活というものが認められて、そこを出発点として、人間万事を取り扱ってゆくということ、それがわれわれの考えでは、東洋的思想の核心であるというのである。学者の話を聞くと、こういうふうの考え方は西洋にはないということである。あっても、東洋の人のように、深く自覚せられてはいない。どうも彼らの考え方は、いつも二元的に、対象的になっているようである。

6　半夏と除夜

大燈国師の半夏《はんげ》の上堂をもう一つ紹介する。

半夏已前ハ、我為ニ二諸人ノ一隠ス、隠スモ而弥ヨ露ハル。半夏已後ハ、我為ニ二諸人ノ一顕ス、顕スモ而不レ顕ハレ。正当今日半夏、不レ隠サ不レ露サ、我為メニ二諸人ノ一説破セン。卓拄杖一下シテ云ク、六月已ニ熱ス、五穀好シレ熟スルニ。

「半夏以前はわれ諸人のために隠す。隠せばいよいよ露《あら》わる。半夏以後はわれ諸人のために顕わす。顕わせばますます顕われない。正当《しょうとう》今日半夏である。隠さず露わさず、われ諸人のために説破しよう」と、こういって国師は拄杖をガタンと立てていわく、「六月已《すで》に熱す、五穀熟するに好し」と。これが国師の正当半夏、すなわち絶対的現在を道破した一句であった。前掲の雲門の垂語——日日是好日——と少しも変わらぬものである。

ここでいう半夏は十五日である。十五日は月の真ん中、また一夏《げ》の真ん中である。過去にも属せず未来にも属せぬ、正当現在の端的である、即今そのものである。これが隠れず顕われざるものの正体である。隠れるは消えてゆく過去である。顕われるはこれから出てくる未来である。両者に渉《わた》らずといえば、正当与《よ》麽《も》の現在そのものである。顕われるは現在を過去と未来から離して見た現在、すなわち絶対的現在である。これは露《ろ》堂堂、峭巍巍《しょうぎぎ》としてわれわれの面前にある。隠そうとすれば顕われる、顕わそうとすればかえって見えなくなる。これは線にたとえるよりも円に見立てるのが穏当であろう。知性の世界なら彼《かれ》と是《これ》とを対照させることが可能だが、霊性の世界では、対照なしに、絶対のままで、諸人の面前に、ほうり出すよりほかない。絶対の一句は卓拄杖で尽きる。しかし禅者はたいていい何やらいわぬと気がすまないので、蛇足《だそく》を添える。大燈国師のは、ここでは「六月已熱、五穀好熟」である。前掲のは「六月不熱、五穀不結」であった。いずれにしても変わりはない。俗に「旱《ひでり》に不作はない」というが、それである。時節柄適当の言いぐさである。

なお一つ国師の問答を紹介する。これは除夜小参の問答で旧年ここに暮れ去って新年まさに来たらんとする刹那——正当現在の消息を伝えんとするものである。

除夜ノ小参。僧問フ、旧歳ハ今宵去ル、向テカ二甚ノ処ニ一去ル。師云ク、頭上一堆ノ塵。進ミテ云ク、新年ハ明日来ル、従リ二甚ノ処一来ル。師云ク、脚下三尺ノ土。進ミテ云ク、還テ有リヤ下不ルレ渉ラ二新旧ニ一底上也マタ無シヤ。師云ク有リ。進ミテ云ク、如何ナルカレ是不ルレ渉ラ二新旧ニ一底。師云ク、大抵鼻孔向テレ下ニ垂ル。

除夜の小参、すなわちつごもりにとりかわされた問答である。僧問う、「旧歳、まだ今年ではあるが今夜去ってしまうとすればもう去年、それはどこへ行ってしまいましょうか。」これも時間に関する問題である。三世心不可得の問題である。それに対して大燈国師は「頭《ず》上一堆《たい》の塵《ちり》」といわれた。これは過ぎ去った死んだ子の歳を数えるのは、ちょうど頭の上に一堆の塵埃《じんあい》をひっかぶるようなものだ。百年とか二百年とか、千年とか二千年とかいって、やたらに歴史の埃《ほこり》ばかり叩くなというのである。そうすると、坊さんは今度は「新年が明日来ますが、それはどこから来るのか」と尋ねた。過去といえば現在、左といえば右、是といえば非、人生はこの矛盾そのものである。大燈国師は答えた、まだありもしないものを心配して何になる。そんなに泥の中に足を踏み込むな。覿面《てきめん》の事実を忘れてどうすると。さきには頭上といったから、今度は脚下、さきには一堆といったから、今度は三尺。文学的技巧を忘れぬのか、また自然に出てくるのか、とにかく、禅者はこの点でよく鍛えられている。そこで雲水の坊さんはまた問う、「新旧に渉《わた》らないものが、ありますか、ありませぬか」と。これはいわゆる、生滅滅已の端的、三世心不可得の畢竟如何である。絶対的現在そのものを取り出して見せてくれというのである。そんなものは、はたしてあるか。師いわく、「有《あり》。」僧進んでいわく、「いかなるかこれ新旧に渉らざる底《てい》。」師いわく、「大抵鼻孔向下垂。」鼻は下に向いてついている。眼横鼻直だというのである。これまた「日日是好日」の意にほかならぬ。

こんなところで禅の特性を見られると思う。論理的な言いぶりではない。当面の経験事実そのものを直叙するにとどまる。抽象的なことはその方面の学者に一任するというのである。東洋にはだいたいに数学が発達しなかった。物を数えるにも、一二三四といわずに、甲乙丙丁、子丑寅卯、天地《てんち》玄黄《げんこう》などという。一二だけなら上下または乾坤《けんこん》などという。兵陣の備えを魚鱗《ぎょりん》とか鶴翼《かくよく》とかいう。年号をやたらに替えて、めでたいものをそのときそのときに考え出す。一月二月といわずに孟《もう》春、令節とか、献春、恵《けい》風とか、大簇《たいそう》・夾鍾《きょうしょう》とか、日本なら睦月《むつき》・着更衣《きさらぎ》とか、その外いろいろの名をつける。数字では殺風景なのであろう。精確性はあっても文学的趣味性には乏しい。文学には具体的・象徴的、個己的なものでないと感性的圧力をもたぬ。霊性的直覚はいつも感性的なるものと結びつく傾向がある。時に両者を混同する可能性もあるが、具眼者は直ちにこれを甄別《けんべつ》する。大燈国師の「大抵鼻孔向下垂」も、ただ感性的現実性をいっているのでなくて、深い霊性的直覚に裏づけられていることを忘れてはならぬ。

V　禅概観

1　竹篦と拄杖子

今までの話を、だいたいまとめてみる。『金剛経』に「仏説般若波羅蜜、即非般若波羅蜜、是名般若波羅蜜」という。これが禅のだいたいの論理である。竹篦を竹篦と呼べば触れる、竹篦《しっぺい》といわなければ背《そむ》く。背かず触れないで、何という。こういう公案があるが、これは今の般若の論理的形式そのままである。竹篦の公案に限らず、形がちがうが、それに似たようなものはいくらでもある。

たとえば、黄龍《おうりよう》（一〇〇二―一〇六九）の三関という公案の中に、「我《ガ》手何《ゾ》似《タル》二仏手《ニ》一、我《ガ》脚何《ゾ》似《タル》二驢脚《ニ》一」というのがある。これなども竹篦と同じい。それから、禅坊さんは拄杖《しゅじょう》といって、長い杖を持っておって、それをよく使いまわす。

雲門文偃（?―九四九）はかつて拄杖を拈《ねん》じて挙《こ》す、「教中に道《い》ふ、凡夫は実に之《これ》を有《う》と謂《い》ひ、二乗は拈じて之を無と謂ひ、縁覚は之を幻有と謂ひ、菩薩は当体即空とする。乃《すなは》ち云はく、衲僧《のうそう》拄杖を見て但喚《ただよ》んで拄杖と作《な》す。行のときは但《ただ》行、坐のときは但《ただ》坐。総《そう》に動著《どうじゃく》するを得ざれ」と。これも言いまわし方はだいぶちがっているが、般若的即非の論理である。雲峰文悦《ぶんえつ》（大愚守芝《しゅし》を嗣ぐ）は、あるとき拄杖を拈じて、衆に示していう、「我這箇《われしゃこ》を喚《よ》んで拄杖子と作《な》す、你《なんじ》諸人喚んで甚麼《なん》と作す。若《も》し喚んで拄杖子と作さば、鰕《えび》跳れども斗《ます》を出でず。若し喚んで拄杖子と作さずんば、平地上に喫交《きっこう》せん。還《かえ》って道《い》ひうる底ありや。良久《しばらく》して云《い》はく、翠巌今日失利」と、拄杖をなげうって下座。時代がたつにしたがって、インド的表現形式がしだいに漢民族的文学的に修飾せられてくるので、ちょっとまごつくのであるが、いずれも着物を脱してしまえば、即非の論理である。

2　四法界・法界縁起

般若の論理などというと、耳新しくも聞こえようが、昔からの言葉では「差別即平等、平等即差別」である。そして、差別のない平等は悪平等で、平等のない差別は悪差別である。またこれを「理事」と見てもよい、「体用」としてもよい。理と事の関係を言いあらわした哲学に華厳がある。華厳では有名な四法界《ほっかい》を説く。理法界、事法界、理事無礙《むげ》法界、事事無礙法界、この四つである。

理法界は平等観である。すべてのものをその全体のところ、一のところで見るのである。事法界は、差別の世界で、個個別別の世界、千差万別、竹は竹、松は松の世界である。つまりわれわれの五官の世界、分別意識の世界である。理事無礙法界、一と多がお互いに衝突しないで、融通無礙に、一が多で多が一となるという見方である。ある意味では、汎神《はんしん》論的見方である。これまでは一般の哲学でもよくいうが、次の事事無礙法界、これが華厳の特色で、仏教的世界観の極点である。事事無礙というのは、一一の個物がお互いに融通無礙の働きをするというのである。もっと具体的にすると、山は山で川であるという。また桜は紅くしてそのまま紅くないという。黒は黒でない、白でない、そして黒にもなり、白にもなる。そして黒は黒であるという。それが事事無礙法界である。

また、言い換えると、すべてがすべてであって、そのまま一一であり、一一がおのおのそれぞれの一一であって、そのまま、また他の一一であるということである。千差万別の個物が、一一自《みずか》らの位を守っていながら、そのまま他の一一に転位する、これを融通無礙の世界というのである。千差万別をなくして一にするのではない。一が千差万別の上に現われているというのでもない。千差万別が、そのままで一である。一がそのままで千差万別である。理事無礙法界とちがうところは、理が事の中に入ってこないことである。事が理なのであり理が事である。理外の事なく事外の理なしである。理事無礙法界は汎神論的だといわれるかもしれないが、事事無礙のところでは、そうはいわれない。事事無礙は空間的見方であるが、これを時間性に直すと、「法界縁起」になる。直線的時間観でなくて、円環的時間観が華厳哲学の見方である。始終または過現未を見る縁起でなくて法界が法界を縁起するのである。法界そのものがそのものの中に生滅してゆくのである。ある物から他の物が出て、その物がまた別の他の物に転じてゆくのではなくして、すべてがそのままで、そのものの中に生滅してゆくのである。無限の生滅である。生滅の無限である。そしてこの生滅は機械的・物理的生滅でなくして、創造的・生命的である。法界そのものの中に無限の力が包蔵せられてある。因果の考え方では、時間を直線的に見ることになる。法界縁起の見方は時間を円環的なものとするのであるから、事事物物の働きは回互性をもってくるようになる。直線的に見ると、川の流れのように次から次へと流れて行って、往《ゆ》くものは還《かえ》らぬことになる。ところが、華厳の円環的時間観では、法界は洋々たる大海のようで、千波万浪はそれから出て、それに帰るのである。千波万浪がそのままで海であり、海がそのまま千波万浪である。華厳の見方にすると、それゆえに、すべての働きが往還性・回互性・相入性をもつことになって、重重無尽である。

3 体用・四料揀

仏教では体と用とを分けることがある。体は理にあたり、平等にあたる。用は事にあたり、差別にあたる。そういうことに見てもよい。禅では、体と用とを言葉で分けるが、事実は一つであるとして「体用《たいゆう》一如」という。これが臨済の場合になると、「全体作用」という語を使う。用がすべて体であり、体がすべて用である。またそれを「随処作レ主、立処皆真」ともいう。

臨済はいつも全体作用で、時間的な働きのみが主になっているようにも思われるが、必ずしもそうでない。彼には「四料揀《けん》」なるものがあって、空間的に人と境とを分けて、両者間の関係を説明することもある。人は主体、境は客体の義である。この二つの概念を四通りの交渉で見たのが四料揀である。初めには奪人不奪境、次が奪境不奪人、第三が人境倶奪、第四が人境倶不奪。「人を奪って境を奪わず」は、主体を否定して客体だけを残すこと。「境を奪って人を奪わず」は、客体をなくして主体だけを存しておくこと。「人境倶《とも》に奪う」は、主も客もともになくしてしまう。「人境倶《とも》に奪わず」は、客体も主体もそのままにしておく。主客または能所の二つは、こういうふうに四とおりの関係で見られる。四料揀も、畢竟は般若の論理を人境の上に観《み》たものと考えられる。人と境とを分けて見る世界は、いわゆる常識の世界である。それを、倶に奪うというのは、常識分別の世界を絶対に否定することである。絶対に否定したところから、絶対の肯定が出てきて、人境俱不奪となる。すなわち人は人で立ち、境は境で立つ。差別の世界がそのままで平等、平等がそのままで差別である。これが臨済のねらいどころである。

4　洞家の五位

曹洞宗には五位というものがある。正中偏、偏中正、正中来、偏中至、兼中到の五つである。正が平等にあたり、偏が差別である。正中偏は、平等の中の差別。偏中正は差別の中の平等。正中偏、偏中正は、平等即差別、差別即平等の意味である。ところで、ここに注意すべきことは平等即差別でも、差別即平等でも、また、正中偏、偏中正でも、ともに空間的見方で、時間的でないということである。時間の考えが入らないと、働きが出てこない。全体の体だけでは作用が見えない。全体作用ということになって、全体がそのままで働く。法界がそのままで縁起するということになって、初めて生きてくる。生きてくるには、時間性が入ってこなければならない。われわれの生活は時間なしには考えられない。ただ空間だけでは動きがとれない。そこで、差別即平等でも、平等即差別でも、正中偏・偏中正でも、静的には整うが動的なものが見えない。それの加えられたのが正中来と偏中至である。正中から来たる、偏中から至るで、来と至が現われる。

ここに働きの回互的関係が表示せられる。花は紅、柳は緑だけでは足りない、どうしても働きが出てこない。正中来・偏中至がなくてはならない。しかしまだこれでも十分とはいわれない。往来があったり、回互があったり、相互相寄るという関係があっても、そこに人間という者が出てこなくては禅はない。ただ物理的の存在とか、物理的の力の関係というようなことだけでは禅はない。禅には、どうしても行為的なものが出てこなくてはならない。それが次の兼中到で現わされている。兼は、正と偏とが兼ねられているという意味である。正だけでなく、偏だけでなく、正と偏とが一つになるものがなくてはならない。そして、それから「到る」ということが出てくるのである。「到」と「至」の区別は、注釈者の説によると、「至」は、まだほんとうに落ちつくべきところに落ちついていないとの義。それが「到」に至って初めて最後の到着点につくというのである。兼の中に正と偏が包摂せられるというのは、どんなことになるのかというに、それは矛盾して相容れないものが一つになったので、活人現前である。一無位の真人の「突出」である。全体作用の露《ろ》堂堂《どうどう》である。五位の最後の一位はこんな意味に解すべきものと、自分は信じている。個己（偏）の人間が超個己（正）の人間として、相兼ねて働く、その働きの妙味に到達することが、すべての禅の公案の最後の落ちつきでなくてはならない。

　公案の数が一千七百則というが、それはいくらあってもよろしい。ある意味でいえば、公案は無数であるといわなくてはなるまい。万物個個がそのままで公案であるから、公案は実に無限数である。が、またある意味では、公案は一つであるといってよろしい。法界縁起の法界は、絶対一であるから、絶対一の法界に徹底さえすれば、そこにつながる無数の公案はそれと同時にことごとく解けてゆかなくてはならない。霊性的直覚はここに在る。が、その直覚は直覚としてのみとどまるわけにゆかぬ。人間の意識は、そこに何か組織的なもの、論理的なものを要求するであろう。

五位は論理的でなくても、禅者が自らの直覚を何かの形で組織立てようとした試みであるといってよい。それで五位の調べなるものが、今まで見てきた一々の公案に対して思想的体系を与えるため、修禅者に課せられる。

何かの意味で思想的体系をもつということが大切である。単に体験といってばかりおられぬ、やはり抽象的に全部を把握する機構を作り上げないと、個々の具体的なるものの、それぞれに据わるべき位置がわからなくなる。体系が出来るとき体験なるものがますます有力になるわけである。ここにも回互性があるといってよい。体験は体系づけられなくてはならぬ。体系はまた体験に基づかなくてはならない。それでお互いが深められ、明らかにされる。動物の世界では体験のみがある。体験といってよいかわからないが、とにかく自覚の伴わない行動がある。それは働きまたは行為と見るべきでなくて、一種反射性のもので、彼らには意識的に出来上った思想的体系はない。体系は人間だけのものである。それゆえ、何事につけ体系的組織なるものをもつべきであろう。東洋民族はこの点でいくらか欠けているところがある。一般に禅家の人々は分別思量を斥けるのであるが、それにはもとより理由はある。体験に基礎をもたぬ思想には力がない、心がない、魂がない。一度体験の世界を通ってくると、分別思量は、さほどだいじでないことになる。体験は無分別である、思量は分別である。無分別の分別でなくてはならない。分別の無分別でなくてはならない。それで禅家の人もこの五位ということに組織せられた禅的思惟《しい》系とでもいうべきものを心得ておいてよいのである。

5　兼中到（一）

兼中到を人だといったが、この人はここで、どういう働きを見せるかというと、これは、昔からよくいうように、「迹《あと》を留《とど》めぬ」ことである。めあてをもたぬことである。合目的的でないことである。こういうと、それは動物的、本能的または嬰孩性《えいがいせい》的ではないかと考えられよう。事実、そう考えている人もある。あるいはそう考えるのが普通でもあろう。

しかし、そう考える人は、やはりまだ分別の世界を出たことのない人である。そういうことは、その人がいつも分別に終始していて、分別の世界を一ぺんも飛び出したことのない証拠である。よく「赤子《あかご》のように」という言葉を宗教で使うが、これは「赤子のように」とのたとえであって、赤子そのものになれという意味ではない。成人は成人であって、赤子の世界を通ってきた人である。そうして十分に発達成熟した人なのである。成熟した人に、赤子のようになれというのは、成熟した意識をすべて捨ててしまえということではないのである。成熟した意識をそのままにして、そうしてそこにそれを乗り越えた、それを超克したところの、別の境涯がある、それに突き進めというのであって、けっして今までのすべての経験を放棄するということでは断じてないのである。ここを深く見てとらなくては、非常な誤りが出てくる。一ぺん通過したところは、これはどうしても奪い取り消し去るわけにはゆかないので、それはそのままにしておいて、それよりも、それを活用するといったほうがよかろうが、活用して、そうしてそれ以上の境涯へ到達しようというのである。逆戻りではなくして、一歩前進である。

それでは、それを禅者はどういうふうな言葉で現わしているかというと、さきにいったように、十二時に使われないで、十二時を使ってゆくということである。十二時に使われるということは、分別の迹を残していることになる。十二時を使うということで、臨済《りんざい》の「随処に主となる」すなわち「全体作用」ということになるのである。十二時を使っても、十二時を使っているんだという意識のあるかぎりは、やはり十二時にとらわれているのである。十二時というものを見て、しかも十二時にとらわれないで、それを使ってゆく、というところに主人公となる意味がある。意識が残っていては、使われているのである。しかし、それだといって、木のようになれ、石のようになれという意味ではない。ここが、なかなかむずかしいところで、分別の世界を超克しえないかぎりは、どうしてもこのほんとうの意味がとらえられない。昔の人は、十二時を使うといって、その使うという意味は、手のない人が拳《こぶし》を使うようなものだといっている。手のない人に拳があるわけはない。拳は五本の指が固まっているのである。そうして五つの指というのが、すなわち手だ、その手がなければ、もちろん拳もない。拳がなくして、しかもそのないものを使うということは、どういう意味であろうか。ここに普通の意識の上では解しがたいものがあるのである。これは前にもいったかもしれないが、盤山和尚という人が、こういうことをいっている、「禅は空中に剣を振りまわすようなものだ。その振りまわした迹は少しもつかない。それから剣も、いつも新しく、研ぎたての剣のようである」と。これが、無手の人の拳を使うの意味である。

それから、白隠禅師（一六八五―一七六八）は、『毒語心経』という本に「癡聖人《ちしようにん》」という語を使っている。「この癡聖人が、雪を担《にな》うて、井戸を埋める」というのである。雪は井戸の中に入れば溶けてしまうから、いくら入れても井戸の埋まる気づかいはない。それにもかかわらず、その仕事を続けている人――それが癡聖人である。労して功なしで、いくら働いても手柄が出ない。ここに禅の妙味がある。またこれを「羚羊掛角」という。これをある坊さんに尋ねたら、その人は「六六、三十六」と答えた。またある人に尋ねたら、「九九、八十一」といった。「九九、八十一」でも、「六六、三十六」でも何でもかまわないが、とにかく、ここに無功用の働きがあるのである。このところを体得することによって、兼中到の妙味が発揮せられる。この境涯を禅家の人はいろいろに言いあらわすのである。常識では考え及ばない文字で、この兼中到の意味を現わそうとする。次に少しくこれを弁じてみよう。

6　兼中到（二）

ここに洞山《とうざん》（八〇七―八六九）の兼中到に対する偈頌《げじゅ》がある。

不レ落チ二有無ニ一誰カ敢テ和セン。
人人尽ク欲スレ出デント二常流ヲ一。
折合シテ還ツテ帰シテ二炭裏ニ一坐ス。

この三句が兼中到の、いわば、解釈であるが、すこぶる茫漠たるもので、知的にどう了解すべきか、はなはだ容易ならぬ。だいたい、中国の人は、あるいは東洋全体かもしれぬが、物の言いようが、科学的または数学的、または散文的でないのである。何かにつけ文芸的技巧を弄する傾向がある。有無といえば、哲学的または論理的であるが、これはむしろインドから輸入されたものであろう。老子にも有無という言葉は出るが、老子は元来は中国的でないといってよい。禅が中国で発生して中国的表現法を自家用としてからは、その用語が著しくインド的なるものから離れてきた。平等差別の代りに、正偏とか、黒白とか、参同とか、明暗とかというような言葉が使われだした。それで、詩情は十分あっても知性は隠れていった。洞山の兼中到の偈頌なども典型的な一例と見られないこともない。

洞山の頌《じゅ》の第一句を訓読すると「有無に落ちず誰か敢《あえ》て和せん」である。これは字のとおりで、別にむずかしいことはないと思う。有にも落ちず、無にも落ちないで、有無を離れて、正偏を絶し、明とか、暗とかいうこともなしに、達摩のいわゆる「廓然無聖《かくねんむしょう》」である。調べ高うして、これに和するものがない。いわば、「天上天下唯我独尊」のところである。「誰か敢て和せん」で、和するものがないのである。和といえば、二が考えられる。和するものがなければ、主客を絶している。主客を絶したとは、何もないという意味ではない。無といえば、有に対するのであるが、ここでは絶対無といってもよし、絶対有といってもよい。いわゆる臨済の「赤肉団上一無位真人」は絶対有である。達摩の「廓然無聖」は絶対無である。普通にいう分別上の人でもなければ聖でもない。相対意識の底を突き破って、そうして、その破れたところから初めて現われる絶対無位の真人、廓然無聖の聖人、この人の働きが「有無に落ちず、誰か敢て和せん」である。

第一句は大してむずかしくはなかろうが、次の「人人尽欲出常流」(人人尽く常流《じょうる》を出でんと欲す）は、明白ならぬところがある。すなわち解釈が一とおりときまっていない。普通に解するところでは、常流は凡庸、一般並である。これを出るとは、非凡の境涯へ入ろうという心であろう。意気天を衝くというような心持がここに詠まれていると見てもよい。常流を出でんと欲するのであるから、凡庸一様の仲間入りでは安んじているわけにゆかない。それはそれでよいとして、この「欲」であるが、これは二様に読める。欲するは、まだ手に入らない何かの目的を向うにおいて、進んで行くことである。これは自分の身にかかるのであるが、この「欲する」が他の人に対して、こうあれかし、ああれかしと、その人に対する希望を示すことにもなる。第二の意味にとると、人はみな常流を出てほしいものだということにとられる。いずれでも句の意味は通じる。元来、漢文には、主格や連結詞が、はっきり出ていないので、この場合でも、欲するは、誰が欲するのか、自と他との両面から解釈できる。それから今度はまた「常流」に戻る。これも一般的に考えると、既述のように、社会的倫理的に見て、凡庸という義にもとられるが、もっと哲学的に有無などいう考えから推して、「常流」を有に落ちているもの、または無に落ちているものの義にもとられよう。すなわち「常流」は、有無の相関性にとらわれて、分別計較《けきょう》の境地を超脱しえられない人々である。そう見ると、「常流を出でんと欲する」は、倫理的に価値のあるものとなれという義でなくて、論理的・思想的に有無の見から離れなくてはならないということになる。「有無に落ちず誰か敢て和せん」というような境地にある人が、常流を出た人である。洞山の弟子の曹山《そうざん》のここのところの評に「有《ランヤ》二什麼《ノ》出頭処《カ》一」というのがある。これは、「常流を出る」とか、有無の境地を脱却したいとか、何とかいっているが、元来絶対無（または絶対有）のところには、そういう出るとか、出ないとかいうようなことがあるのか、という意味にとるべきであろう。

第三句の「折合して還って炭裏に帰して坐す」、これは妙な表現である。「折合」は勘定の押し詰めたところで、不足もなければ、超過もないという、丁度《ちょうど》という意味だという。あるいは「畢竟じて」の義に見てもよい。すなわち、何だかんだと、いろいろ心配し、苦労や、分別の限りを尽くしてきたあげく、勘定のとどのつまりはどうなったかというと、炭の中に、石炭箱の中に、すわっているということになったというのである。炭の中にすわっているというのは、灰頭土面の義で、真っ黒になって働くということである。いろいろ、何かかにかと苦労したり考えたりなどして、常流を出るとか出ないとか、有または無に落ちぬとかいって、なかなかあせったわけだが、畢竟のところといえば、さらに珍しいことはなくて、この身はもとの木阿弥《もくあみ》、変哲もない土百姓、何百尺の地の下で働く石炭掘りにすぎない。白隠禅師はここでこういっている、これまでは骨を折って千里万里の茨《いばら》の林を潜《くぐ》り抜けて来たが、本分の田地にも停《とど》まらず、また有無にも滞《とどこお》らず、修行に努めて来た、いわゆる「徳雲閑古錐、幾《タビカ》下《ル》二妙峰頂《ヲ》一」で、徳雲比丘という閑人は、幾度も幾度も妙峰《ぶ》頂から下りて来て、苦労をしたことであるが、さてもさてもらちもないむだぼねを折ったことでござる、やはりもとのままの凡夫から一歩も出ていないではないかと、こういうふうにいっている。「傭ウテ二他癡ノ聖人ヲ一担ウテレ雪ヲ共ニ塡メンレ井ヲ」で、あの馬鹿《ばか》男の上人を頼んで来て、一しょに雪を背負って井でも埋めようではないかというのである。いわゆる、骨折り損のくたびれもうけというわけで、分別の上では、いかにも勘定の合わぬ話である。臨済の言葉でいえば、兼中到は「全体作用」である。「全体即真」である。

7　四弘誓願

ここで一言しておきたいことは、禅者は往往に大慈大悲という心持を忘れることがある。何かというと、彼らは「四弘誓願《しくせいがん》」を誦する。が、それの実践にはあまり気にかけていないところがある。

衆生無辺誓願度。　煩悩無尽誓願断。
法門無量誓願学。　仏道無上誓願成。

これはまことに結構な文句である。こうなくてはならぬのである。が、現実では智的方面があまりに強調せられて、悲的方面がすこぶる閑却せられる。「一無位真人」、あるいは「天上天下唯我独尊」は、一面は大智で、一面は大悲である。われわれは文字の上から、分別上から、悲と智を分けてみるが、人そのものは、全体が悲であり智である。人の上では智が悲で悲が智である。人の一挙一動は、ことごとく悲智でなくてはならない。悲智円満の体から出る行為は兼中到ならぬはない。兼中到裏の人はただぽかんとしている人ではない。炭裏《たんり》に尻《しり》を据えて他の世上の人を見ていては、炭裏は実に無意味のきわみであろう。もとの木阿弥にはもとよりすべての作為性、技巧性はないが、その自然法爾底には無限の大悲がある、無尽の誓願がある、日本的霊性的生涯の究竟もまたここにある。日本民族性の特徴の一つは、その情性に富んでいることである。ただこれが感性的に働くだけではいけない。一たびは霊性の洗礼を受けなければならぬ。超己の霊性から動く情性において、初めて天下を光被する可能性の発展を見るのである。世間には往往人間は自利の塊《かたまり》だということもあるが、事実は自利と同時に利他の念のあるのが人間なのである。自利が人間の本性であるというならば、利他もまた人間の本性だ。人間はけっして自利のかたまりではない。利他のかたまりだとはいわれぬまでも、「衆生無辺誓願度」といえば、自《おのず》からうなずかれるところがある。人の苦しむのを見て、どうも気の毒である、救わなければならぬという心持は、自分も苦しんだ覚えがあるので、その考えが出て同情ができるという人もある。が、同情の因は、そんな分別をしてから動くものではないと思う。まず自と他とを分けて、自分はこうだ、そこで他人はどうだといって、それを自分に引きあてて同情を出すのだというよりも、自と他とは初めから区別せられないで、われわれには各自に何か本具底なものがあって、それが自他を超越して動くのだと考えたい。この動きが初めから各自にあるので、いわゆる「他」人の苦しみを、自分の苦しみに引きかえて見ることができるのである。自と他というものが初めから分かれているとすれば、他人の苦しみを、自分の苦しみに引きあてて感じることはできないわけである。大悲は他に加わるのだから、自他は初めから分かれているということもあろう。が、それは外へ出てからの話で、大悲は、その実、自他のないところにあるから、自が出、他が出るようになっても、もとの一様相たる同情の生活ができるのである。衆生無辺誓願度は、分別の上で、他人の苦しみ、自分の苦しみというように分けて感ずるのでなくして、存在一般の苦しみ、世界苦、あるいは宇宙苦というようなものに対しての大悲の動きである。宇宙苦を見るのは大智であるが、それからの脱離は大悲の能動で可能になる。「見る」ということは、ただ見るということでなくして、脱離の大悲が動いて初めて見ることができるのである。ただ見るということはありえない。見ることとは見ようとすることがあるからである。それが大悲である。大悲が先で大智は後であるといってもよい。しかしこれは話の順序をいうので、事実経験の上では、悲即智、智即悲で、同時同処に動くのである。それゆえ、大智があるところに大悲があり、大悲のあるところに大智がまたあるわけである。

至道無難禅師の歌に、

逆まに横すぢかひに飛ぶときはわがものならぬわがものもなし

というがある。親鸞聖人の横超を思い出させる句である。上の句は往相《おうそう》で、下の句は還相《げんそう》である。往還回互性が全うせられて、悲智円満の菩薩行が可能になる。日本的霊性も究極において、この方向をさすものである。

禅への道

誤解の二、三

禅はいろいろの意味で誤解せられている、よい意味においても、しからざる意味においても。それでまず、誤解のいくつかを列挙する。

禅は一種気のきいた挨拶ぐらいに思われていることが多い。たとえば、一休さんの『諸国行脚物語』にでもあるように。西瓜のすきな乞食坊さんがいた。西瓜をご馳走するというのでその供養場に出かけたら、施主のいわく、「手なしに受け取らっしゃれ」と。坊さんいわく、「手なしに渡さっしゃれ。」これにはまた別の意味があるけれども、まずこんなことが禅だと心得ている者が、ないでもない。禅は単なる無手の問答と考えられてはならぬ。

禅は何でも大ぼらを吹くことだと思われている。天地を呑吐するとか、乾坤を打破するとか、ちょっと聞くといかにも勇ましいような、胸のすくようなことをいうのが、禅だというのだ。禅宗の語録を読むと、そんな文字にいたるところで出くわす。中国流の言いまわしには、何でも大ぎょうなところがある。『碧巌集』に、雲門という坊さんが、あるとき拄杖《しゅじょう》（地蔵さんの持っておられる棒と見てよい）を大衆の前につき出しての説教がある。いわく、「拄杖が化けて龍となって乾坤を一呑みにしてしまった。山や河や大地はどこから出て来るか」と。『荘子』の逍遥遊などに、すでに北海の大魚や大鳥の話がある。インドにもずいぶん大きな話があって、民族の創造的想像力のいかにも雄大なところが窺われるが、中国にはまた中国流の大きな言いまわし方がある。何が何やらわからずに、ただそれが禅だと思われている。

禅は何だか手のつけようがない、神秘というのか、謎というのか、人為的に迷宮を作り上げたというのか、むやみに妙な手ぶり身ぶりで、わかったような、わからぬようなことをやって、自分で独りよがりをよそおうふうが見える。畢竟ずるに、無意味なものだろうと、こんなことをいう者もある。手のつけられようのないのが、禅の実体であるといえるが、これを人為的ごまかしと想定するのは、自らの無知を白状するにすぎぬ。雪峰という坊さんの所へ、二人の雲水が来た。雪峰はこれを見て門外へ飛び出た。そうして「こりゃ何だ」と叫んだ。雲水もまた「こりゃ何だ」と返した。すると雪峰は低頭して自分の室へ帰って行った。外から見ると、何のことかわからぬ。「仏法は何か」と尋ねると、「仏法だ」と答える。「禅とは？」というと、「禅だ」と答える。鸚鵡《おうむ》返しでは、物を尋ねるかいもない。これが禅なら禅とはおかしなもので、わかってもわからなくてもよいものだ、ときめてよいようだ。こういうふうに禅を片づけている人もある。

多少哲学でもやったり思索の傾向をもった人は、またこんなことをいう。禅はどうも思索分別を無視するくせがある。分別なくして世の中の事が、わかるものではないではないか。非科学的な禅など、自分らの関知しないところだ。ある意味では、幽玄の面をかぶった迷信だろうと。これも物知らずのいうところであるが、次のような問答を見ると、「非科学的」だと思われてもしかたのないところがある。迷信というのは論外であるが。

ある坊さんが智門和尚に尋ねた、「蓮花《れんげ》がまだ水の中から出て来ないときは、どうでござるか。」「蓮花だ」というのが和尚の答え。それから「水の中を出てからはいかがでござるか」というのに対しては、「荷葉《かよう》だ」との答え。ひょっと考えてみると、これは非知性的不合理性を多分に具えているといえる。水の中にあるのが蓮花で、出てからが荷葉《はすのは》だということ、文字の表面から見れば、いかにも非知性的だ。蓮花は水を出て咲いているのが蓮花で、その蓮花はまた荷葉とはいわれぬ。そういえるとすれば、是も非もなくなる、分別の世界は成り立たぬ、そしてわれわれは分別の存在ではないか。科学や哲学などといって、いわゆる論理で固まった頭には、禅は非合理的で、普通の人生には没交渉だと見られるよりほかに道はない。

しかし、いま少し深く考える人々の中には、禅は幽玄にすぎて、取りつく島がなくて困る、もっと手がかりのあるように説かれぬものかという人もある。つまり禅はあまりに抽象的であると考えるのである。抽象的というのを、どんな意味に解するのであるかはわからぬとして、とにかく、禅は無階級的、無媒介的で、ほとんど千仞《じん》の崖に臨むがごとしと想像されているのである。「蓮花が荷葉だ」と卒然肯定せられると、大いに戸惑《とまど》う。もっと知性の分別を追った秩序的な言い方がないかというのが、この種の人々の考え方である。哲学専門の人ならとにかく、普通一般の人に呑みこめる言い方があってよいではないかと、こうも質問せられる。

こんな考えをもつ人には、また、何とか説き開いて聞かせる方法もあろう。が、時にはずいぶん突飛《とっぴ》な思いつきの人もある。それは禅をもって何か心胆練磨術のように考えるのである。禅をやると胆っ玉が太くなって、人生を渡るに都合がよい、便宜が多いというのである。これはもっての外の話であろう。胆が据わっているとか、大きいとかいうのは、半ば以上は人々の天賦と経験であるといえる。もし禅にそんな功徳があるとすれば、それは派生的なもので、禅と必然の関係にあるものでない。宗教的な直覚を得た人は、その目で人生を見るところから、よそめには、大胆とも、据わった胆の所有者とも想定せられよう。しかしそれは禅に付随した効果というべきである。修禅の目のつけどころは、そんなところにあるべきではない。

人生の実情、道徳的方面から見る人々の中には、禅をもって洒洒落落に余りあって、かえって「天下国家四民事物之上」と接触せぬと思う人もある。儒者などにはこんな傾向の思想をもっている者が多い。山鹿素行著の『配所残筆』を見ると、仏法は幽玄にすぎると考えている。中国宋代の儒者も、たいていそんなことをいう。華厳《けごん》や天台などの教理をいうと、ちょっと幽遠玄妙で歯が立たず、日々の行住坐臥にしっくりはまらぬとも想像せられる。しかしこれは禅を深く研究しない人々の通弊でもあるが、またそれらの人々の心理的独自性によるところが多いと思う。他の仏教はとにかくとして、禅は日常事にもっとも接近した教えである。道は近きにあり、人かえってこれを遠きに求むで、禅のあまりにも日常生活に近いところから、その真相が見えにくいのにもよるのであろう。

これを要するに、禅を見る人に実際的な人と理論的な人とがある。しかし上述のような見方をする人は、いずれも偶然的なものをとらえて、これを禅の本質とするを免れない。中には一笑に付するより外ないものもあるが、いずれも禅の何たるかを知らぬのであるから、無理もないというべきであろう。次にできるだけ一般的、通俗的叙述で禅の解説を試みる。上掲の禅に対する迷信などはおのずから解けるであろう。

Ⅱ　宗教とは何か？

1　反省と批判

禅を説く前に、宗教とは何かということを述べておくと、便利なことがある。禅も仏教の一面で、もとより宗教があるから、宗教の何たるかを知っていると、おのずから禅に対する理解もたやすくなるであろう。

宗教に対する誤解もなかなかに多いが、誤解するほどの人々は宗教経験がないのだから、いくら説明してもだめだといってよい。水を飲んで冷暖自知するで、恋を知らぬ人に男女の相愛を説いても無益であり、神や仏の救いにあずからぬ人に、救いを説いても、何にもならぬ。が、いずれも人間は人間だから、宗教意識のあるいは潜在し、あるいは微動していないものはあるまい。

あるいは宗教を政治的理念または経済的イデオロギーなどとくっつけて、この理念またはイデオロギーがすなわち宗教だと思っているものもあろう。しかしこれらも畢竟ずるに宗教圏内に入るべき人なのだから、その混同を教えてやる必要もあろう。

宗教は人間が人間であるかぎりあるものである。宗教は動物にはない、またいらぬ。これが人間と動物とのちがうところである。人間の特異性には反省ということがある。すなわち自分から自分を離して自分を見るということがある。動物には自分という意識はあるが、この自分をその意識から遊離させて、これに対する批判的態度をとるということはない。犬に骨をやると喜ぶ、他の犬が近寄ると吠える、手でも出そうものなら噛みつく。犬にはたしかに自我の意識があるが、この意識はほとんど無分別性をもっている。それで犬は自分の行為に対して何らの反省もせぬ、批判せぬ。それゆえ、がみがみと吠える自分を善とも悪とも思わぬ。たまたま主人でも叱れば、恐怖からか、従順性からか、だまって控える。人間と大いにちがう。

人間は自分を反省し、批判する、それで笑う。笑うことは人間にだけある。天人にも笑うことはあるまい。なぜ笑うかといえば、人間は自分を離れて自分を見る。そして、その自分を他と比較する。その「他」なるものが傍《かたわ》らの人間でも動物でも何でもよい。また過去の自分でも、かくあれと思う将来の自分でもよい。とにかく「他」と比較して見る、そうすると、その間に何かの不釣合を看取する、あるいは論理的に矛盾を感ずるといってもよい。この矛盾が心理的に笑いとなって爆発する場合がある。この爆発は人間だけにあるのである。人間はそれでまた芝居を作り、芝居に喜び、芝居に泣く。

反省は人間をして笑いに爆発せしめるが、また大いに悩みに悶《もだ》えしめるのである。笑いと同じに、悩みもまた人間の特権である。いずれも矛盾を見るときに生ずる。その人が何に矛盾を感ずるかで、その人の教養——あらゆる意味においてその人の教養の高下と深浅を判ずることができる。それで矛盾の意味にも深浅のあることがわかる。笑いの哲学的研究も大いに興味のあることであるが、今はそれを省いて、悩みについて少しく探究を進める。悩みから宗教が生まれるからである。悩みは矛盾のまたの名である。矛盾は反省なしに出ない。反省は矛盾なしに出ないともいえる。そうしてこの反省は人間のものでなくてはならぬ。天人にも反省はあるかもしれない、しかし彼らの反省には悩みはない、矛盾がないからである。人間的反省にのみ矛盾があるのであるから、人間にのみ宗教があるのである。

人間的反省とはどんな反省か。自分を離れて自分を見るのが人間だけだとすると、人間はただそうするだけですますものか。自分を離れて自分を見るとき、人間は何もせぬものか。水鏡に面を映したナルシサスは、猫が自分を鏡に見た以上のものでないか。骨を口にした犬が橋を渡って水の中に自分を見たとき、わんとやってその骨を落としたと、イソップ物語はいうが、それは事実であるまい。イソップは人間の心を犬に読んだまでであろう。人間でなければ鏡の影に対して心を動かすことはないのである。人間でなければ反省して自分に批判を加えることはないからだ。反省はきっと自己批判に移るものである。かく自己批判に移らなければならぬところに、人間の人間たるゆえんがある。すなわち悩みの、人間の特権たるところがある。人間の反省は、もともと人間をして人間以上のものを見せしめんためだといってよい。反省の事実そのことが、人間をしてその現実を超越せしめんとするもののあることを示唆するのである。人間の悩みは、「かくせしめるもの」をとらえようとしてとらええない悩みである。これはもとより初めから意識せられてあるものではない。意識せられぬところに、悩みの深刻性があるともいえる。意識せられるとき、人間の悩みはいくらか方向《オリエント》づけられたのである。解放の第一歩はそこから踏み出されるというべきであろう。ここで初めて悩みが問いの形で意識せられてくる。

悩みはつまり反省の根底、すなわち分別の意識の根底を尽くさんとする無意識の努力である。ここに人格の深さがある。人格の深いものは深いほど悩みが深いのである。悩みが人間の特権であるといった理由はここにある。それでこの特権をあくまで享有しているものほど、その人格が深いということができる。国籍はどこにあっても、人間は人間である。日本人であるから人間でないという理由はない。理由でない、それは事実なのだ、具体的事実なのだ。これを打ち消すにおいては、太郎兵衛は国民であるという抽象的資格さえ亡失する。それゆえ悩みは一切の分別性の根源を尽くさんとするところから出る。ここから一切衆生の救済者がまた生まれ出る。

悩みと分別意識とは分離できぬものである。分別意識といえば有限性の上に成り立つ。無限は分別を許さぬ。その実は、分別を許さぬものを無限というのである。それゆえ、悩みは有限から無限を眺めるところにあるといえる、あるいは無限が有限の上に自らを表顕しようとしてさえぎられるところにあるといえる。有限面からいえば、人間が人間を超越しようとするところに悩みを感ずる。これが意識せられても、せられなくてもよい、悩みの事実は厳存するのである。それゆえこれは、何とかして打開の道が講ぜられなくてはならない。この道を講じようとするのが、宗教文化の発展である。

それゆえ、個人の上からいえば、何らかの形において悩みを覚えるときに、矛盾がある、そうしてこの矛盾が有限と無限、分別と超分別、繋縛と自由、疑と信、生死と涅槃などいう姿をとるとき、宗教意識が成立する。人間と生まれて悩みのないものはない、悩むように人間は造られたのである。これを試練ともいい、また業《ごう》ともいう。それゆえ人生は大なる道場なのである。人生の万事、大となく小となく、いずれも人格を完成させる機会でないものはない。単なる日常の出来事は、いうに及ばず、科学の研究も、哲学の思索も、ことごとく人格を作り上げる機会とならぬものはない。「訓練」と特に名づけられた行事のみが、人間を訓練するのでない、学問、思索こそ、真の意味における訓練だといってよいのである。とくに宗教は、人間を訓練するものといわなくてはならぬ。学問や思索は、あるいは天賦のゆたかな人々にのみ許されると見てよいが、悩みは人間一般に課せられた問題である、その解決はまた、おのずから一般的でなくてはならぬ、すなわち、あまり思索的でない人々にでも可能でなくてはならぬ。

悩みの解決は矛盾を超越するところに見られる。人間は反省する、分別する、矛盾を見る。悩むとすれば、その矛盾を超越するより外に解決の道はない。忠孝ふたつながら全うすることができぬとか、樹静かならんと欲すれども風やまずとかいうこともあるが、忠と孝とを対立させるかぎり、樹と風とを対立させるかぎり、両立は不可能事である。どちらかでどちらかを征服してしまえば話のらちはあく。しかしそれは一種の政治的暴力、または物理的力学上のことで、そんな平和は永続きせぬ。対立的摩擦は何かの機会、何かの形でまた現われるにきまっている。ほんとうの、そして最後の解決は対立を超越するところにある。超越というのは、閑雲野鶴に伴うというような逃避主義をいうのではない。風のあるかぎり吹きまわる、樹のあるかぎり吹き倒される。樹のために風を否定し、うちほろぼすわけにはいかぬ、また風のために樹を否定して、その成育をやめさせるわけにいかぬ。両者ともに存在が許されるとすれば、風は吹き、樹は折れる。矛盾の超越は、対立の存在を無にする意味ではない。対立をそのままにしておく、それはそうするより外ない。そうするより外ないというは、そうさせるものがあるからなのである。それを見るときに超越の体験が可能になる。悩みはここで解消する。これが宗教なのである。

超越という文字はあまりよくない。何だか対立矛盾そのものの向う岸へ行ってしまって、かえって対立に対立し、矛盾を矛盾させるように思われる。それで「即」の字を使うこともある。ここでいう「超越」を「即非」の論理というあんばいに解する。が、これは今ここに直接の関係がないと見ておいて、別に論及せぬ。

とにかく超越といっておくが、この体験が「向う」から来たと考えられるとき、仏教では、これを他力という。「此方」から出たと見られるとき、これを自力という。他力では救済とか、お助けという感じに対して、自力では悟りなどという。悟りは天啓と見てもよいが、天啓というと他力的考え方が入ってくる。悟りには知的風味があり、お助けには情的香《にお》いがある。いずれにしても、宗教をこんなふうに見てくると、宗教は人格的体験ということになって、組織せられた団体的・体系的宗教とちがったものになる。この二つの区別をよく心得ておかねばならぬ。世間には往々に社会的に体系化した宗教の存在のみを認めて、個人的・人格的宗教のことに気づかずにいるものがある。実際をいうと、人格的宗教のほうがいつも活力に満ちていて、時には体系化したものを動かす原動力となることがある、あるいは自ら進んで集団的となり、ひいて組織化することもある。しかし、組織化し体系化した宗教団がないと、人格的宗教の体験を保存してゆくことができぬともいえる。

いま一つ注意すべきことは、さきにもちょっと触れたが、宗教というものと、国家的政策的理念とでもいうべきものとを混同せぬことである。宗教は「人間」の悩みあるいは宇宙そのものの悩みから出発して、人格のもっとも深奥なる所を揺り動かして、ここに安心立命の境地を伝えるのである。宗教は人間としてのわれわれから生まれるものである、自分とか汝とか彼とかいうものの間に成立するところのものである。国家的政策的理念なるものは、知性から編み出されたもので、最奥の人格に触れていない。人格の根本には春風駘蕩《たいとう》たるものがある、矛盾の解消は「春の海ひねもすのたりのたりかな」である。これに反して、国策的理念なるものには、秋霜烈日のごとき激しさがある。近づくものは傷つく。畏《おそ》れて遠ざかりたい気持さえする。実は為政者または指導者の側に立つものは、この態度をもって人民一般にのぞむのである。ゆえに挺身隊とか、ゲシュタポとか、ゲ・ペ・ウなどいうものが、ついてまわらぬと、理念の遂行がまったくおぼつかなくなる。泣いて訴えることができぬ、赤子が母のふところに飛び入るようなことができぬ、母の背中にふんぞり返っていやだいやだということができぬ。それどころか、さわらぬ神にたたりなしで、何でも追いまわされ、逃げまわらぬと自分の存在そのものが危ぶまれる。つかまったら最後だからである。宗教――とくに他力面を高揚する慈悲教では追いまわし、駆り立てもやるが、つかまって行くところは、極楽浄土で、コンセントレーション・キャンプではないのだ。国家的政策的理念と宗教との間には、同ずべからざる、もっとも現実的な相違の一面があることを忘れてはならぬ。

2　対立・抗争・圧迫・悩み

分別意識の分別作用で、見るものと見られるものとが分かれてくると、自分と自分に対する環境とが出来る。これから矛盾衝突の連続がある。環境は自分の自由にならぬ。環境はかえって自分に向かって圧迫を加える。見るものと見られるものというのは、ただ静態的に、空間的に、両方に分かれたという意味ではない。それなら自由も圧迫も矛盾もない。ただそれだけの話である。が、分かれるというとき、すでに対立の意味がある。対立とは拮抗の義である。働きかけるものと働きかけられるものとの衝突である。物が二つに分かれるといえば、そのときすでに力の抗争がある。ただの対立というものはない、ただの存在というものはない。存在そのことが働きである。それがただの働きでない、自主自由の働きである。自主自由の働きであるかぎり、両者間の衝突は必至といわなくてはならぬ。自分と環境と分かれてきた以上は、それゆえに、相互の排斥は免れることのできないものと見なければならない。これが悩みである。はたしてそうだとすれば、宗教意識発生の根源は、自分と環境との間における相互矛盾にあるというべきであろう。矛盾の自覚もなく、悩みにも無神経であるものは、もとより宗教の何ものたるを了解することができぬ、猫に小判である。

郵便はがき

101-0021

お手数ですが切手をお貼りください

東京都
千代田区外神田二丁目十八—六

春秋社
愛読者カード係

*お送りいただいた個人情報は、書籍の発送および小社のマーケティングに利用させていただきます。

(フリガナ) お名前 (男・女)	歳	ご職業
ご住所 〒		
E-mail	電話	

※**新規注文書** ↓(本を新たに注文する場合のみご記入下さい。)

ご注文方法 □**書店で受け取り** □**直送(代金先払い)** 担当よりご連絡いたします。

書店名	地区	書名	冊
取次	この欄は小社で記入します		冊
			冊
			冊

購読ありがとうございます。このカードは、小社の今後の出版企画および読者の皆様とご連絡に役立てたいと思いますので、ご記入の上お送り下さい。

〈本のタイトル〉※必ずご記入下さい

●お買い上げ書店名(　　　　地区　　　　　　　　書店　)

本書に関するご感想、小社刊行物についてのご意見

※上記感想をホームページなどでご紹介させていただく場合があります。(諾・否)

●購読新聞	●本書を何でお知りになりましたか	●お買い求めになった動機
1. 朝日 2. 読売 3. 日経 4. 毎日 5. その他 (　　　　　)	1. 書店で見て 2. 新聞の広告で (1)朝日 (2)読売 (3)日経 (4)その他 3. 書評で(　　　　　　紙・誌) 4. 人にすすめられて 5. その他	1. 著者のファン 2. テーマにひかれて 3. 装丁が良い 4. 帯の文章を読んで 5. その他 (　　　　　　　　)

●内容	●定価	●装丁
□満足　□普通　□不満足	□安い　□普通　□高い	□良い　□普通　□悪い

●最近読んで面白かった本　(著者)　　　　(出版社)

(書名)

㈱春秋社　電話 03-3255-9611　FAX 03-3253-1384　振替 00180-6-24861
E-mail:aidokusha@shunjusha.co.jp

自分と環境、環境と自分との相互矛盾のもっとも痛切に感ぜられるものは、いうまでもなく、経済問題である。身体というものが個人存在の基体となっている以上は、この身体の栄養保全が第一となる。自然的環境であっても、歴史的環境であっても、この自分は、そこから最大最良の栄養資料をとって、その存在を強固に肯定せんとするのが人間である。そしてこの両種の環境は、単なる物の力として自分に対立しているのみならず、その環境には自分と同じ人間がいる。そうしてこの人間が、歴史的環境を背景にして自分に圧迫を加えてくる。この人間が個人の形であったり、また国民とか民族とかいう形であったりしても同じことである。圧迫の程度に強弱大小の別があるくらいのものであろう。しかし矛盾の事実が、ますます複雑になってくるのは、近代生活の上に十分に看取せられる。戦争の動機を何と片づけても、つまりは経済に帰するのである。国家や民族は戦争をやるが、集団生活の中にいる個人——人間は、環境に対する経済的矛盾を戦争で解決できない。解決の鍵は社会的政策によるより外にない。そしてこの社会的政策の完遂を期するには、どうしても自分の存在というものに対して、何らかの哲学的宗教的見通しがついていなければならぬ。いかなる社会政策でも、何らかの意味において「自分」というものの犠牲を要求せぬものはない。ここに悩みがある。自分と自分に対するものとが分かれたが、その自分が否定せられねばならないのだ。この矛盾をどう始末するか、始末せられぬかぎり悩みはやまぬ。人間は、論理的にも心理的にも、何か清算をつけた生活をしたいというのが、その本能なのである。

矛盾の論理的解決は優秀な哲学的才能をもった人でないとできぬ、そんな人は少ない。しかし解決は何とかしてつけられねばならぬ、一般の人はこれを要求する、一般の人に可能な解決がなくてはならぬ、ここに宗教がある。宗教的解決の特異性は、一般的大衆的なところにある。哲学者のような鋭い論理的才能はなくても、生の矛盾の解決は、何かの形で矛盾を意識し悩みを感じたほどの人間には、ことごとく可能なのである。

実際社会における経済的矛盾の諸様相を、旧式ではあるが、叙述したものに『無量寿経』の三毒段がある。初めの一節だけを引用する。（大意を和訳する）

「いったい世間の人は気がうかうかするので、さまで緊急を要せぬ事にのみ心を労している。考えてみると、この世ほど劇悪極苦のところはないが、その中で日々営々として生活を立ててゆかねばならぬ。尊卑・貧富・男女・老幼の区別なく銭財上の事にのみ心を悩ます。なければなし、あればあるで、憂い悲しんで、一日も安き思いをせぬ。何だかだといろんな事に心を使って、心配事が絶えぬのである。そんな憂いに沈んでいるから、いつも落ちつくひまがない。田地があれば田地についての憂いがあり、家宅があれば、またそのほうの憂いがある。牛馬・六畜・奴婢・銭財・衣服・食物・什物など、何かにつけ、その心を愁わしくしないものはない。それからまた非常時の憂念愁怖もまた、やむときなしである。水火・盗賊・怨家・債主・戦争など災禍が次から次へとやって来る。

それからまた心中、何かにつけ瞋恚《しんい》の炎が絶えず燃えている。そして、そのためにまた悩む。かたくなな心に苦しめられて、ゆったりすることがない。あるいはそれがために、かえってその身心の破滅を招くことさえある。そうしてそれに対しては、誰も同情をよせてくれない。いくら尊貴でも富豪でも、この心の悩みからは離れられぬ。貧窮下劣なものになると、困乏の極に達している。田がなければ田がほしい、家がなければ家がほしい。あればあるでまた失いたくない、なくなりはせぬかと悶《もだ》え苦しむ。田地・家宅だけでなく、そのほか一切のものに対して、みなしからざるはない。永く保有したくても、なかなかそうはいかぬ。いたずらに求めあぐんで一生を終えるもの比比《それぞれ》みなしかりといってよい。天寿を全うするどころか、中年にして死ぬものもけっして少なくないのである。」

実社会における経済生活上の矛盾の諸相は、ある集団の一員として、また人間としての個人に対して、いろいろの問題を提供する。単に個人だけの立場から見て、主我的利害の念と経済的環境との矛盾は、その人をして大いに内に省みるところあらしめる。さらに個人的立場を離れ、人間界の一員として、世間の諸相を観察するときには、少しく心あるものをして、また大いに痛嘆に堪えざらしめるものがある。「衆生無辺誓願度」とは、実にこんなところから起こるものなのである。永平寺道元禅師の言行を記録した『正法眼蔵随聞記』に左の記事がある。延寿智覚という五代のころの大禅匠であり、『宗鏡録』百巻という大著述もある。

「昔、智覚《ちかく》禅師と云ひし人の発心出家のこと。この師は初めは官人なり。才幹に富み、正直の賢人なり。国司たりし時、官銭を盗みて施行す。傍人これを帝に奏す。帝聞いて大いに驚怪す。諸臣も皆怪しむ。罪過すでに軽からず、死罪に行なはるべしと定まりぬ。ここに帝議して曰はく、この臣は才人なり、賢者なり。今ことさらにこの罪を犯す、もし深き心あるか。頸を截《き》らんとき、悲しみ愁へたる気色あらば、速かに截るべし。もしその気色なくば、定めて深き心あらん、截るべからずと。勅使引去って、截らんとする時、少しも愁ふる気色なし、還って喜ぶ気色あり。自ら云はく、今生の命は一切衆生に施すと。勅使驚き怪しんで帝に奏聞す。帝云はく、しかり、定めて深き心あらん、この事あるべしと、かねてこれを知ると。よってその志を問ふ。師云はく、官を辞して命を捨て、施を行じて衆生に縁を結び、生を仏家に受けて、一向に仏道を行ぜんと思ふと。帝これを感じて許して出家せしむ。故に延寿と名を賜ふ。殺すべきをとどむる故なり。今の衲子もこれらほどの心を一たびおこすべきなり。命を軽んじ衆生を憐れむ心深くして身を仏制に任せんと思ふ心を発すべし。もし先よりこの心一念も有らば失はじと保つべし。これほどの心一たびおこさずして、仏法を悟ることは有るべからざるなり。」

自分を経済的環境において対立の矛盾に悩むようなことがないにしても、また、周囲の人人の悲惨なのを見て必ずしも慈愍《あわれみ》の心を動かす機会がないにしても、なお分別矛盾の悩みに責められることがある。それは生死に対する問題である。生まれて死あるのは天地始まって以来の約束で、生まれて死なねばかえって怪しいことになるのであるが、この生死が不思議に悩みの種子となる。この点については、唯物論者には何らの悩みがないという。また国家至上主義者にもないという。宗教は阿片《アヘン》かあるいは無用の長物かにすぎぬといわれる。自分の考えでは、こんな論者は錯覚の犠牲者で、まじめに相手になれぬと思う。またここではこんな事に詳しく論及するひまがないので、これ以上は何もいわぬ。ただ生死に悩むということについて一言する。

唐代の仙人的・狂的詩人に寒山子というのがある。その人の詩集に左のようなのがある。「愁《うれ》い」は何の愁いかわからぬ。貧の愁い、人生不運の愁い、衆生苦に対する愁い、ないし、生死流転の愁い――そのいずれの愁いなのかわからぬ。わからぬが、その終生の愁いたることは、明らかに看取せられる。人間としては、いかなる種類の愁いであっても、愁いのないものはない。個人的愁い、人間的愁い、宇宙的愁い――何でもよい、この愁いのあるところに宗教がある。寒山

の詩にいう、

「聞《き》くならく愁《うれ》ひ遣《や》り難しと、この言真ならずと謂《おも》ひき。昨朝曾《かつ》て趁《お》ひ却《しりぞ》くれば、今日又身に纏《まつ》はる。月は尽くれども愁ひは尽くし難し。年新たにして愁ひ更に新たなり。誰か知らん蓆帽の下、元これ昔の愁人なることを。」

ここではこれを生死の悩みと見ておく。

3　生死の矛盾

生死という形で、矛盾の問題をもっとも真剣に考えた民族はインド人である。彼らは生死を解脱するということに、一生懸命であった。生死流転《サンサーラ》という文字はインドから出て、東方諸民族の思想を支配するようになった。しかし流転はただの流転でなく、因果律に支配せられてゆく。「諸行無常、生者必滅」で、生滅の因果の必然性に対しては、すべて作られたもの《サンスカーラ》は、何としようもない。しようのないところは、すべて知性の分別する方面で、これを解脱せんとする宗教の悩みは、この点では理不尽なものと片づけられぬでもない。が、この悩みはすこぶる根本的なもので、単に知性的「理」不尽では沈黙させられぬ。唯物論者という型の人々は自作の阿片で陶酔気分を満喫しているが、深い人格の人々は集団生活をも放擲してこの事の解決をはかろうとさえするのである。道元禅師、示していわく、

「すべからく静坐して道理を案じ、すみやかに道心を起こさんことを決定すべし。主君父母も我に悟りを与ふべからず。妻子眷属もわが苦しみを救ふべからず。財宝もわが生死輪廻を截断すべからず。世人も我をたすくべきにあらず。非器なりといつて修せずんば、いづれの劫にか得道せんや。ただすべからく万事を放下して、一向に学道すべし。後時を存することなかれ。」（『随聞記』）

仏教では無始劫来の無明というが、また一念発起ともいうが、ふと反省の転機があってから、知的分別性はわれわれの生活のいたるところに浸み込んできた。それで生死の問題も出てきて、人間の悩みの種子が芽ばえた。生いずれより来たり、死いずれに去る、というあんばいに、ある方角から見ればどうでもよいような事が、人間の心をむやみに悩ます。生死を脱却するといわなければ、「不死の生命」とか「永遠の生命」とかを求めるということになった。流転そのままを受け容れるわけにゆかず、因果律だからといって、そのとおりに甘受し忍受するわけにもゆかぬ

ようになった。流転も、無常も、因果も、生死も、無明も、何もかも知的分別性のわざで自業自得だが、それだけに悩みが深くなる。しかし悩みが感ぜられるかぎりにおいてまた、それが解消せられねばならぬ。

　生死というと多少抽象的になるかもしれぬが、ある場合にはこれが多病とか不具とかいう具体的な形で、その人々に迫って来る場合も少なくない。才子多病というごとく、この多病のゆえに才子のゆえに、悩みがまたさらに深刻性を加えてくる。この場合には誰もかもの上に平等に来る生死の問題に加わってくるものがあろう。それは偶然性のものとも考えられぬではないが、また一方から見れば、人間生活の上に必至のものとも考えられぬ。それは不平等ということである。差別相の限りなさである。人間は誰でも五十か六十で死ぬにきまっておれば、それでまたよいが、それがそうでない。生まれるとすぐ死ぬもあり、八十、九十まで生きて行くもあり、無病息災のもあり、しからぬのもあり、身体髪膚すべて全きもあり、また大いに不足なのもあり、美しく花のように誰からも羨まれ謳《うた》われるもあり、また、野の草の路傍に踏みにじられて、少しも顧みられずに朽ち果つるもあり、経済的環境にはかなり人為的なところもありといわれぬでもないが、生物学的、生理学的、解剖学的などというべき自然科学方面の差異種別については、また自然の法則、因果の律法があるというべきであるが、いずれもその当人にあたって見ると、なかなか、そんなのんきなことはいっておれぬ。何とかしてこの不平等——不公平と思われる事象について、知的分別性の解決でなく、もっともっとその身に適切な、親切な解決が、つかなくてはならぬ。分別智から出た矛盾に対する悩みは、どうしても分別智以上のところから解消せられねばならぬ。哲学的天賦に恵まれた者は、何とかして自分の行く道を開くであろう、また彼に追随して、その道をたどる者もあろう。しかしこれは一般の人間にはあてはまらぬ。一般人にはどうしても、もっともっと直截的なものがなければならぬ。否々、実際をいうと哲学者もこの直截的なものを握っているのであるが、自らの思索才能が秀でているところから、その才能にうったえてみぬと、十分の満足ができないのだ。哲学者の思惟も宗教意識——宗教体験を根基としていなければならぬ。

インド民族の間には、この宗教体験と哲学的思惟とが特有の結合をなしてきたので、宗教と哲学との区別がはっきりつけられなくなった。ここにまた一種の興味がある。西洋流に、あまりはっきり宗教と哲学との区別をつけると、遊離気分になった哲学は、風船玉の糸を切られたように、どこをふわりふわり飛び回るかわからぬ。それでまた面白いこともあるが、その往くところを知らずでは、人間界のものでなくなる。没交渉でもまた困るだろう。インド人も時にはこんな思索的飛揚をやって手のつけられぬようになったこともあるが——たとえばシャンカラ（商羯羅）やナーガルジュナ（龍樹）のごとくでは近傍しがたしであるが、これが中国人の間に入ると、だいぶ趣を異にする。中国民族はどこまでも脚実地をふむことを忘れぬ。五常五倫をいわぬといけない民族である。虚無をいう老荘も国家社会を無視しないのである。インドが歴史を超越し、時間を否定して、「永遠の今」に生きんとするに対して、中国は移り行く時間の刻々に留意して歴史から離れられないのである。中国人ほど歴史の保存に努めた民族はないではないかと思う。それで、中国へ来たインド思想はよほど「道徳」的なものとなり、日常生活を遠ざからぬものとなった。そうして日本人に消化しやすいものとなってきた。インド思想が直接に日本に来たら、日本では今日ほど仏教などが普及しなかったのではないかと思う。

4 宗教は世界的・人間的・個人的である

とにかく、宗教は、存在上の差別、論理上の分別、環境上の不平等などいうものに対して、何かの意味で悩みを感じ、何かに向かって憧れを覚えるところに発生するものなのである。それゆえ、宗教は世界的で、人間的で、個人的である。いやしくも人間のあるところには必ず宗教がある、また宗教はいかなる民族・集団・社会の中にも入ることができる。しかし、それだといって、宗教は民族主義や国家主義に反対するもの、それらと相容れぬものではない。どこへ行っても、どれかの民族でない人間はいなかろう、また、ある国家所属でない個人はなかろう。それと同時に人間でない民族はなく、個人でない国民もないのである。いかなる国家も民族も世界的環境の中にある、この環境を否定することは、その国家自体を否定することでなくてはならぬ。いかなる国民も民族も、個人の集団から結成せられぬものはない、そうしてこの個人なるものは、有機体の細胞のようなものではない。有機体の細胞でも、時には病的に個体の存在を強調する結果、有機全体に対して反逆することとすらある。人間集団内の個人はその集団に所属して生存すると同時に、自体を有する主体である。それがため所属の集団に対して創造的に働きかける。そうしてこの働きかけのために、集団全体の上に革新の気を横溢させる。すなわち集団が活躍して、その機能発揚の上に転進の活機会を続出させる。蟻群または蜂群の集団では、千古万古、一団の蟻群、蜂群たるを免れぬ。人間の集団にあっては、全と一、一と全とが、不即不離の有機的関係をもっているので、いつも生き生きした歴史の展開を見る、いつも春の野のごとき趣を呈する。これがどこかに停滞し固着すると、その集団の生命は杜絶する。外見いかにも整然として一糸乱れざる機構を有し、統制を示すにもかかわらず、あるいはかえってそれがために、その集団の活動進運は、機械的に硬化しおわる。ちょうど老人の生活が動脈硬化のために、すべての器官が弾力性を失って、ただこれまでの習慣を持続して、年々に衰耗すると同じであろう。宗教というものがわれわれの——集団人として、個人としての人間の——生活の上にどんな性能を発揚するかを知悉しなくてはならぬ。

宗教が人間的・個人的経験の事実から転じて集団生活の上に肯定せられると、宗教は思想的体系を有し、発展的教理を編み出し、集団的組織を作り、人格を中心とした形態を成立させる。宗教的体験がこの段階に入ると、国家的統制を受けなくてはならぬようになる。この方面については今は論及せぬ。これより禅が知的分別の矛盾、すなわち人間としての悩みに対して、いかに独自の解消法を案出したかを述べることにする。

Ⅲ　矛盾・悩みの禅的解消法

1　天上天下唯我独尊

既述のように、禅は中国に発展したものである。もとよりその思想の根源はインドであるが、禅が今日の形態をとるようになったのは中国唐の代である。事実、仏教が中国に来て中国化したとき、それが一面は禅になったといってよい。禅はすなわち中国化の仏教である。この中国化の禅が鎌倉時代に日本に来てまた日本化した。すなわち日本民族の特性、その文化の特性と融合して、今日の禅を形成した。が、とにかく、もとをいえばインドと中国であるから、その思想にはいたるところに両者の痕跡を認める。痕跡などというより、両者の思想が経緯をなしているというべきであろう。

禅がその歴史上の発展途上で、どのように取り扱われたかを見ることによって、禅そのものの動向を闡明しうる。それで以下、趙州《じょうしゅう》従諗《じゅうしん》という人が、いかに禅を挙揚《こよう》したかを見よう。普通に、禅の特色と見られている棒喝よりも、このほうが本書の読者にはわかりよいと信ずる。

趙州従諗は晩唐の人で、西暦八九七年に百二十歳で示寂している。日本では、桓武天皇のころから宇多天皇の末年までであるから、日本の仏教も、伝教、空海などという人傑の輩出した時代である。北支の趙州の観音院にいたので「趙州」（じょうしゅう）の名で通っている。八十歳まで行脚したというほどの努力家であるから、修禅においてはその精妙をきわめた人である。口唇皮上に光を放つといって、その言いまわしに妙を尽くしたところがある。寸鉄人を刺すというように、一言一句の中に、禅旨の捕捉すべからざるものを漾《ただよ》わせている。『碧巌集』（または『碧巌録』）という書物に、趙州の、中国禅宗の第三祖作の『信心銘』に対する脚注のようなものが四則ある。これらを比較対照して見ると、禅理において大いにわれわれを啓発するものがある。

第三祖とは、その名を僧璨《そうさん》といって、『信心銘』と題する四言百四十六句から成る韻文がある。その初めに、

「至道無難。唯嫌《フ》㆓揀択《ヲ》㆒。但《ダ》莫《レバ》㆓憎愛㆒。洞然《トシテ》明白《ナリ》」

の四句がある。この意味は、「至道は無難である、何でもないものじゃ。が、ただ嫌いたいのは揀択《けんじゃく》で、よいとかわるいとかいう分別、すなわちはからいである。これがいけない。それでただ何の事もなしに、あれがにくい、これがかわいいなどといわずにおれば、すなわち何かとよりえらびもせず、分別の知性にとらえられないでおれば、洞然としてほがらかなものである。がらりとして差別の相から解脱する。これが至道で無難、何の面倒も、さわりもこだわりもない。分別の矛盾性は超越せられる。」こういうのが『信心銘』の初めの四句の意味である。

　これだけいってしまうと何でもないようである。僧璨が到達した境地から見れば、こんなものであろう。問題は、その境地を望んでいるだけで、まだ何とも手のつけようのない人々の身の上である。揀択は知的分別、憎愛は情意的分別、ただこの分別のために悩んでいるのであるが、分別の超越に向かう手がかり――これがないのが、悩みの本質である。洞然として明白ならんと欲して、しかも揀択と憎愛を脱離することができぬ。なぜできぬといえば、分別を捨てて無分別に入り、憎愛を去って無神経となって、それで人間が立って行くのか、そこに問題があり、悩みがある。揀択も憎愛も共に分別意識上の矛盾、しかもこの意識を捨てて何となるだろうか。対立の矛盾をどう媒介としてよいのか、その媒介は畢竟どんなところに出るのか。論理では何とか片づきもしよう、が、実際の悩みはいかにして解消できるか。論理で結末がついて、勘定が合うて銭が足らぬでは、現実の困惑を何としよう。

趙州は折にふれて、この四句を提唱したので、あるとき一僧あり、州に尋ねていわく、

「至《シ》道《ドウ》無《ム》難《ナン》、唯《ユイ》嫌《ケン》揀《ケン》択《ジヤク》と承りますが、いかなるが不揀択でござりましょうか。」

これはいかにも自然な問いである。一たび矛盾の関門を突破したものにとっては、「至道無難」と、三祖なり、趙州なり、雪竇なりが唱え出したその刹那に、その帰趨に徹底するのである。「唯嫌揀択」と付け足されて、かえって蛇足を添えることにもなる。が、今分別の十字街頭に立っているものにとっては、「不揀択」に対する方向がつけられぬ。ひたすらに言句上に向かって模索し去らんとし、理路を逐って計較を試みんとするのである。もとよりやむをえぬ。それで趙州は天地に響けとばかり、

「天上天下唯我独尊」

と叫破した。この一句はお釈迦さまが母胎を出るや否や、東西南北に周行七歩して唱え出されたところのものであると言い伝えている。句の表面を見ると、「天にも地にもわれひとり」というのであるから、いかにも自尊の絶頂、自我の肯定を臆面もなくやってのけたものと考えられぬで

もない。フランスの哲学者のデカルトに有名なCogito ergo sumというのがある、「われ考う、ゆえに、われあり」との義であるが、お釈迦さんの立場――すなわち禅では初めから「我在焉《わりあり》」である、「我考う」は後からついて来る。これが実に絶対肯定であり、絶対矛盾の同一性である、不揀択すなわち無分別の分別である。「唯我独尊」なるがゆえに「至道無難」である。「念仏者は無礙の一道なり」と親鸞聖人はいう。「無礙《むげ》の一道」は「無難の至道」である。この一道――至道を行くものは、天上天下に独行するものでなくてはならぬ。宗教の体験はいずれもここに出る、そうして宗教的信念の千言万語はいずれもここから出る。出て来た、すなわち表現せられた千言万語の上を見ているかぎりは、最後の信念すなわち宗教の絶対経験に入られぬ。言語は分別そのものである。分別を逐うてのみいては分別は超えられぬ。分別はいつも人を、鎖《とざ》された無門の門頭に立たしめる。哲学者はこれをアポリアという、そしてそれから先は「括弧内」だということにして片づける。分別言語の指示は無視するわけにはゆかぬが、これにだけたよることを、禅はきらう。それゆえ「不揀択」はどうのこうのと分別上に向かって記述せぬ、説明せぬ、論議せぬ、批判せぬ。驀直《まくじき》にこの間の消息を露出して「天上天下唯我独尊」という。嘴《くちばし》を下すところなしである。「衲僧《のうそう》の鼻孔一時に穿却す」などと禅人は下語《あぎょ》する。趙州の赤心片片たるところ。

しかしながら、普通一般にはそんなことではどうもしっくりせぬところがある。一般ではなかなかに分別の岐路を踏み破りにくい。次から次へと歩みたくてしようがない。それで僧は、

「これは、なおこれ揀択だ」

と言い返した。僧の立場から見れば、そういわれぬこともない。「天上天下唯我独尊」と、趙州の立場は絶対肯定のところであるが、その立場をとれぬ人には、分別的、揀択的としか判じられない。やむをえぬ。良馬は鞭影に驚くが、駑馬《どば》はいくら打っても灰俵である。愁人に向かって愁いを説けば、愁いに堪えぬのだが、わからぬものにいくら説き聞かしたとてわかるものでない、縁なき衆生だ。「そりゃまだ揀択でござる」——また見ようによっては趙州を点検し去らんとする様子があるともいえる。なお深く趙州の手元を見たいと思ったとも、取り上げて考えられぬこともない。それで圜悟《えんご》は「這老漢《このろうかん》を撈著《さつじゃく》す」ともいい、「危亡を顧みずしてあえて虎のひげを捋《な》でた」ともいう。これは禅家の常套で、師僧相互の問答を、何か生きたもののとりやりのように批判し評隲《しつ》する。敵前に鋒《ほこ》を執るものの様子である。しかし平生に道《い》いもち去れば、この僧はなお分別上の道理を逐って、趙州の肯定に、何か対立あるもののあるごとくに問い返す。「州云無《しゅういわくむ》」という公案があるが、この「無」は絶対無である、有無の対立を超越したものだが、初めてこれに参ずる人は、なお分別街頭の知性の持主であるから、どうしてもそれがわからぬ。それゆえ、この「無」はいつも有無の無になる、あるいは頑冥無記底に解し去られる。「唯我独尊」では、そう解されるだろうと思われるが、不分暁漢のほうからは、そう解するより道がない。すなわちこの僧のように「此《レ》猶《ホ》是《レ》揀択」といわねばならぬ。しかし「果然、他に随って転じおわれり」である。

趙州は禅匠で、学者でない、くどくどしい言いわけはせぬ、繞路をたどりて分別路上を往還することはせぬ。そうすれば僧とともに八幡の藪知らずに飛びこむと同然、自分も溺れ人をも溺れさす。それで趙州はいつも単刀直入である。

「田庫奴《でんしやぬ》！　什麼《なん》の処《ところ》か是れ揀択《けんじやく》？」

「天上天下唯我独尊」が忽爾として化して「田庫奴」になった。魚化して龍となるでなくして、龍化して魚となる。クレセンドでなくて、デクレセンドである。「田庫奴」とは田舎漢《いなかもの》のことだというが、無知文盲のわからずやである。馬を呉山の第一峰に立てたものが、今は韓信の胯《また》くぐりである。別にわるいこともないが、分別の影を追いかけてだけいては、還郷の曲を奏でる機会はない。

「そりゃ揀択だ。」「どこが揀択だい、このわからずやめ」と、売り言葉に買い言葉では、どこに「至道無難」の当体があるかわからぬようなものである。もっと理非の道筋を立てて話したら、よさそうなものだと思われる。が、ここが禅の禅たるところで、いつも裸の取っ組み合いである。

寸糸懸けずというあんばいに、いろいろの道具立てをせずに、倒すか倒れるかで突き当たる。禅は不思議にこの体当たりの勝負をする方面に発展した。ことに趙州のごときは、このわざを文字言語の上でいかにも巧妙に取り扱って見せる。趙州に詰めよられた僧は黙してしまった。

圜悟は『碧巌集』にこの問答を評唱して次のごとくいう、禅者独自の批判法である。いわく、

「這《こ》の僧也《ま》た危亡を顧みず、あえて虎鬚《こしゅ》を捋《な》でて便《すなわ》ち道《い》ふ、此れ猶《な》ほ是れ揀択と。趙州劈口《ひっく》に便ち塞《ふさ》いで道ふ、田庫奴《ぬ》什麼《なん》の処か是れ揀択と。若《も》し別底に問著せば（趙州以外の人に尋ねたならその人は）、便ち脚忙《あしせわ》しく手乱るることを見ん。争奈《いかん》せん這《こ》の老漢（すなわち趙州は）是れ作家《さつけ》（禅匠）なることを。動不得の処に向かって動じ、転不得の処に向かって転ず。你《なん》若《じ》し透得せば、一切悪毒の言句、乃至《ないし》千差万状、世間の戯論《けろん》、皆是れ醍醐の上味なり。若《も》し著実の処に到らば、方《まさ》に趙州の赤心片片たることを見ん（趙州のいかにも親切なところがわかるだろう）。」

これで、この一則の大意は汲み取られたと思う。また禅宗なるものが、こんな思想をどんなあんばいに取り扱うかについても、その一面は窺われうると思う。さらに雪竇《せっちょう》の頌《じゅ》なるものについて一言する。この頌というのは、一種の詩的鑑賞または評価とも見るべきものである、そして宋

代に至って大いに発達した。元来知的・分析的・論理的批判は禅の本領でないのであるから、そうして中国人的心理の進展方向から見れば、禅思想史に何かの転機あるものとして、それは自然に文学的方面に出るより外ないであろう。雪竇は六翰林の才ありといわれた人なので、果然、この方面に対して目ざましい歩を踏み出した。この趙州の「至道無難」については左のごとき頌がある（碧巌五七則）。

「似二海之深《キニ》一。如《シ》二山之固《キガ》一。蚊虻弄《シ》二空裏《ノ》猛風《ヲ》一。螻蟻撼《カス》二於鉄柱《ヲ》一。揀《タリ》兮択兮。当軒《ノ》布鼓。」

〔海の深きに似、山の固きがごとし。蚊虻《ぶんぼう》、空裏の猛風を弄し、螻蟻《ろうぎ》、鉄柱をうごかす。揀《けん》たり択《じゃく》たり、当軒の布鼓。〕

いったい漢文というものは、簡潔は簡潔で、すこぶる面白いこともあるが、文法的には、はなはだ尽くさないところがある。それで意味の解し方が、読む人の主観によってきまることがある。客観的にしかあるべしということには、いつも、きまっていない。この頌のごときも、初めの二句は何をいったのか、わからぬといえないこともないが、圜悟の釈には、これをもって、「至道無難、唯嫌揀択」を注したものであるという。そうすると、「無難で揀択ぎらいな至道」の本体は、その深さにおいて大海の底なきごとく、その固さにおいて銀山鉄壁の破り難きに似たりということになる。至道は対立を超越したものとすれば、すなわち揀択の利刃も入らないものとすれば、自然分別の度量の及ぶところでない。何びともこれに手をつけるわけにはいかぬ。これを詩的に品隲《ひんしつ》すれば、海の深きにたとえ、金剛の固きにたとえて、もとよりしかるべきであろう。しかしこれは譬喩にすぎぬのであるから、これでもって本体そのものを推知してはならない。本体をまず知ってから譬喩を見れば、何をいっているかがわかる。群盲象を摸するようでは話ができぬ。

次の三句と四句とは、趙州に対して発問した坊さんの態度を評したものとのことである。坊さんの腕前ではとうてい趙州などいう大禅匠との太刀打ちはできぬとの意。禅者はいつも剣客の立場でいるといってよい。学問の上でいうなら、互いにその分別智を尽くして真理の顕現に努めるということになるのだが、禅者の立ち会いでは人格の浅深、経験の徹不徹が問題になるので、何かいうと、喧嘩か試合のように見られる。それで、今の場合もはなはだ自ら量らぬ、などとけなすようなことにもなる。

最後の二句は雪竇《たく》が「至道無難、唯嫌㆓揀択㆒」に対する自家の見識を歌ったものと見たい。「揀兮択兮。当軒布鼓」というこの当軒と布鼓が多少明白を欠いている。「当軒」とは明白の義だともいい、また「軒に当たる」と読むのだともいう。それから「布鼓」だが、これは布張りの太鼓で、叩いても鳴らぬから無用の長物にたとえたのだという。「当軒」を戸口にぶら下げたと読むと、この布鼓は訪ねる人があって叩いても鳴らぬから、内から応と答えて出るものもない。何のために下がっているのか、皆目《かいもく》わからぬ。そんなら下げておかねばよいのだが、ぶらりと下がっているから始末におえぬ。揀とか択とか、黒とか白とか、善悪だとか、憎愛だとか、その外千万無量の分別をやるが、畢竟するに当軒の布鼓ではなかろうか。分別そのものが布鼓だというのではない、無難の至道そのものが布鼓なのだ。この布鼓を分別が叩くのである。したがって分別も布鼓だ。そんならといって、布鼓を除去したでは、なんだか物足らぬ、やっぱりあったほうがよい、何、初めからそこにあるのだ、何としようもないのだ。ただ、それをむやみに役立たせようと思いわずらうから、それからそれへと、面倒が紛出、続出する。それもわるくはない。もとより「当軒の布鼓」たることを心得ておれば、分別も多多益々弁ずるではあるまいか。哲学者や道徳家や政治家は、やたらと役に立つものを見つけようとする、見つけた上はそれを何にでも押しつけて、体系化、規格化、機械化などということをやる。どうも布鼓のようにぶら下がっておられぬ。合目的的でさばけぬ布鼓に成りきれぬ。それで圜悟は注を下していう、「親切を得んと欲せば、問ひをもち来たって問ふことなかれ。是故《このゆえ》に当軒《とうけん》の布鼓」と。問答や論議で片をつけようとするから、禅者はときどきこんな愚にもつかぬ布鼓を持ち出す。これが「你《なんじ》の咽喉を塞却す」である。

2 分疎不下

「至道無難」に関する趙州の問答はすべて四則ある。いずれもその趣を異にするが、畢竟するところは同一帰趨である。「至道」というは、今の哲学者のいう絶対矛盾の同一性そのもの、それから揀択または憎愛というは、分別対立の矛盾性に相当すると見てよかろう。趙州などのたいていの禅者は、「至道無難」の面から差別の相を眺めるのであるから、そのいうところ、その行なうところ、おのずから普通世間の行き方と、大いに逕庭《けいてい》あるを常とする。分別の世界あるいは対象的論理の方面からいうと、いかにもとんちんかんの風景を演出するのである。「至道無難」のごときも、分別界から見ると、分別的に解するようにならざるをえぬ。すなわち別にそんなものがあって、海の深きに似、山の固きがごとくであると想定する。そしてその結果は、分別の矛盾の上にさらに一段の矛盾を加えるか、あるいは同一性の中にとどまって分別界と没交渉になるかする。それではほんとうの解決がつかぬ。ついたと思うのは妄想で、分別で、はからいである。これを禅家の術語では「窠窟《かくつ》」に落ちたという。暗い穴の中に引っ込んでいては、日が出ても月が沈んでも何もわからぬ。禅はそんなところにはないのである。趙州の赤心片片たるところを見んとするには、次の商量を検討すべきであろう。

趙州がいつも「至道無難、唯嫌揀択」と垂示するので、一僧あり出て問う、

「至道無難、唯嫌揀択——これが時の人の窠窟なのですか、どうでしょう。」

「時の人」というのは「一般に」と解してもよい。一般人は絶対同一性中に堕在して、そこから働き出ることをせぬ、一かどの見解をもっているように心得て、しかも自らはかえってその窠窟裡に死坐しているではないか。自分は——この僧自身は、しかし、そこにはいない、というがごとき口吻が現われていると見てさしつかえあるまいが、そうはいうものの、子細に点検すれば、この僧もやはり一種の窠窟を掘って、そこから他の世上の人を見るものといわれぬこともない。さもなければ、こんな問いが出るわけはない。必ずしも禅専門家の見るように、趙州を窮地に陥らしめんとする下心ありと見なくてもよい。趙州は答えて、

「曾有《テリ》レ人問《フ》レ我《ニ》、直得《ニタリ》五年分疎不下《ナルコトヲ》。」

「かつてそんなに問われたこともあったが、何といってよいかわからぬままにもう五年になる」

といった。これは言いわけか、また率直な答えで他意ないのか。圜悟の著語《じゃくご》に「面の赤からんよ

り、語の直きにしかず」というのがある。また「切に道理計較をなすなかれ」ともいっている。趙州は禅匠中の大立物であるから、もとより分別面に下りて来て、問者の立場から、これに応答する気づかいはない。「五年分疎《ぶんそ》不下《ふげ》」に「至道無難」の本体そのものを露出しているものと見なくてはならぬ。分別の矛盾の外に同一性があるのでなく、同一性が矛盾をそのままに包んでいるとするからには、至道無難と揀択憎愛とは、否定即肯定、肯定即否定でなければならぬ。それゆえ、否定と肯定とをおのおの一本立ちにして対抗させてはならぬ。対立そのままで相即しなければならぬ。また相即そのままで対立しなければならぬ。禅者はつとに這裡の消息に徹している、そうしてその徹したところから唱え出すのであるから、「五年分疎不下」そのままが「至道無難」である。文字の表面にのみ気をとられてはならぬ。そうとられるのは、分別識上に彷徨して、まだその圏外に出得せぬ人である。趙州を了解するには、どうしても窠窟非窠窟の埒《らち》を破却了せんことを要する。それゆえ圜悟は注していわく、「且らく道《い》へ、趙州は窠窟裡に在りて他に答ふるか、窠窟の外に在りて他に答ふるか。須《すべか》らく知るべし、此事は言句上にあらざることを。或は箇《こ》の漢ありて徹骨徹髄、信得及し去らば、龍の水を得る如く、虎の山に靠《よ》るに似たらん」と。自分がかつて無分別の分別、または即非の論理などといったことの機微は、こんなようなところから会得しなくてはならぬ。

圜悟の評唱中に投子山の宗《しゅう》道者の記事がある。上記の関係から見てすこぶる興味があるので転載する。宗道者は雪竇の会下《えか》で「至道無難、唯嫌揀択」の公案に参じていたが、ついにその意味に透徹した。無分別の分別、分別の無分別の消息がどこに伏在するかを瞥見した。ある日雪竇は「其意作麽生《そのいみはどうだ》」と尋ねたら、宗《しゅう》はただ「畜生《ちくさん》、畜生」と答えた。これは邦語のちくしょうということでなくて、ただ無意味の文字であるというが、「分疎不下」の端的である。さらに次の発展を見るとよい。宗道者は最後に投子山に隠居したというが、それまでにどこかの村寺の住持になるときは、袈裟に草鞋と経文とを一しょに包んで、引っかついで、とぼとぼと出かけたという。あるとき坊さんが宗道者に、「道者さんの家風はどんなものか」と尋ねたら、彼は無造作に自分が平生やっていることをそのままに答えた、「袈裟で草鞋を裹《つつ》む」と。「それはどんな意味ですか」と問い返したら、「今はだしで桐城まで出かける」といった。宗道者の「至道」はいかにも無難であるといわなければならぬ。「仏に献ずるは香の多きにあらず」で、何も分別の、無分別の、矛盾の、否定即肯定のなどといわなくても、禅者は数巻の哲学書を、はだしで山を下りて来る間に書いてしまう。別に哲学者がわるいというのではもとよりない。禅者が大いに利口だというのでもない。そう考えたら白雲万里、的をはずれている。おのおのその独自性を発揮している、今はただそれだけをいったのである。

雪竇の偈《げ》、

「象王嚬呻《シ》。獅子哮吼《ス》。無味之談。塞二断《ス》人口《ヲ》一。南北東西。烏飛《ビ》兎走《ル》。」

〔象王頻呻《ひんしん》し、獅子哮吼《こうく》す。無味の談、人口《じんく》を塞断《そくだん》す。南北東西。烏《う》飛び兎《と》走る。〕

これだけ読むと、何だか動物園の光景らしく見えて、何事をいおうとするのかわからぬ。こんな場合、インド風の記述があるとすると、また大いにその趣を異にするものがあろう。『華厳経』や『法華経』ないし『浄土経』でも読むようなものがあるに相違ない。これが中国であるだけに、脚大地を踏んでいる、動物が飛び出すのである。見ているところは同じでも、表現ということになると、その形式に実際霄壌《しょうじょう》の差がある。一は天上の星斗闌干《らんかん》なるを描き、他は地上の山河草木禽獣虫魚を引き出して来る。おのおのその特異性を発揮するので面白い。ところで、象王の叫び、獅子の咆え出しは何を意味するかというに、それは趙州の「五年分疎不下」を頌したものである。あるいはまた「至道無難」そのものの動きであるといってよい。前には「海の深きに似、山の固きがごとし」といって至道の姿を写し出したとすれば、ここでは至道の妙用を猛獣の威力に見るのである。趙州の「分疎不下」ははなはだ消極的の退嬰、逃避の気分が現われるというものがあるかもしれぬ。それがどうして象王や獅子児の曠野密林を横行闊歩するに比すべきだ、というかもしれない。しかしそれは分別上の話にすぎぬ。趙州の消極的に見えるのは、ただそう見えるだけなのだ。「分疎不下」の句裏に、「無難の至道」が獅子吼しているのを看取しなければならぬ。あるいはこういってもよい、象王にあっては嚬呻、獅子にあっては哮吼、人間にあっては「分疎不下《いいわけできぬ》」、あるいは「赤脚《はだし》で桐城《もんぜん》に下《で》る」であると。至道の働きには、分別智の測り尽くせぬところがある、対立の論理だけではどうも割り切れない。その測り尽くせぬところを、「無味之談、人口を塞断す」と、雪竇はいうのである。何とか意味をつけるのは分別意識だが、その意識以上のところから出たものは、無味というより外ない。無味であるから、人の口に上せて何とかかとか、是非の価値づけをすべきようもない。それが「塞断」である。禅の人々はこんなところの消息を「猢猻《こそん》毛虫を喫す」とか、「蚊子《ぶんす》鉄牛を咬む」などと形容する。禅文学にはこんな表現が随所にある。

「南北東西、烏飛兎走」と、この末後の二句に至って、雪竇はさらに一転進する。至道のいかに無難にして、揀択を超越しているかを、自らの文学によって叙述する。東西南北、これを空間的展開とすれば、烏飛び兎走るは時間的進行である。烏は太陽で兎は月だ。日日、日は東に出て、夜夜、月は西に落ちる。この間にあって、人はお互いに殺し合っている。何だか鹿爪《しかつめ》らしい理屈もいうし、情け深い施設もやることはなきにしもあらずだが、人間の狂いは獅子の咆《ほ》えまわるのと、どのくらいの差異があるかと疑われさえもする。五年たっても、十年百年たっても、これは趙州をもじって「分疎不下」といっておく。それはそれとしておいて、「至道無難」がいかにしてさらに一転機を示すところあるかを見よう。

3　礼拝して退け

趙州また、ある日の示衆にいわく、

「至道無難、唯嫌揀択というが、才《わず》かに語言あれば（何のかんのと分別を入れると）、これが揀択、これが明白ということになる。（無分別の分別がそれ自ら分別の対象となる。それで）老僧は明白裏にいない（無分別とか平等とか同一性とかいうところに腰を据えない）。汝らはかえって護惜することをするか否《どう》か。」

ここに注意すべきは、趙州はただ「護惜《ごしやく》するや否や」といって、護惜の対象を明示せぬ。揀択はもとよりきらうべきであろうが、明白は如何。趙州がすでにその明白裏にもいないとすれば、護惜の落ちつき場所がないではないか。それで一僧あり、出でて問う、

「すでに明白裏に在らずと仰せられますれば、護惜といって、何を護惜すべきであろうか。」

（もっともな問いだ。）

趙州いう、「そりゃ自分もまた知らぬわい。」（至道無難そのものの中から出るものは、みな、不知不会である。これよりほかに誰が出ても答えようはない。しかし僧には僧の言い分がある。彼は分別論理で始終しようと思う。哲学ではそれも結構だが、禅はそこにない。とにかく、その言い分を聞こう。）

僧いう、「和尚さまにしてすでに知らぬと仰せられれば、什麽《どう》してまた明白裏に在らずといわれますか。」（もっともな問い返しだ。が、趙州の立場と僧のとは次元がちがうのである。趙州から僧は見える、僧からは趙州は見えぬ。しかしこう問い返してくれなかったら、趙州の最後の挨拶には会えなかったであろう。）

趙州いう、「事を問うことは即ち得たり、礼拝して退け。」（よく問わっしゃる、それで結構。お辞儀して退がるのだ。）

これで「至道無難唯嫌揀択」のけりはついたのであろうか。趙州最後の一著《じゃく》――これを無分別の分別の一句という。「是れ揀択、是れ明白」といわず、また「明白裏に在」るともないともいわず、至道そのままを、「無難」に生きて行くところに、趙州の活路があるのである。

それゆえ、圜悟の評唱には次の文句がある。これは例によって禅者型の言いまわしである。禅者はいつも働きの相手を見ている。対立の姿でいながら、それを超えたものをその間に窺わしめんとする。それで、いかにも生き生きとして、何だか剣術使いが刀でも振りまわしているようだ。哲学上、宗教上の大問題を取り扱っていながら、論理の体系もなく、信心渇仰のありがたさもない。すべてのものを茶化したかに見える場合さえある。東洋人の風格に逸脱とか超邁《まい》とかいって、摸索不著《ふじやく》底のものがあるが、それが禅的態度にどことなく現われてくる。この風格は禅に養われたというか、禅を禅的にしたというか、相互に働きかけたと見るのが妥当であろう。その圜悟の評唱というのは、

「這《この》僧奇特の処あり、方《まさ》に始めて問ふことを会《え》す、『和尚既に知らずんば、什麼《なん》としてか却って道《い》ふ明白裏に在らず』と。更に好一拶。若《も》し是れ別人ならば（趙州でなかったら）、往往に分疎不下ならん。趙州は是れ作家、只《ただ》他に向かって道ふ。『事を問ふことは即ち得たり、礼拝し了って退け』と。這僧旧に依りて這老漢を奈何《いかん》ともすることなし。只気を飲み声を呑むことを得たり。此れは是れ大手の宗師、你がために玄を論じ、妙を論じ、機を論じ、境を論ぜず。一向に本分の事を以て人を接す。所以《ゆえ》に道ふ、相罵ることは你に饒《ゆる》す、觜を接《つ》げ。相唾《だ》することは你に饒《ゆる》す、水を潑《そそ》げと。殊に知らず、這老漢平生棒喝を以て人を接せず。只平常の言語を以てするに、只是れ天下の人奈何ともせず。蓋し他の平生許多の計較《けきよう》（はからい）なきがためなり。所以に横拈《ねん》倒用、逆行順行、大自在を得たり。如今の人理会し得ず、

只管《しかん》に道ふ、『趙州答話せず、人のために説かず』と。殊に知らず、当面に蹉過《さか》することを。」

趙州の最後の挨拶に対する、この圜悟の評唱には、格別、注釈する必要はあるまい。字面どおりでむずかしいこともない。いかに満面朱をそそぎ、口角沫《あわ》をとばして議論を上下しても、至道は本来無難なので、平常の言語の中に脈を打っているのである。それで自由自在ならざらんと欲しても得ないのである。

雪竇の頌はいつものより長い。

「至道無難。言端語端。一《ニ》有《リ》二多種一。二《ニ》無《シ》二両般一。天際日上《リ》月下《ル》。檻前山深《ク》水寒《シ》。髑髏識尽《キテ》喜何《ゾ》立《セン》。枯木龍吟銷《エテ》未《ズ》レ乾《ビ》。難難。揀択明白君自《ラ》看《ヨ》。」

〔至道無難、言端語端。一に多種あり、二に両般なし。天際日上り月下る、檻前《らんぜん》山深く水寒し。髑髏《どくろ》識《しき》尽《つ》きて、喜《き》何ぞ立《りつ》せん、枯木龍吟銷《き》えて未だ乾《から》びず。難難《なんなん》、揀択明白君自ら看よ。〕

これは『碧巌集』の第二則に初めて出るので、雪竇も大いに力を入れたのであろう。あとから三度も同じ則《そく》が出ている、その二つはすでにしるした。いずれも「至道無難」の主体をそれぞれに頌したのである。趙州の態度や手腕を頌したというが、その半面には「至道」そのものを見ていることを忘れてはならぬ。上掲の頌はことにその意味がある。

劈頭《へき》に「至道無難」という。実際はこれでよいのだ。絶対の一句である。圜悟の下語に「満口《まんく》に霜を含む」とあり、これは何といいようもないとの義である。が、それだけではすまぬ。反省分別の人間であるからには何とかいわなくてはならぬ。無分別の分別も、ある意味では分別である。至道も分別界に出なくてはならぬ。出なければ至道ではない。出るところに至道がある。「言端語端」出れば千言万語、麁言綺語ことごとく至道の線にそうて動かざるはない。揀択も可なり、憎愛も可なりである。無為ではいかぬ、無記でもいかぬ、明白裏に打坐して、浮雲の往来をながめてのみいてはならぬ。これは上記のごとく大なる窠窟《かくつ》である、ここに堕ちては永劫浮かぶ瀬はない。「至道無難」でそして口も八丁、手も八丁である。

それなら至道をもって「一者」とすべきであろうか。その中に立てこもるものは明白裏に堕在するものだ、すなわち揀択である。「一者」は複数になる、二三四五六と展開してゆく。それも結構だ。実際はそうならなくてはならぬが、誤っても「一者」をして紅塵堆裡《こうじんたいり》に埋没せしめざれ、である。分別多様の世界はそのままにして、「一者」はその当初の絶対性、同一性を失いたくないものである。それが「二に両般なし」である。二は対立相殺の世界、山河大地の起こるところ、しかもそこに両般なしといえば、多即一である。「一有多種」が一即多である。雪竇の用語には新鮮味が盛られてあることに注意したい。一即多の面から見れば、「山は是れ山、水は是れ水、長は是れ長、短は是れ短、天は是れ天、地は是れ地である。」多即一の面からすれば、「ある時は天をよんで地となし、ある時は地をよんで天と作し、ある時は山をよんでこれ山にあらず、水をよんでこれ水にあらず」である。圜悟いわく、そんなら「畢竟作麼《い》生《か》にして平穏にし去らんか。風来たれば樹動き、浪起これば船高く、春は生じ、夏は長じ、秋は収め、冬は蔵《おさ》む。一種平懐なれば渾然として自《おのずか》ら尽く」と。これが漢民族流の言いまわしである。否定とか肯定とか、否定即肯定、肯定即否定とか、矛盾の同一性とか、分別の無分別、無分別の分別とか、何とかいえば、何だか物事が複雑になるように見えて、かえって帰趨を失するのであるが、畢竟いかんといえば、花開き花散る、この外何もないではないか。「我亦不知《われまたしらず》」だ。問うことはいくら問うてもよい、それが人間に課せられた事である。それでよい。「お辞儀してさようなら」である。

これ以上は何といっても頭上に頭を安《あん》ずるもの。しかし、雪竇は、それでもなお物足りなく思ったのであろう。さらに二句を添えていう、「天際日上《リ》月下《リ》、檻前山深《ク》水寒《シ》」と。詩的な表現である。こうなれば何といってもことごとく端ならざるはなしだ。「頭頭是道、物物全真。」心境ともに忘れた、打成《たじょう》一片の境地である。禅が這裡の消息を写し出すに豊富な語彙を有することは、少しくその文学に親《した》しんだ人の知るところであろう。

雪竇の親切はとどまるところを知らぬ。彼はさらに一転語を下して、読者をして彼の意のあるところ、「至道無難」に到達すべき方向を指示することをおこたらぬ。ただ、これ情念いまだ忘ぜざるもの、絶対無の創造性においてまだ見得徹せざるもののために、さらに二句を加えた。古人の問答を交加・合糅《ごうじゅう》して、髑髏と枯木とを運び出して来た。下記の問答を知っていないと、この雪竇の句はわからぬのである。


僧、香厳《きょうげん》に問う、「いかなるかこれ道。」

香厳云、「枯木裏の龍吟《りょうぎん》。」（枯木なら死んでいる、しかし死んだだけではらちがあかぬ、そこから生きたものが出なくてはならぬ。龍吟がなくては永遠の死だ。）

僧云、「いかなるかこれ道中の人。」

香厳云、「髑髏裏《どくろり》の眼睛《がんぜい》。」（髑髏も死んでいる、死んで働かぬ。眼睛は生気を象徴する。前の答えと同一路を歩む。）

この僧その後また石霜に問う、「いかなるかこれ枯木裏の龍吟。」

石霜云、「猶《な》ほ喜を帯ぶることあり。」（死んではいない、生きたものがいるので喜憂愛憎の念が動く。）

僧問う、「いかなるかこれ髑髏裏の眼睛。」

石霜云、「猶ほ識を帯ぶることあり。」（絶対の無意識ではない、無意識の意識、無分別の分別である。）

この僧まだわからぬのか、わかったのか、今度は曹山の所へ行って、同じ問答をやった。

「いかなるかこれ枯木裏の龍吟。」

曹山云、「血脈不断。」（同じ答えだ。血の気がある。）

「いかなるかこれ髑髏裏の眼睛。」

曹山云、「乾《かん》不《ふ》尽《じん》。」（ひからびてはいない。）

雪竇が「髑髏識尽《テ》喜何《ゾ》立《セン》、枯木龍吟銷《エテ》未《ダ》レ乾《ビズ》」というのは、如上の問答を参照して見ると、判知せられる。雪竇は枯木と髑髏とを交錯し合糅して、同一の意味を表現している。すなわち前句は死の極、ただの無を表わし、後句はその死から息吹き返す様子を述べた。両句でさきの問答の一句の意を巧みに言いあらわしている。髑髏の識も尽き果てては何らの心情も動かぬ、人格の働きは見えぬ。これでは立枯れ禅である。「明白裏」に死在するのを羅漢禅という。陰窮まったら一陽来復しなくてはならぬ。無分別の同一性には矛盾も衝突もないであろう、しかしそれは冷灰であって、生身《なまみ》の人間ではない。矛盾の対立を殺さずに活かしたものがなくてはならぬ。直観はただの無の中への直観でなくて、有無の双立をそのままにしてしかも双泯の底への直観でなくてはならぬ。見性というのは清浄無垢の性を見るのでない、それでは見と性とが別々になる。両つの対立がとれぬ。見が性で、性が見であるところまで進まねばならぬ。行為的直観というが、禅的直観は実に行為的で動態的である。「州云、問《フコトハ》レ事《ヲ》即《チ》得《タリ》、礼拝《シ》了《テ》退《ケ》」と。ここに一つの直観がなくては、明白の、揀択のといっていくら論議を尽くしても果てしがない。「枯木龍吟銷未レ乾」と雪竇のいうごとく、無分別の枯木裏から龍吟の分別的音律を聞かなくてはならぬ。ただの分別では七花八裂になってしまう、本音は聞かれぬ。龍吟は枯木裏から響きわたらねばならぬ。枯木再び花を生ずともいうが、孤立の枯木では生気がない、分別識が働かぬ。「澄潭不《ズ》レ許《サ》蒼龍《ノ》蟠《マルコトヲ》」と、雪竇はまたどこかで言っているが、澄みきった水のたたえられた淵、まことに結構だが、蒼龍の居場所ではない、雲を起こし雨を呼ぶ彼は、千差万別の分別界に出なければならぬ。これが枯木再び花開くであろう。逆に言えば、洪波浩渺《こうびょう》、白浪滔天の対立矛盾のまっただ中で、絶対同一性の直観があるとき、趙州や雪竇と相見するのである。ちなみに、禅には禅の独自な表現形式があるので、ちょっと近寄りにくいように見えるが、また大いに人を魅する力のあることは争われぬ。

さきの一僧また枯木裏の龍吟について曹山に問うていわく、「什麼人《なんびと》か聞くを得ん。」龍がはたして枯木の中で吟嘯することがあるとすると、それを聞くのはどんな人かと尋ねるのである。曹山答う、「尽大地未だ一箇も聞かざるものあらず。」誰もかもみな聞いている。とくに選ばれた人だけが聞くのでない、上は天子より下は庶民のわれわれはいうに及ばず、草も木も猫も杓子も、みな聞くというのが曹山の返事だ。僧さらに問う、「未審《いぶかし》、龍吟これ何の章句ぞ。」（禅の問答は妙な道をたどって進転する、ひょっと見るといかにもちんぷんかんぷんだ。）龍の吟誦するは、実に『大学』「子《し》のたまわく」の章句か。はた「最初に道《ロゴス》あり」の福音か。「如是我聞《にょぜがもん》」の経典か。「ナムカラタンノ」的真言か。「かけまくもあやにかしこき」底の古文か。ないしは政治的スローガンか、文学的綺言妙語か、あるいはバッハやショパンの旋律か、ジャズか。曹山の所答は、はたしてどうであったか。山いわく、「これ何の章句といふことを知らざれども、聞くもの皆喪《そう》す」と。「喪す」というは、身心脱落・脱落身心の当体である。いうなかれ、阿片にあてられたのだと。「何の章句かわからぬが」という、分別界裏の消息でないことだけはわかろう。そんなら無分別の同一か。それなら聞くこともないであろう。不聞の聞、聞の不聞――東洋人の思惟はこんな矛盾的言いまわしで満ちている。哲学者はこの中から体系を作り出さなくてはなるまいが、曹山は哲学者でない。それで問者の声に応じて、「何の章句かわからぬが、聞き手はみな身心喪失じゃ」という。これは現地報告である。

「至道無難」もこんなあんばいに分析か解説かしてゆくと、なかなかとどまるところを知らぬ。そこで雪竇さらに一転語を下していわく、「難難」と。何ぞ図らん、無難の至道は難航続きの険路であることを。たいていの物事は、そのやすきところから見れば、これほどやさしいことはないが、その難きところから見ると、難の難、とても手のつけようもないものだ。ことに禅の修得において、その感がある。圜悟はここに語を著《つ》けていう、「這裏《しゃり》是れ什麽《なん》の所在ぞ、難と説き易《い》と説く」と。いくらそんなことをいっても、難は難だ、大難だ、至難だ。雪竇も根気を切らして、最後に絶叫しての警告である、「揀択明白君自《ラ》看《ヨ》」と。それなら初めから何のかのといわずにおればよいのに。そこが人間だ。しゃべってしゃべってしゃべりちらした後が、「君自ら看よ」と、とどめを刺す。どうもそういうより他にせんすべもない。どんな理のつんだ論理の体系でも、結局は「君自《ラ》看《ヨ》」に帰する。直観とか見性とか徹底とかを初めから標榜している禅では、もとよりのことである。他力宗の開祖である親鸞聖人でも、『歎異鈔』には「詮ずるところ愚身が信心におきては、かくのごとし。このうへは、念仏をとりて信じたてまつらんとも、またすてんとも、面面のおんはからひなり」といっている。「君自看」は「面面のおんはからひ」ではないか。「念仏をとりて信ずる」は明白辺に見る消息、「またすてん」は揀択辺の事である。畢竟は明白即揀択、揀択即明白としておく。

4　只這是

「至道無難」がなかなか無難でないので、いま一つの難処を片づけぬと、三祖僧璨と趙州従諗と雪竇重顕と圜悟克勤の志に酬いることができぬ。

僧あり、趙州に問う、「至道無難、唯嫌揀択、才《カニ》有《レバ》二語言一、是《レ》揀択、和尚如何《ガ》為《ニスル》レ人《ノ》」と。さきには「才《わず》かに語言あれば、これ揀択これ明白」とあったが、ここには「これ揀択」で切ってしまった。ここが問僧のねらいどころなのである。言語は分別智そのものであるといってよい。言語は人間にあって他の動物にはない。動物には叫びだけしかない、叫ぶには分別智はいらない。ぎゅうと押えるときゅうという、ただそれだけである。それも面白いには相違ないが、人間はこのぎゅうに対して分別する、「失敬だ」とか、「何のためか」とか。また自分の叫んだきゅうに対しても分別する。「きゅうといったがよかったか」、「こらえているべきだったか」、「何できゅうというのか」など、次から次へと分別智は働く、反省の連続がある、知的にも、道徳的にも。そしてこれはみな言語に現われて出る。「声に出して考える《ツー・シンク・アラウド》」という言葉があるが、人間の考えに、声すなわち言語文字に表現せられぬものはない。必ずしも紙上に書きつけなくても、声帯を動かさなくても、何かの形で考えを身体の上に出す。そしてこの出すことがまた縁になって、分別の連《つら》なりが次から次へと続く。それゆえ、分別が言語（広い意味で）、言語が分別（すなわち揀択）である。この言語があるので揀択があって、そうしてこの揀択が「嫌」われねば、至道無難でないとすれば、「為人度生」という宗教者の大役は、和尚、どうして果たしうるであろうか。為人というは、同胞のためにすることである、度生というは、衆生を済度することである。仏教の坊さんに限らず、普通人のわれわれでも、できるだけは、同胞のため一切衆生（草木禽獣を含めて）

のために、何かで力を尽くすべきである。それに「才《カニ》有《レバ》二語言一是《レ》揀択」で、言語や揀択が封ぜられると、手も足も出なくなるわけである。このジレンマをどう切り抜けるか。これが問僧の疑処である（大人《おとな》しく見て）。禅者にいわせると、「他の釁罅《きんか》の処を拈《ねん》じ、去って他に問ふ。問い得て也《ま》た妨げず奇特なることを」である。趙州は何としてこのジレンマを切りひらくか。彼は何の造作もなく、こういった、

「何ぞ這語《この》を引き尽くさざる。」

趙州の示衆には「是《レ》揀択」の次に「是明白、老僧却《テ》不《ズ》レ在《ラ》二明白裏《ニ》一、云云」とある。それを問僧は「是《レ》揀択」で切って尋ねた。それにはまた理屈のあること前記のごとくであるが、趙州のほうでは委細頓著せず、淡淡乎として、その次は何だったかと問い返す。これは必ずしもその続きが聞きたいというのでもなければ、その次をいえばわかるというのでもない。ただ「なぜその次を引き尽くさぬか」というのである。圜悟はここに語を著《つ》けて、「賊はこれ小人、智は君子に過ぎたり」とか、「白拈賊《びやくねんぞく》」とかいって趙州に賊意を見んとするも、それは禅者の常套手段であろう。ただ素直に問い返してみたものとしてよかろう。しかもその素直なところに、かえって為人度生的なものがある。ところがこの僧《そう》もまた見るからに素直に、問い返されるままに、

「某甲《それがし》ただ念じて這裏に到る」

といった。これは「ここまでしか記憶していません」というのである。が、これは必ずしも素直でない。圜悟はここに「箇の賊に逢著す」と下語している。趙州も賊なら、這の僧もまた一箇の賊である。しかしこの問答をそんなに、巾着切りか、剣術使いの出会い頭のように見ず、ただひたむきに至道の本体に徹得了せんとする求道的経緯と考えたい。趙州ここにおいて最後の断案を与えて、これまでのジレンマを一蹴に蹴翻し去った。

「ただこれ『至《し》道無《どうぶ》難《なん》、唯嫌揀択《ゆいけんけんじゃく》』。」

別に揀択もいらず、明白もいらず、言語分別もいらず、為人度生もいらない、「至道無難、唯嫌揀択」、只這是《ただこれこれ》だ。問僧ないし分別界裏の人々は、言語にとらわれる、ゆえに揀択を生ずる、したがって、為人などという心行計較に胸をいため、煩を増す。「你よんで有句となすもまた得ず、よんで無句となすもまた得ず、よんで不有不無の句となすもまた得ず、四句を離れ、百非を絶す」で、否定に否定を重ねても、絶対無には到達せぬ。他力の人は絶体絶命のこの瀬戸際に追いつめられて、「南無阿弥陀仏」という。擬議躊躇を許さぬ。このとき忽然として至道の無難なるを見る。「揀択明白君自看。」禅者は好んで要請の形で垂示をやる、その意とするところは、学禅の徒をして自ら見せしめんとするにあるのだ。

趙州ある日の上堂にいう、「看経するもまた生死の裏《うち》に在り、看経せざるもまた生死の裏に在り。諸人しばらく作麽生《そもさん》か出得し去らん」と。またいう、「法本《も》と不生、今すなはち無滅。さらに道《い》ふことを要せず。わづかに語ればこれ生。語らざればこれ黙。諸人しばらく作麽生《そもさん》かこれ不生不滅底の道理」と。いつも対立矛盾に向かって汝の反省をうながして、飛躍の機会を自らに作らしめるのが禅の技術である。問、「いかなるかこれ定《じょう》。」答云、「不定《ふじょう》。」問、「什麽《なん》としてか不定なる。」答、「活物、活物。」この問答、いかにも切実である。定と不定との矛盾は分別論理の上でのこと、「活物」にはまた別箇の論理があってよい。趙州はこの論理の生きた例証である。

雪竇の頌を忘れてはならぬ。

「水灑《ソソゲドモ》不レ著《カ》。風吹《ケドモ》不レ入《ヲ》。虎歩龍行。鬼号《ビ》神泣《ク》。頭長《キコト》三尺。知《ヌ》是《レ》誰《ソ》。相対《シテ》無レ言《ク》独足《ニシテ》立《ツ》。」

〔水灑《そそ》げども著《つ》かず、風吹けども入らず、虎のごとく歩み、龍のごとく行く。鬼号《さけ》び神泣く。頭《こう》長《べ》きこと三尺、知んぬ是れ誰《た》そ。相対して言なく独足《かたあし》にして立つ。」

初めの四句は趙州の答話を頌したものというが、それは必ずしもそう見なければならぬことはない。前例におけるごとく趙州肚裏の「至道無難」そのものを賛したといってよい。それゆえ、前掲の頌三首の初句と今のとを連ねて一連となし、みなともに「至道」を頌したと見てよい。ただ注意すべきは末後の二句である。頭長きこと三尺とは如何、また独足にして、相対して無言にして立つとは如何。これ何の怪鬼ぞ。

5 「人格」、頭長三尺

「頭長三尺」の出所は、昔、僧あり古徳に問う、「いかなるかこれ仏。」古徳曰わく、「頭長きこと三尺、頸長きこと二寸。」雪竇はこれを引用したのだという。至道を賛して、あるいは「水灑《そそ》げども著かず、風吹けども入らず」といい、あるいは「海の深きに似、山の固きがごとし」といい、あるいは「象王の嚬呻するごとく、獅子の哮吼するごとし」ということ、必ずしも不可解にあらずとしてよいが、さて三尺の長頭で、一本足で無言とは如何。これを「仏」の上に見ても不可解であるが、まして「至道」というような原理的なものの上に、どうしてあてはめるべきであろう。知的・分別的に考えると、ちょっと解しかねもしようが、至道はただの坦々たる大道ではないのである。虎のごとく歩みもし、龍のごとく翔《か》けもし、象のごとく嚬呻するとすれば、至道は活物である。ただあるものではない、息の通うているものだ、すなわち「人格」である。この人格を普通の分別的価値標準で評騭すると、三十二相・八十種好などである。紫磨金色の御仏《みほとけ》さまはありがたい。しかし指方立相的に見すぎる弊というものがある。すなわち仏はこの世と没交渉になる、いつも自分と仏とを対立させて見る、そうして内在の天真仏がかえって働き出さぬ、金縛《かなしば》りにされては、ないも同然だ。無分別の分別とか何とかいうと、禅に人格がなく、ただ論理だけのように考えられもしよう。ところが、そうでない。禅は人格である。人格を離れて禅はない。しからばその人格の形相は如何。「頭の長きこと三尺、知んぬ是れ誰《た》そ、相対して言なく、独足にして立つ。」これを三十二相・八十種好の仏に比して、はたしてばけものの感がするか、どうか。圜悟は著語して、「怪底の物」といい、また「いづれの方の聖者ぞ」といい、また「見《みる》麼《や》、見麼《みるや》」という。また注していう、「未審《いぶかし》、諸人還って識るや、山僧もまた識らず。雪竇一時に脱体に趙州を画却し、真箇に裏に在らしめ了れり」と。趙州――「至道」は人格であったではないか――この趙州を「画却」すということは大いに面白い。鎌倉円覚寺の開山、仏光国師の投機の偈に、

「一撃ニ撃砕ス精霊窟。突出ス那吒ノ鉄面皮。両耳如クレ聾ノ口似タリレ唖ニ。等閑ニ触着スレバ火星飛ブ」

というのがある。那吒《なた》の鉄面皮が突出した、仏光はこんな人格に相見したので、何ともかとも言

葉の出しようもなくていた。人格はいつも眼横鼻直と限らぬのである。
趙州の「至道」が、三尺の頭で、二寸の頸、無言にして、わが面前に独足にして立つ人格であるとしたら、他の禅者はまたこれを取り上げて、何ものに転化させるであろうか。人格は「活物」であるから、けっして一つの型にははまっていない。ここには近ごろ流行の統制は加えられぬ。雲門においては人格が時に一条の拄杖子となった。彼は一日拄杖を持って示衆していわく、

「拄杖子化して龍となり、乾坤を呑却し了れり。山河大地甚《なんの》処《ところ》よりか得来たる。」

拄杖とは、地蔵さんの持っていられる錫杖《しやくじよう》だと思えばよい。雲門というは、その名を文偃《ぶんえん》といって、唐末から五代にかけての大宗匠である。一日その杖を大衆の面前に持ち出しての説法にいわく、「この杖は忽然化して龍となりおわった」と。鯉魚の龍に化することは聞くが、無情の拄杖子、何としてか有情——有情も有情、雲を拏《ひこずら》い霧を攫《つか》む飛龍とは化しおおせたか。しかし人格は活物であるから、拄杖ともなり、龍ともなる、さらに不思議はないのだ。「絶対の一者」とプロティヌスはいうが、ただそれ絶対の一者なるがゆえに、千変万化して、その形相を現わす。形相より見れば、この転変は分別以上であろう。が、一者はそのものからすれば、けっしてその一を守ることをせぬ。守れば万象の一に堕する、絶対性は失われる。人格は絶対の一者である。そ

れゆえに雲門の手に執られれば龍と化することなど何でもない。その上「乾坤を一呑みに呑みおわる。」空間に延長し、時間に持続するものと分別せられた乾坤も、何の事なしに、「一者」の喉《のど》下《もと》を通ってしまう。至道無難である。雪竇の面前に立ったものは、独足であったが、拄杖子の龍は大空を翔けめぐって飛ぶ。圜悟は「化を用ゐて什麼《なに》かせん」と下語するが、そのとおり、拄杖子もそのままで天地を掀翻《きんぽん》しうるのである。学禅の要はこの拄杖子の人格底、「絶対の一者」なるゆえんを見得するに外ならぬ。ただ誤って分別意識の上にこの人格を求めないようにしたいものだ。汎神論などと見ないことだ。「学道の人真を識らざるは、ただ従前の神を認むるがためである。これは無量劫来生死の本である。癡人《ちじん》は喚んで本来の人となす」という詩があるが、識神は分別識上の人格である、「本来の人」は「絶対の一者」で拄杖子となり、龍となるところのもの、大自在底の創造者である。日日乾坤を呑んでまた日日吐き出している、それゆえ山河大地は昨日も山河大地、今日も山河大地である。「甚処《なんのところ》に得来たる」などと怪しむに及ばぬ。呑却したらないものだと思うのは、分別計較の妄念である。頭が三尺で頸が二寸である人格は趙州をも雪竇をも雲門をも、自由自在に呑吐して知らぬ顔している。彼の手には殺人刀・活人剣がある。それが二つでなく、一つである。殺すのが活かすので、呑むのが吐くのでなくては、人格は「活物」でない。その働きはいつも回帰的である。すなわち往ったり来たりする。往相すなわち還相、還相すなわち往相である。ここに生きたものがいるのだ。

禅は一面、無為寂静的に見えるが、この無為寂静がすなわち乾の徳で、生生不息底なることを忘れてはならぬ。僧あり趙州に問う、

「無為寂静《じゃくじょう》底の人、沈空《じんくう》に落在することなきや、いなや。」

州答ふ、「沈空に落在す。」

僧云ふ、「究竟如何。」

州答ふ、「驢と作《な》り馬と作る。」

ただの無為寂静なら空に沈むより外ない、すなわち死馬の骨である。荒草裏の髑髏では何の役にも立たぬ。生きたものがなくてはならぬ、人格的創造がなければならぬ。趙州は「驢と作り馬と作る」という。これあるかなである。これは趙州式の表現である。彼はまた次のようにもいう、

問、「請ふ四句を離れて道《い》へ。」

答、「老師常に裏許《このうち》にあり。」

四句というは有・無・亦《やく》有亦無・非有非無で、インド式論理の範疇である。これを離れるとい

うことは、肯定・否定の埒外へ逸脱することで、いわゆる「絶対の一者」そのものになることだといってよい。これが普通には無為寂静底に解せられるので、空空寂寂の裡に埋没し去ることになるのである。「裏許にあり」はここにいるという意味にとってよい。すなわち「趙州――わしはいつもここにいる」というのである。ここはどこか。四句を離れた所か、ないしは、趙州観音院の方丈裏か。「天上天下唯我独尊」というのと同意義である。四句を離れるということは、風船玉が糸を切って大空にふわりふわりと飛んで行くことではない。「我ここにあり」で、厳然として否定も肯定もできぬ現実底なのである。趙州はいつも人格を見ている。

問、「澄澄として絶点なるとき如何。」
答、「老僧の者裏、客作の漢を著《つ》けず。」

これもさきの問答と帰趨を一にしている。さきのは積極的・肯定的だが、ここでは消極的・否定的表現である。客作の漢とは一所不住のうろつきものである。澄澄として点塵を絶すというような清浄境を想像して、いつも夢裡に彷徨するような漢《おとこ》は、わしの所にはいないというのが、趙州の答えである。彼はいつもここにいて、一座「凝然不動」であるといってよい。禅者は常に見るものと働くものとを対立させない、この対立を越えて、しかも「裏許にあり」である。

問、「いかなるかこれ一句。」（絶対究竟の一句。）

師応諾す。（うんと返事すること。）

僧再び問ふ。（自分の言葉がわかったのか、わからぬのか、はっきりせぬようで、また問うた。）

師云、「我聾を患《うれ》へず。」（わしはつんぼじゃないぞ。）


絶対究竟の一句は単なる論理的な、観念的な、乾剝剝の措定ではないのだ。叩けば鳴る鐘の音のようで、言いかければ返事もし、わからぬ男には「馬鹿野郎」呼ばわりもする人間である、人格である。


問、「覿面《てきめん》の事如何。」

答、「你《なんじ》はこれ覿面の漢。」


覿面は現前底である。覿面の事は現前の事実である。否定もなく、肯定もなく、如そのものである、「絶対の一者」が本来の姿で飛び出したところである。これを把握するのを行為的直観ともいう。そんならその直観とは如何。你我に問い、我你に答う。你我に対し、我你に対する。見るべし、趙州は常に人格の上にその眼をつけていることを。くどいかもしれぬが、いま一則をあげる。

僧問ふ、「万法一に帰す、一何《いず》れの処《ところ》に帰する。」

州云ふ、「我青州に在りて、一領の布衫《ふしん》を作る、重きこと七斤。」

「一何れの処に帰する」——これは哲学でも宗教でも問題中の問題である。これがわかれば安心立命である。等身の著書をやっても、この一事の論理的分析にはなかなかけりがつかぬ。しかるに趙州は自分が青州という所にいたときの話を持ち出した。何の事か。常識的にも科学的にも論理的にもわからぬ。人を茶化したようにさえ受け取られる。が、要は眼を趙州その人につけねばならぬ。ここにも生きた人格がある。禅定に入って眠ってはいない。青州にも趙州にも、ないしは日本、ヨーロッパへも行く。そして着物も着ればご飯もたべる、屙屎《あし》送尿さえする人格である。帰一のところは人格を出でぬ。

「空手《ニシテ》把《ル》㆓鋤頭《ヲ》㆒。歩行《シテ》騎《ル》㆓水牛㆒。人従《リ》㆓橋上㆒過《レバ》。橋流《シテ》水《ハ》不㆑流《レ》。」

こんな句に出くわすと、禅は一種の弁証法であるやに考えられる。しかし禅は畢竟するに人格にお目にかかることである。そしてこの人格はいわゆる識神であってはならぬ、心理学者の我《エゴ》であってはならぬ、分別論理の知性であってはならぬ。それよりももっと、もっと深いところに潜在しているとでもいうべき「本来の人」である、「主人公」である、「人格」である。

くどいようだが、まだ少し「主人公」について語らせてもらおう。瑞巌師彦《ずいがんしげん》というは晩唐の人である。この人は、いつもすわっていながら、自ら呼んで「おい主人公」といって、また自分で「はあい」と返事し、かついわく、「惺惺著《せいせいじゃく》、他時人の瞞《まん》を受くるなかれ」と。惺惺著とは眠らずにいること。つまり目をさましていて、人からだまされないようにさっしゃれとの意である。瑞巌はどんな主人公に呼びかけていたのか、傍人から見れば馬鹿な話のようにもある。彼の真意は次の話で十分に発揮せられるであろう。

この和尚の所に修行していた雲水の坊さんが、その後玄沙というもう一人の和尚を訪ねた。すると、玄沙のいうには、

「近離甚麼《きんりなん》の処ぞ。」（今度はどこから来たのだ。）

「瑞巌。」

「何の言句あってか人に示す。」（瑞巌和尚はどんなことをいって、学人を化導しておられるか。）

雲水の坊さんは、上記の「主人公」の一条を話した。

玄沙いわく、「一等にこれ精魂を弄す。また甚だ奇怪なり」と。（精魂を弄すは、情念分別に堕しているの義。どれもこれも、分別意識裏にうろついているが、また奇怪——面白いところがある。）

玄沙またいわく、「何ぞ且《しば》らく彼の中に在らざる。」（何でもっと瑞巌のところにいなかったのだ。）

「已《すで》に遷化す。」（もうお亡くなりになりました。）

玄沙云、「今還って喚ばんに応じ得てんや。」（今またさきのように「主人公」と呼んだら、返事するだろうか。）

僧対《こたえ》なし。（返事がなかった。）

すでに遷化し去ったという瑞巌師彦、「主人公」と呼《よ》びかけて、返事するかいかにという玄沙は、何をたくらんでいるのか。惜しいかな、雲水の坊さんには耳がなかった、否、眼がなかった。瑞巌の心も玄沙の心も読めなかった。いずれか一人の心がわかれば、他の心も明らめえたのである。あるいはこういってもよい、玄沙の問いかけがあるので、瑞巌の「主人公」にお目にかかれると。死んだ者を呼びかえす法は如何。香林の遠というは雲門の弟子である。侍者となって雲門に事《つか》えること十八年。その間、雲門は日日ただ「遠侍者」「遠侍者」と呼ぶ。遠すなわち「はい」と応ずれば、門はただいう、「是什麼《これなんぞ》」と。これは何だとの義である。この「是」とは何を指示するのか。遠その意に通ずること能わず。ところが、一日忽然として徹底したので、雲門は「これからはまた『遠』、『遠』と叫ばないぞ」といった。呼ばれて「はい」というもの、これは何か。それは「主人公」すなわちこれだといっても、うべなう者はほとんどあるまい。われらの多数は、これを分別識裏から見んとするのである。ことに心理学者などは。しかし、それはやむをえぬのである。盤珪はこれを「不生の仏心」という。心理学的には不生なるものはない。いずれも意識発生以後の事に属する、そうしてそれは意識消滅とともに消滅する底のものである。玄沙は瑞巌から来た一僧に向かって「今還って喚ばんに応じ得てんや」と問うた。この僧もし真に「主人公」に相見していたなら何とか挨拶のしようもあったろうに、惜しいかな、心理学的知識以上をもたなかった彼は、何をも答ええなかった。

Ⅳ　禅は究竟の「人格」を見る

すべての宗教的心行の帰結は、この最後の「人格」を認識するところにあるのである。分別矛盾の超越も、ここで初めて可能なのである。論理では自同性というが、宗教では人である、人格である、主人公である。分別意識上の我ではない、人でもない、全でもない。どうしても一たびはそんな識域を飛び越えなくてはならぬ。分別的識域内にうろつくかぎり、悩みはとれない、矛盾はいつも矛盾でしかない。単なる伝説や、神話や、政治的工作や、経済的イデオロギーでは、宗教的人格の分野に突き進むことは絶対に不可能だ。それは、いずれも分別識の領域を出ないからである。人間はいつの時代でもそんな錯覚に迷わされてはならぬ。この点において、禅の教えるところにはいつも剴切《がいせつ》なものがある。

『臨済録』にいう、

「大徳、什麽物《なにもの》を覓《もと》めんとする。現今目前聴法の道人、歴歴地に分明にして、未《いま》だ曾《かつ》て欠少せず。你若《も》し祖仏と別ならざることを得んと欲せば、但是《ただかく》の如く見て疑誤することを用ゐざれ。你、心心不異なる、これを活祖と名づく。心若し異なれば則ち性と相と別なり。心不異なるが故に性と相と別ならず。」

「活祖」というは人格である、単なる論理ではない。「心心不異」というは、分別識の介入せざるところである。「性と相と別」なるというは、活人が全体作用せざるときである。一狐疑してまた一狐疑するからである。人格があとすざりして、分別情念が先に立つからである。臨済和尚は、それゆえに、もっともっと端的切実なる教えを与えることを忘れぬ。

上堂に云はく、「赤肉団上《しゃくにくだんじょう》に一無位の真人あり。常に汝ら諸人の面門より出入す。未だ証拠せざるものは、看よ、看よ。」時に僧あり、出でて問ふ、「如何なるか是れ無位の真人。」師禅牀を下って把住して云はく、「道へ、道へ。」その僧擬議《ぎぎ》す。師托開《つきはな》して云はく、「無位の真人、是れ什麽の乾屎橛《くそかきべら》ぞ」と。便《すなわ》ち方丈に帰る。

これはいかにも切実な教え方である。こんな教え方が禅にあるので愉快である。ギリシアの哲学者たちも、インドの聖者たちも、中世のキリスト教教父たちも、こんな単刀直入的方法を知らなかった。そしてこんなことが、禅だけにあったので、今日に至るまで、日本のわれらはその恵みに浴することができる。

「一無位の真人」といい、「赤肉団上」（このからだ）といい、「面門」（五官）といい、「証拠」するといい、「看よ看よ」というような文字は、哲学者にとっては、それぞれ詮議の余地を与えるであろう。こんな文字を裏づけている思想というか、仮定というか、先行概念というか、それらを次から次へと詮索してゆくと、哲学の一体系が組み立てられる。しかし、この点ではどこまでもドグマチックである、あるいは実証的であるといってよい。詮索するのもまた人間性であるから、すなわち人格が分別識域の面での働きであるから、これまた大いにやるべきであろう。禅では、とにもかくにも、最奥の人格が脱体に現成しなくてはならぬのである。最奥という言葉はよくないけれど、しばらくそうしておく。わかっているものにはわかっているはずだ。

趙州、ある日の上堂示衆に、左のごときものがある。

「金仏、炉を度《わた》らず。木仏、火を度らず。泥仏、水を度らず。真仏、内裏に坐す。菩提・涅槃・真如・仏性、ことごとく是れ貼体《じょうたい》の衣服。（みんな外からくっつけた名前にすぎぬ。）また煩悩と名づく。（真仏がわからなければ、菩提も何もかも畢竟ずるに煩悩だ。）問はざれば即ち煩悩なし、実際理地、什麼《なに》の処にか著《つ》けん。一心生ぜざれば万法咎《とが》なし。（一心生ずとは分別の念慮である。この念慮のゆえに、問うことがある。問いが出ると、絶対とか対立とかの論理が成立する、そうして過不及の紛議がある。）

ただ、理を究めて二三十年せよ。もし会《え》せずんば、老僧の頭を截取《せつしゆ》し去れ。

夢幻空華。徒《いたず》らに把捉に労す。心もし異ならざれば、万法もまた然り。すでに外より得ず、さらに什麼《なに》にか拘《かか》はらん。羊の如くに相似たり、さらにみだりに物を拾うて口中に安んじて什麼《なに》かせん。老僧、薬山に見《まみ》えしとき、和尚道へり、人の問著する有らば、但々狗口を合取せしむと。老僧また道ふ、狗口を合取せよと。（犬のようにただわんわんいうな。何か口の中に入れなければ、すまぬように思うな。）我を取するは是れ垢、我を取せざれば是れ浄（などとやたらに取不取の分別すること）、一《ひと》へに獵狗に似て相似たり、専ら物を得て喫せんと欲す。仏法什麼《なん》の処に向かって著けん。

一千人万人尽く是れ仏を覓《もと》むるの漢子、一箇の道人を覓むるに無し。若し空王のために弟子となって、心病をして最も医し難からしむるなかれ。

未だ世界あらざるに早く此性《この》あり。世界壊する時此性壊せず。老僧を一見してより後、さらに是れ別人ならず。ただ是れ箇の主人公、者箇《しやこ》さらに外に向かって覓めて作麼《なに》かせん。与麼《よも》の時、頭を転じ面を換へて即ち失却するなかれ。（わき見したりぐずぐずしたりすると、主人公はもうそこらにはいないぞ。）」

「此性」といい、「老僧」といい、「箇主人公」といい、内裏の「真仏」といい、またある意味での「心」という、いずれも同一主体をさしての話である。が、こんな文字を並べて、そこに何か実体を求めんとするのは、羊か何かが紙切れでも拾って歩くように、また犬が口をあけて何かたべたがっているように、また何か問いを出して聞き覚えでもやろうと思うようなものだ。自己分上においては何らの得《とく》にもならず、また真を求める心に対しても愧ずべきことであり、偽りを覚えることに外ならぬのである。「此性」と世界との関係について、さらに次の問答を引き合いに出す。為人の手段といえばそういってもよいが、禅者がその直観の内容を表現するにあたって、分別意識上の矛盾とか対立とか、論理的不徹底などということに対して、まったく無頓著である様子が、歴歴として、次の問答などに現われてくる。それを見るにつけても、「活人」のいかにも自由で、自らを作ってゆく力の、重重無尽なるを悟るのである。

大隋の法真禅師という、これも唐代の大宗匠であるが、一日僧あり、尋ねていわく、

「劫火洞然として大千俱《とも》に壊《え》す、未審《いぶかし》、這箇《しゃこ》壊か不壊か。」（この世界の終末に大火があって、宇宙全体を焼きこわすということであるが、そのとき「這箇」は壊か不壊か。）

隋いわく、「壊《ス》。」（「這箇」の何たるかは、とにかくとして、壊するというのが、和尚の答え。）

「恁麼《いんも》ならば則ち他の随ひ去るや。」（そんなら大千の壊するにしたがって共に壊し去るか。大千と這箇と同一物か。）

「他に随ひ去る。」（そのとおり。）

「随《ヒ》レ他《ニ》去」といえば、「這箇」——「此性《このしょう》」なるものは何のところに行くとすべきか。無に帰するといえば、その無はどこにあるか。

また一僧あり、その後、修《しゅ》山主というのに、同じ問いを出した。そのとき山主《さんす》は「不壊」と答えた。大隋の場合と正反対である。文字の上だけを見れば、そうすると、僧のいわく、

「什麼《なん》として不壊なる。」

「大千に同ずるがためなり。」（「這箇」の外に大千なく、大千の外に「這箇」がないからである。そんならこの二つのものは同一物であろうか、どうか。）

大隋の場合では壊、修山主の場合では不壊、一は肯定、一は否定。これは、はたしてどういうことになるのであろうか。両者は同一事を語っているのであるが、概念上には矛盾相容れざるも

のがあるではないか。分別を本質とする知性から見れば、どちらかがほんとうで、どちらかがう、そでなければならぬ。ところが禅者の立場からすると、是が非で、非が是である、肯定即否定・否定即肯定で、しかも何やらそこに、この対立を容れている人格が見えるのである。いずれの禅者も「これ」を「看よ、看よ」というのである。「これ」さえ見えれば、それから先は人々の知的表現力に一任するというのである。

禅は「人格」を見ることにおいて成就する。

V　趙州の三転語

「泥仏不レ度ラレ水ヲ。木仏不レ度ラレ火ヲ。金仏不レ度ラレ炉ヲ」――これを趙州《じょうしゅう》の三転語といって、『碧巌集』第九十六則に、雪竇《せっちょう》の偈と圜悟《えんご》の評唱がある。それはさきに引文した趙州の上堂全体の言い方とその趣を異にするものがある。雪竇と圜悟とは、それぞれ自分の立場からして、この三転語なるものを活用あるいは逆用しているのである。ここにも自由な禅者の取り扱いを見る。

圜悟は三転語の所に注を下して、左のごとくいっている。

「泥仏もし水を渡らば則ち爛却し了る也。金仏もし炉中を渡らば則ち鎔却し了る也。木仏もし火を度らば則ち焼却し了る也。什麼《なん》の会し難きことあらん。」

またいわく、

「趙州三転語を示し了って、末後に却って云ふ、真仏屋裏に坐すと。這《この》一句忒煞郎当《はなはだぼけている》。他の古人（雪竇）一隻眼を出だして、手を垂れて人を接す。略《ほぼ》此語を借りて、箇の消息を通じて、人の為めにせんことを要す。你もし一向に正令全提せば、法堂前草深きこと一丈ならん。雪竇他の末後の一句漏逗《だらしなく》することを嫌ふ。所以《ゆえ》に削り去って只《ただ》三句を頌《じゅ》す。」

これによって見ると、雪竇は趙州の「真仏屋裏坐《ニス》」などいうのを余計な言い分、かえって人を誤ることとあらんを恐れて、初めの三句だけを取り出したというのだ。金物でも木でも泥でも、人工的に作り出された仏さまは、それぞれの対抗物に向かうとき、その存在を滅却する。四大五蘊から成立するというこの身体も、三寸息絶ゆれば、いずれも分離して、もとの野原なりけりに帰してしまう。すると「這箇」・「此性」・「真仏」・「主人公」・「人格」などといい来たった「活物」・「活祖」は、どうなる。壊《え》か不壊か。壊といってもよし、不壊といってもよし、また逆に、壊も不可、不壊も不可である。木仏火を渡らず、焼けて焼けない。泥仏水を渡らず、砕けて砕けない。金仏炉を渡らず、とけてとけない。

雪竇はこの三転語を頌するにあたって、三箇の公案あるいは因縁を引き出してきて、その意義を明らかにしようとしている。いずれも不生の人格を露出せんとする巧手段である。分別意識にとらえられず、直截に、攫《つか》まえられぬものを攫ませようとするのである。それで、攫みえたか否

かは、人々の実力次第であるというより外ない。「泥仏不レ渡レ水」の頌にいう、

「泥仏不レ度《ラ》レ水《ヲ》。神光照《ス》二天地《ヲ》一。立《テ》レ雪《ニ》如《シ》未《ズンバ》レ休《セ》。何人《カ》不《ザラン》二雕偽《セ》一。」

「神光天地を照らす」および「雪に立つ」は二祖慧可の故事をさすのであるが、その眼目とするところは、「心を求むるに不可得なり」、「汝のために安心し了れり」という所にあるのだ。それで、「如《も》し未だ休せずんば」という句がある。慧可《えか》と達摩《だるま》との対面問答は、周知のことと思うが、一応書きつける。

慧可はその初め神光《じんこう》といった。中国古来の思想について広く究めるところがあったが、どうも心にかなわぬところがあった。それで、達摩がインドから来て、一種の特色ある教化を施すを聞きつけて、嵩《すう》山の少林寺に行って、親しく達摩の教誨を受けることにした。けれども、達摩は自ら進んで神光を導くということをせず、むしろ知らぬ顔していた。神光は自分の赤誠が通ぜぬものと信じて、雪中に立って一夜を明かすことさえあった。ついに一臂を断って、これを達摩の前において、道を求むる者の真実性を表示した。ちなみに、自分の身体の一部を破毀《はき》してその赤心を披瀝することは、人情の自然である。いかなる宗教儀式にも犠牲ということがある。自らの血を出して、心の渝《かわ》らぬことを誓う実例は、日本でも血判があり、経典などの血書がある。また今

でも中国のお寺では指を焼いて仏に供養することがある。慧可の断臂にどこまで歴史性があるかは問題であろうが、とにかく、求道の誠実さを何かの方法で呈出したものであろう。達摩もこれを見て、その何を求めんとするかを尋ねた。神光いわく、

「某甲《それがし》、心未だ安からず、乞ふ師安心し給へ。」

「心を将《も》ち来たれ、汝の与《た》めに安《やす》んぜん」と達摩は答えた。

「心を覓《もと》むるに不可得なり。」（何か心というものが、身体のどこかにあるかしらんと思っていた神光であるから、今までもそれで苦心して悩んだのだ。さあ出して見せよといわれてみれば、もとよりあるべきでない。ゆえに不可得なりである。）

達摩いう、「汝のために安心し竟《おわ》れり」と。

からだというものと、心というものがあって、その心がからだのどこかに潜在し、死んで後に残って行くなどと、分別智の方角から検討する間は、安心はできぬ。論理の行き詰り、情念上の悩み、行為上の疑惧・躊躇は、何といっても免れないのである。「過去心不可得、未来心不可得、現在心不可得」のところに、まことの安心がある。心の落ちつくところがある。ここといって落ちつくところのない心、何ものかとして取り出して見せることのできない心――それが落ちつく

のである。これがどんなあんばいに論理的に構成せられてあるかは、今自分の詮索するところではない。ただ実地の体験の上から、常識的に上来のように表現するのである。

圜悟はここで、洛浦《らくほ》元安《げんあん》上堂の語を引用している、いわく、

「石人《ノ》機似《バ》レ汝《ニ》。也《タ》解《セン》レ唱《フルコトヲ》二巴歌《ヲ》一。汝若《シ》似《バ》二石人《ノ》機《ニ》一。雪曲《モ》応《ニ》須《シ》レ和《ス》。」

石人と汝との対照は、無分別と分別、超論理と論理、不可得心と可得心、木仏・泥仏・金仏と、計較の対象として見られる「屋裏の真仏」、「安心し了れる」慧可、雪中に立って断臂した神光との対照と見てよい。分別識域内に彷徨するかぎりは、低調な巴歌《ひなうた》――可得底の心をしか領解しえられないが、一たび石人の機に徹して、木馬をして嘶《いなな》かしめることができると、白雪陽春の調《しらべ》でも自由に奏でられる。すなわち不可得心に徹して安心することができる。臨済の一無位の真人となって乾屎《かんし》橛《けつ》たることを免れる。龍と化した拄杖子となって、乾坤を呑みもし、吐きもするのである。

次に雪竇は「金仏不レ渡レ炉」を頌する。

「金仏不《ズ》レ渡《ラ》レ炉《ヲ》。人来《リテ》訪《フ》二紫胡《ヲ》一。牌中数箇《ノ》字。清風何《レノ》処《ニカ》無《カラン》。」

紫胡《しこ》の牌《はい》というのは、紫胡すなわち子湖利蹤《しこりしょう》といって南泉普願の弟子の一人であるが、その山門前に立札を出して、その上にこう書いた。いわく、

「紫胡に一狗あり。上、人の頭をとり、中、人の腰を取り、下、人の脚を取る。擬議すれば則ち喪心失命す。」

こんな立札で「猛犬ありご用心」と警告しておいて、あらたに山へやって来る坊さんがあると、「犬ご用心」とどなりちらす。何かとびっくりして後ろ向くと、和尚はすっと自分の室へ帰って行った。またあるとき、夜ふけて便所へ行った、そして突如、「泥棒ご用心」と叫んだ。そのとき暗中に出くわした一人の坊さんをひっつかまえて、「つかまえた、つかまえた」と叫んだ。その坊さん、びっくりして、「和尚さん、わしはなにがしでござる」といった。そのおり紫胡は、「それで結構だが、まだほんとうに気がつかぬのでなあ」といった。

犬は人を上中下の三段に分けて食ってしまうとは、何の意か。もっと砕いていえば、われわれは実にこのからだというものがあり、こころというものがあると分別する。この分別も結構だが、これは無分別のところから出てこなくてはならない。分別の面にのみとらわれていると、生死というものがあり、そうして地獄・極楽というものがあると信ずる。また生まれぬ先はどうだとか、

どこから来たなどと問いたがる。また頭があったり、胴や腰があったり、足や手があったり、それが寄り集まって全体が組織せられ、そして意識が生まれ出て、何かと知覚し、分別し、記憶し、愛憎し、意志すると考える。紫胡の犬はそんなものを片端から食いつくそうというのだ。食いつくされて何か残るか、残らぬか、大隋の大千劫火のごとく一切が壊し去るか、また修山主のごとく壊し去らざるか。また初めから食いつくすべき何ものもないのに、紫胡の犬は幻影を逐うて狂号するのか。犬そのものもまた一箇の幻影なのか。「何《いず》れの処《ところ》にか無からん」という清風は、ここにも吹いているのか如何。分別に滞《とどこお》らず、無分別に沈まず、無分別にして分別、分別して無分別の端的に徹底せしめんとするのが紫胡の犬である。禅者の表現法はいつもこんなふうである。

天衣《てんえ》の懐《え》禅師はいう、「百骸倶に潰散して、一物鎮長《とこしえ》に霊なり、百骸潰散して皆土に帰す、一物の長霊甚《なん》の処にか安んぜん」と。百骸と長霊、長霊と百骸、両《ふた》つながら何らの閑家具ぞ、浄地裏に一堆の屎《くそ》を屙《あ》するなかれと、禅者はいう。「百骸倶に潰散して、一物鎮長《とこしえ》に霊なる時如何」と問われて、趙州は「今朝はまた風だ」といった。清涼の欽《きん》は「百骸一物、一物百骸」と答えた。金仏炉を渡れば鎔却し了るという、雪竇の金仏は、分別炉でとけるのか、無分別炉でとけるのか。「百骸」の金仏か、「一物」の金仏か。禅者の常套手段は、否定と肯定、無と有、一と多などいう対立を持ち出して、そしていずれでもなく、いずれでもあるところをとらえしめんとするのである。

最後に「木仏不レ渡レ火」の頌。

「木仏不《ズ》レ渡《ラ》レ火《ヲ》。常《ニ》思《フ》破竈堕。杖子忽《チニ》撃著《ス》。方《ニ》知《リヌ》辜二負《スルコトヲ》我一《ニ》。」

これは嵩山の破《は》竈堕《そうだ》和尚（唐の人）の因縁である。村に一つの古廟があって、その中に一つの竈《かまど》をおいてあった。この竈に霊があるといって、遠くから近くから、村人が来てときどきお祭りをやるが、そのたびにその竈で生物を烹《に》殺《ころ》すのである。和尚はその妖霊なのを憎んで、一日弟子たちとともにその廟を訪れた。その中へ入って、拄杖で竈を叩くこと三べんしていわく、「咄《とつ》、汝はもと塼土《せんど》の合成ではないか。霊はどこから来、聖はどこから起こって、こんなに多くの物の命を烹殺すのか」と。こういってまた三べん杖で叩いた。すると、その竈は、おのずから崩れだして、こわれてしまった。しばらくすると、青い衣を着て、冠をいただいた一人の男が、忽然として和尚たちの眼前に現われた。そうして和尚に向かって丁寧に礼拝していわく、「自分はこの竈の主《ぬし》であるが、永らくの間、業報に悩んだが、今日はからずも和尚さんが無生の法を説いてくだされたので、ここからのがれることができました。そして今日天に生まれましたので、とくに来てお礼を申しあげるしだいでござる」と。和尚はこれを聞いて、「それはお前が本来の性なので、別に強いてわがいうところではないのだ」といったら、青衣峩冠の男はまた礼をして、すっと消えてしまった。

侍者いわく、「私どもは永い間和尚さまについておりながら、何らの指示をこうむっていませぬ。竈の神はどんなありがたい直示を授けられて天に生まれることになりましたか」と。

和尚いわく、「自分はただこれだけいった、おまえはもともと塼土の合成である、霊はどこから来、聖はどこから起こるぞ」と。

侍者たちは、ただ黙然としていた。

和尚いわく、「わかるか。」

侍者たちいう、「わかりません。」

和尚いう、「礼拝さっしゃれ。」

侍者たち礼拝す。

そのとき和尚は「そりゃこわれた、そりゃ崩れた」という。

侍者たちいずれも忽然として大悟す。

これが破竈堕の因縁である。奇怪な話だといえば奇怪でもあるが、今日世間にうようよと生きていると思っているわれわれ、多くの生霊を烹殺するはおろか、相互に爆殺し、射殺し、焚殺することその数を知らず。それで何だか物のわかった人間のように心得ている。嵩山の竈神と相去ることといくばくぞといいたくなる。誰かの拄杖子を借りて来て、これら世間の亡者たちをたちまちに撃著することができないかしらん。誰に「辜負」しようと、そんなことに頓著せず、とにかく「破也破也《はやはや》、堕也堕也《だやだや》」とやってほしいものである。かくのごとくにして初めて天下太平の春を取り返しうるであろう。

それはそれとして、われらはいつも長沙の「識神」を認めて、それから脱離することができないのである。塼土合成でも、四大五蘊合成でも、かまわぬ。いずれもそんなものを分別して、それに執著するところの妄心を、最後のものと考えるのである。火に焼けない「木仏」がある。それは内裏仏と同一性をもっていて、しかも不一である、また不二である。在来の言葉でいえば、「得失・情塵・意想を絶して浄躶躶地《じようららじ》であるとき、自然に他の親切なところを見る」のである。

Ⅵ　生と死

さきに生死の問題にちょっと触れておいた、そしてそれが人間宗教意識の一出発点であることをいった、またそれがことにインド民族の間でやかましく問題にせられたともいった。今、少しく禅がこの問題をどんなふうに取り扱うかを述べる。

生死といえば、ただ生まれたり死んだりすることのように思われるかもしれぬが、事実、生死というは存在ということである。生死は存在のまたの名だともいえる。存在という観念は生死の観念なしに成り立たぬ。存在は生死を空間的に見たもの、生死は存在を時間的に見たものである。生死は転変である、仏教では生住異滅ともいう。この四相を離れて存在は考えられぬ。体と用を概念的に分離するが、用のなき体なるものはない、また体のない用も考えられぬ。何かが働くのである、しかしその「何か」は、働きそのものを除けてあるのでない。それゆえ生死の問題といえば、単に生物が生死するという意味のものだけでなく、存在の根本に対して人間がいだく疑問そのものであるといってよい。

存在の根本といっても、それが単なる知的好奇心の問題でなくて、人間行為の意味を反省するということでもある。実際、知的好奇心などという空虚なものはない。この好奇心の起こりは行為の問題に連関している。すなわち信を獲得せんとする人間の宗教意識から出ているのである。つまり何か決心がしたいのである。これがないと人間は一日も生きてゆけぬ。決心というのも信というのも同一義である。あるいはいわん、「人間は別に信というものがなくても生きているではないか。決心などとやかましくいわなくても、お腹《なか》がすけばたべるではないか、くたびれるときは休むではないか。何ぞ信をいわん、決心をいわん」と。こんなことはずいぶん人のいうところである。国家があればそれでよいではないか、政治的に利用されうべき伝説と歴史があれば、それからイデオロギーを創造し組織してゆけば、宗教者や哲学者の説くごとき信とか決心とか真理とかいうものがなくても、けっこう国民のくらしは立つ、と。まあこんな考えなのである。ところがそれは近眼者流の考えだ。人間としてもっている意識の深さに徹底しない人なのである。意識をその根源からひっくりかえしてみたことのない人々の話なのである。こんな人には、事実何と議論してもしかたがないのである。それは、意識の根源は、知的にはひっくりかえせぬものなのである。昔、禅坊さんに「網をとおった金鱗の龍王は何を食物としているでしょうか」と尋ねたら、その坊さんは、「君まず網をとおって来い、そしたらいって聞かそう」といった。そのとおりで、透網の経験事実がなくては、意識の深さなどの話はできるものでない。存在の根本に対する信とか、人間行為の決定につながる覚悟とかいうものは、あるいは選ばれた人々にのみ可能な体験ではなかろうかしらん。

シナ五代ころの坊さんに雪峰義存（八二二—九〇八）というのがあった。その人に、「生死の苦海を渡ろうにも舟がない、どうしたらよいでしょうか」と、雲水の坊さんが尋ねたら、雪峰のいわく、「寸草もまた借らず」と。この意は、舟どころか、一本の草にもたよらぬというのである。すなわち、生死の大海は此岸から彼岸へ一足とびに飛んで行く、舟だとか、筏だとかいうような媒介物には、目もくれぬというのである。ここに禅の体験の深さがある。宗教意識のどん底に沈むことができると、そこから直下に「決心」が出る、「信」がわく。この決心、この信は知的分別上のものではないのだ。知的分別は意識の表面をのみ占領している。これを後生大事に心得ているものは、ほんとうの人間を知ることができぬ。それゆえ、全体主義とか、個人主義とかいって騒ぎはするが、人間性の底には手が届かずにいる。「寸草もまた借らず」というような機微な心の働きに至っては、夢想だもできない。

唯物論はここでその浅薄性を遺憾なく暴露する。生死はどんなものにでもあるのだから、別にこわがるにも及ばぬ、心配するにも及ばぬ、日の出て沈むようなもの、草の萌えて枯れるようなもの。そんなことに心を悩ますは非科学的だというのである。また、いわゆる意識なるものも、別に不思議なものではないのだ。身体という組織が出来れば、そこにおのずから具わるのである。心だの身だのと分けるから問題がめんどうになる。身《からだ》だけにしておけば、それでよいのだというのが、唯物論者の主張である。そして共産主義だの、全体主義だの、国家社会主義などのイデオロギーはみなここから出るのである。それを日本の人々、東方の諸民族がまじめに覚え込んで、何もかも外から加えて押えつけようとする。不見識もまた、はなはだしい。われわれの祖先はそんなに浅膚で軽薄ではなかったはずだ。次に少しく禅者の生死観を一瞥してみようではないか。

　京都花園に妙心寺という禅宗の一本山がある、そこの開山を関山国師という。国師は雲水が来ると、「何しに来た」と尋ねられる。「生死の解決がつかぬので参りました」などというと、「わしの所には、生死などというものはありゃしない」といって、叩き出されたという話である。いかにも徹底したやりくちではないか。これを唯物論者の生死観に比したら、どんなふうに見られるであろうか。両方とも生死を無視したようだが、何ぞそれ一方の浅薄にして、他方の深奥なるやではないか。ちょっと見ると、いわゆる科学なるものと宗教とがその揆を一にするようで、しかもその見処の出て来る源底に月とすっぽんの差異がある。これが見えぬといえば、それまでだ。「縁なき衆生」ということがある。

　これも五代ころの禅坊さんだが、雲門文偃というのに、ある人尋ねていう、「生死到来、いかが廻避せん」と。雲門いう、「そんなものが什麽処《どこ》にある」と。妙心寺の関山国師と同一轍ではないか。問題はいつも生死ということではない。寒暑という気象学上の話のように見えることもある。洞山良价《とうざんりょうかい》禅師というのは、曹洞禅の宗祖である。唐代の禅匠である。その人の所へ訪ねて来た坊さんのいわく、

「寒暑到来、いかが廻避せん。」

これはもとより避寒避暑などの問題でない、それはお医者のほうがよく知っている。ここではやはり宗教や哲学の上での最後の問題である。こんなふうに問題を持ち出すところに禅の特色がある。いつも仏とか神とか、心とか霊とかといわぬ。気象学上や健康術の問題と思われるものが、直ちに人間関心の最高、最深、最初で最後の問題と連関している。蠅《はえ》が飛んで来た、頭の上にとまった、うるさいというのでこれを追い払う。そこにすでに神が天地を創造したときほどの意志の問題がある。今この筆の先から流れるインクが、直ちに太平洋の両岸を洗う荒浪と相通うところがある。刻々の瞬間におけるわが意志の決定、わが行為の端的は、哲学者のいわゆる「歴史的現在の唯一局面」における自己即世界、世界即自己の実生活である。洞山和尚の答えにいわく、

「何ぞ無寒暑の処に向かって去らざる?」

これはちょっと見ると、仏教者の常套語である平等観でもあるやに考えられる。はたしてそうかどうかは次の問答で決する。僧さらに進んでいう、

「いかなるかこれ無寒暑の処？」

「寒時には闍黎《じゃり》を寒殺し、熱時には闍黎を熱殺す。」

これは平易にいえば、「寒いときゃ寒い、熱いときゃ熱い」というのである。言い換えれば、「生まれるときゃ生まれる、死ぬときゃ死ぬる」ということ。ところが、これが無寒暑とは如何。これが生死なしとは如何。生死が無生死で、無生死が生死だということは、生死の説明になるのか。これが生死の意味なのか。これが生死と解脱、すなわち寒暑の到来に対する廻避であるのか。常識、すなわち一般の論理というものに対する世人の観念では、こんな矛盾はない。「そうだ」が「そうでない」、「そうでない」が「そうだ」であるとすると、初めから何のかのという問題を出さぬのがよいのではなかろうか。実際はそうかもしれないのだ。「親しきものは問わず、問うものは親しからず」というが、しかし出て来る問いは問わずにおれぬのが人間である。親しかろうが、親しくなかろうが、生死の問題は閑話休題にしておけない。そんならどうすればよいか。

関山の「生死なし」、雲門の「どこにある」、洞山の「寒時寒殺、熱時熱殺」――いずれも同一

枢軸をめぐっているが、こんなふうに人間存在の根本の問題を取り扱うのが禅の特徴なのである。これは般若哲学の理論でいうと、「即非」の論理――当今の弁証法である。「非」とは根本の矛盾をいう。「そうだ」と「そうでない」との対立をいう。すなわち、生死の世界、寒暑の世界、絶対に相容れぬものの抗争をいう。「即」とはこの絶対に相容れぬものが、そのままに同一性という場面に動いているとの義である。同一性というもの――「即」――が別にあって、それで相容れぬもの――「非」を包むというのでない。「非」がそのままに「即」、すなわち絶対に相「非」すること、それが直ちに「即」なのである。「即」と「非」とはそのままで同一なのである。一方から他方へ移ることがないのだ。移るということがあれば、「即」も「非」もなくなる。「即非」の論理は成り立たぬ。それゆえ、この論理を成り立たせるには、普通にいう知的分別を捨ててしまわなくてはならない。禅者はこの捨てることを、「大海を掀翻《きんぽん》し、須弥を踢倒《てきとう》する」などという。はなはだ物騒な言い分に聞こえるが、その実は「寒時には闍黎を寒殺し、熱時には闍黎を熱殺す」というきわめて平凡な経験に帰するのである。またこういってもよい、「この竹は長い、あの竹は短い」、あるいは「山高く水長し」でもよい。あるいはまた次の問答のようにも取り扱われる。曹山慧霞《そうざんえか》というは、やはり洞山系の人であるが、その和尚さんに人がこう尋ねた、

「恁麼《いんも》に熱す、什麼《なん》の処に向かってか廻避せん?」(どうもこんなに熱くては困ります、どこへ

行ったらよいでしょうか?)

「鑊湯炉炭裏に廻避せよ。」(火の中へとびこむのじゃ。)

「鑊湯炉炭裏いかんが廻避せん!」(火の中じゃなお熱いじゃありませんか?)

「衆苦も到る能はず。」(これ以上に熱くなりゃしない。というのは、暑いときゃ暑い、寒いときゃ寒いということである。)

こんなあんばいに表現すると、「即非」の論理はちょっと見にくいようであるが、曹山も洞山も、ないしわが国の関山も、みな同じところに立っている、同じ道を歩いているのである。近代の哲学・論理というものは、微に入り細に入るで、禅者のやりくちなどを見ると、どうも何のことかわからぬのみならず、あるいはいかにも馬鹿げているとも想像せられよう。はたしてそうか。自分にいわせるとこうだ、「衆苦も到る能はず」といいうるほどの三昧境に、とにかく、一旦入ってみて、そこから考えを立て直すということにしなければならぬのである、と。論理のための論理でなくて、その論理なるものの立っているところに、一旦落ちついて、そしてそこからあらためて出発するということにしたいのだ――これが禅の主張である。

「即非」の論理は普通にこんな形で説かれる――「心は非心なり、これを心という」と。心は肯定、非心は否定。心と非心との対立は肯定と否定との対立である。この対立がそのままで

「心」である。しかしこの「心」は心・非心のときの心と同義ではない。文字は同じだがその意味は深い、すなわち心と非心とを包んだ心だと見てよい。「包む」ということは、面白くないが、まずそういっておく。洞山の問答にこの式をあてて見ると、「寒」を「心」とすれば、「暑」は非寒で、すなわち「非心」である。「無寒暑の処」は心・非心の「心」である。しかし「即非」の論理は、禅ではいつもこんな型で取り扱われていないのはもちろんである。禅はいわゆる生きた事実の上にあるのだから、型にはまったことはない、型は後からつけて見る知的分別の仕事である。それゆえ、この分別を通して禅を見てはいけない、禅から分別に出て、それから型なるものが定められると承知してほしい。この前後の関係をよく心得ておかねばならぬ。車を叩くか、牛を叩くかの問題は、常識でわかるが、禅の事実と知的分別ということになると、分別をのみ叩きたくなるから困る。禅者は「活句に参じて死句に参ぜざれ」というが、この意味である。次の問答では生死の問題が紆余曲折して見える。

道吾円智は晩唐ころの禅者で、薬山下である。その侍者に漸源《ぜんげん》というのがあった。あるとき一しょにお弔いに出かけた。漸源はいつも生死に心がかりであったが、どうも解決法がつかなかった。今はよい機会だと思って、死者の棺を叩いて師なる道吾に尋ねた、実物について教えを乞うのである。

「生か死か。」

「生《トモ》也《タ》不《ジ》レ道《ハ》、死《トモ》也《タ》不《ジ》レ道《ハ》。」（生きておるとも、死んでおるとも言えん——あるいは言わん。すこぶるあいまいな答えのようであるが、道吾の立場から見れば、いかにも老婆心切な一言である。「生死ともに何とも言えん」である、あるいは「何とも言わん」である。「言えん」、「言わん」、どちらでもよい。「言わん」は故意に言いしぶるとも考えられよう。結局は、「言えん」から「言わん」である。しかし源は道吾に何か別の意があって「言わん」のだと考えたのであろう、わからぬ間はいずれもそうだ。それでいわく、）

「為《シテカ》二什麼《ト》一不《ル》レ道《ハ》。」（なぜ言ってくださらぬのか。禅の事実はその人がそれに当面せぬかぎり何といっても取りつく島がない。「蹉過《シ》了《レリ》也」と評する外ない。道吾いわく、）

「不《ジ》レ道《ハ》不《ジ》レ道《ハ》。」（知的分別のかぎりでないのだから、これ以上はどうしても出られぬ。圜悟の下語《あぎょ》に「悪水驀頭《まくず》に澆《そそ》ぐ」とあるが、別に悪水でも善水でもない、本来そうなのだから、「言えん、言えん」で通るのが、もっとも正直なところ、親切なところであろう。）

漸源の立場からすれば、満腔の不平にちがいない。「死人」を収めてある棺を目の前において、師匠なる道吾に、実生活上の垂示を得たいとねがう若い弟子の姿を思うと、かわいそうである。

が、何とも手のつけようはない。ところが話はそれですまない。帰り道の真ん中で漸源は思いせまったので、師なる道吾をとらえて、こういった、

「和尚さま、どうぞ早く自分のために言ってください。もしくださらぬと、ぜひなく暴行を加えます。」

いかにも乱暴な話で、強盗が金でも奪うような心構えである。こんな態度でいる以上は——すなわち生死の問題が分別智的のもので、他から聞き覚えられるとの考えでいる以上は、「不《ジ》ㇾ道《ハ》」の意味は、とてもわかるものでない。「不《ジ》ㇾ道《ハ》」を分別智的に受け取らんとするかぎり、禅への道は遠くて遠しだ。漸源の問いは道吾の「不《ジ》ㇾ道《ハ》」でもっとも明白に答えられているので、いくら強迫しても、これ以上に出るべき言葉、伝うべき秘密はないのだ。道吾いわく、

「打つなら打つがよい。道えといって道われるものでない。」

「源便打《チ》 数拳《ツコト》」と書いてあるから、弟子は実際に師匠を打著したものと見える。ずいぶん乱暴な話だが、わからぬものにとっては、これも自然の仕打ちであろう。道吾は弟子の志を憐れん

で、どこかよそに行くことを勧めた。寺へ帰ると、師匠に暴行したという噂はきっと立つだろうから、ひそかに逃げて行くがよいというのである。これも自然の勧告である。道吾からすれば腹を立てるわけにもゆかぬ、気の毒な心で一杯になる。漸源は道吾の弟子の石霜慶諸の所に行った。そうしてそこに来るまでの経緯を話して教えを乞うた。すると石霜のいわく、

「死とも生とも道わじと、道吾がいったではないか。」

これを聞いた漸源は大悟した。そこで、とくに斎を設けて先師道吾の霊前に懺悔《さんげ》したということである。道吾からも石霜からも同じ事を聞かされて、初めは鉄拳をふるい、今は懺悔の斎を供えるというのは、どんな心境の変化であったろうか。

漢文ではただ事件の推移だけを記すにとどまるから、一事件の経過に要した時間の関係がわからないが、今漸源の場合について考えると、彼が道吾を打って石霜に来たるまでの時間は、あまり短いものでなかったであろう。あるいは客観的時間の移り行きは短かったと見ても、彼の心理的努力または精神的緊張というべきものは、非常な強度のものであったと考えなくてはならぬ。師匠を打つくらいの心構えであったとすれば、この点も容易に推測せられる。彼は「不《ジ》レ道《ハ》不《ジ》レ道《ハ》」について、いかに分別論理の連鎖に向かって極度の圧力を加えたことであったろう。石霜の

所へ来ても、なお、この「不《ジ》レ道《ハ》不《ジ》レ道《ハ》」をおっかぶされるに至って、彼の論理環は一度にちぎり切られざるをえなかった。生死分別の連環はここに至って直ちに無生死・無分別の非連環となった。しかもこの非連環は連環の外にあるものでなかった。分別論理の根底に即非論理があったのである。そこで漸源の禅生活に次の幕が開かれた。

彼は一日鍬《くわ》をかついで法堂《はっとう》上に出て来た、そしてあちらへ行ったり、こちらへ行ったりしていた。これ何の狂言か。狂言といえば狂言でもあろうが、源の心中に入って見れば、彼が当時の「悟底」に対して何らかの表現がなくてはならないのである。果然、この表現は石霜の問いによってその真相を描き出した。石霜いわく、「お前何しているのだい?」源直ちにこれに応じていう、

「先師の霊骨を覓《もと》めているのです。」

昔、七賢女あり尸陀林《しだりん》に遊ぶ、ついに屍をさしていう、「死体はここにあるが、その人はいずこにあるか?」と。大姉いう、「什麼什麼《そもそも》」と。「什麼」というは、「何じゃ」である、「どこじゃ」である。問「その人はどうした。」答「どうした、どうした。」これでは何の結着もつかぬ。道吾・石霜の「不《ジ》レ道《ハ》、不《ジ》レ道《ハ》」と何の選ぶところか。はたまた漸源の鍬を肩にして、法堂上にあ

って、東から西に、西から東に、往来反覆して、先師の霊骨を覓むというのと何の選ぶところか。外貌から見れば、それぞれに相違しているかのごとくに見えるが、これらの答え――答えらしくない答えほど明快に、生死の問題を答えたものはないのである。即非の論理の根拠が如実に指示せらるること、これほどに鮮やかなことはないのである。この明快さ、この鮮やかさは、次の問答によって一段の精彩を加えてきた。石霜いう、

「洪波浩渺《こうびょう》、白浪滔天《とうてん》、什麼《なに》か先師の霊骨を覓《もと》めん。」

「正《まさ》に力を著《つ》くるに好《よ》し。」

これが漸源の答えである。

この一問一答を対照して見ると、生死の問題の帰結なき帰結がますます切実に看取せられる。洪波浩渺、白浪滔天は「即」の世界である。こんなふうに詩的に言いあらわすのが、漢民族の心理傾向である。大いに面白いところがある。即の世界だというと、何だかあっけないようにも聞こえる。「絶対矛盾的自己同一的世界」というと、論理の戦車でも推して来たようで、俗人はびっくりする、後退《あとずさ》りする、どちらにしても、這裡《しゃり》の消息に触れてこないと手のつけようがないのだ。

しかし石霜の詰問だけですんだら禅はない、仏教はない。漸源が、「正に力を著くるに好し」というので、行為の世界、歴史の世界がひらけてくる。霊骨の覓めようのないところに、一段の力を入れるべき転身の道があるのである。この道を見いだされかぎりは、「道《い》はじ道はじ」にははたらきがない、人格の影が動かぬ。「屍在《リ》㆓這裏《ニ》㆒、人在《ル》㆓什麼処《ノニ》㆒?」「曰《ク》、什麼《そも》、什麼《そも》」では、観照性を帯びすぎる。力のつけられぬ白浪滔天裡に向かって、全機受用底の何かがなくてはならぬ。そこでまた、石霜の次の句が出る。

「遮裏針箚《モ》不《ズ》㆑入《ラ》。著《ケン》㆓什麼《ノ》力《ヲカ》㆑」(『伝燈録』)

針の先ほどもはいらぬ、力のつけようもないと石霜はいうが、この「力のつけようもない」は、直接法的・平面的言いあらわしではないのである。「力のつけようのないところに、大いに力をつけるべきだ」と石霜はあくまで漸源をうべなっていると見なくてはならぬ。言いまわしは背反的であるが、その実は同一事実の両面を肯定したものである。それで太原の孚《ふ》上座は、漸源に代って次のごとくいう、「先師の霊骨猶ほ在り」と。そして雪竇はこれに対して頌していわく、

「黄金《ノ》霊骨今猶《ホ》在《リ》。白浪滔天何《ノ》処《ニカ》著《ケン》」

と。これは石霜と同じく白浪滔天で霊骨の覓むべき処もないというのか。しからず、黄金の霊骨は燦然として光を放っているではないか。滔天の白浪かえって犯し入るべき隙《すき》はないのであろう。あるいはこういったほうがよい。先師の霊骨は滔天の白浪となった。滔天の白浪は先師の霊骨となったと。しかも霊骨は霊骨である、白浪は白浪である。霊骨の光るところに白浪はない、白浪滔天の処に霊骨は覓められぬ。生か死か。生ともいわず、死ともいわれぬ。しかも屍はここにあり、人は什麼《なん》の処に去ったか。そこで雪竇の頌はさらに進んでいう、

「無《シ》レ処レ著《クルニ》。隻履西《ニ》帰《ツテ》曾《テ》失却《ス》。」

達摩はかつて隻履《せきり》を携えて西天、すなわちインドに帰ったという伝説があるとおり、「即」の世界は、元来知的分別の手のつけられぬところである。西に帰ったものの跡は杳《よう》として尋ぬるに途《みち》なしだ。ただどこかこの辺だろうと捜してもみようか。「非」の世界、多の世界へ出て、ここだといえば、ここはかしこに対する。肯定と否定との矛盾はどこまでも入りくんでいる。そんなら「即」の世界へ入ろうか。「即」の世界では、洪波浩渺として天までも滔《ひた》している。「即」そのものは、どこにも見つからぬ。事実、見つかれば「即」の世界は消えてしまう。「即」は「非」の即として成り立ち、「非」は「即」の非として成り立つ。「即」は「非」の中にあり、「非」は

即の中にある。「非」が「即」で「即」が「非」である。これが人間の経験事実そのものの姿である。それで「来るか来るかと、浜へ出て見れば、浜は松風、音ばかり」だ。むなしく「伊《かれ》をして尋思せしむる」のである。どうしても「道はじ道はじ」で貫くより外ないようだ。「玄の又玄、衆妙の門」である。それはそうであるが、それだといって、それで思索の途を塞ぐのだと考えてはならぬ。思索は実にここから始めなくてはならぬのである。

上来、道吾と漸源との棺側の問答は、『碧巌集』の第五十五則であるが、これに付してある雪竇の頌の後半はすでに引用した。その前半を記すと左のごとくである。

「兎馬《ニ》有《リ》レ角。牛羊《ニ》無《シ》レ角。絶《シ》レ毫《ヲ》絶《ス》レ氂《ヲ》。如《ク》レ山《ノ》如《シ》レ嶽《ノ》。」

これだけでは、ほとんどナンセンスであろう。兎や馬に角のあるのを見たものはない。牛や羊に角のないのを見たものもない。ところが、無いものが有って、有るものが無いとは如何。無が有で、有が無か。肯定の否定、否定の肯定であるか。これは即非の論理の禅的表現法である。山山にあらず、水水にあらずといったり、柳緑ならず花紅ならずともいう。禅は分別論理の世界で動いていないから、自然にこんな言いあらわし方をする。圜悟はこれに著語して、両方ともに「斬」という。有無とか、肯定否定とかについてまわっているかぎりは、分別の論理でも、即非の論理でも、どうも知的臭味がとれぬ。味噌の味噌くさきは、上上でない、それで「斬」である。一斬一切斬とやるのである。これが禅家の慣用手段だ。

雪竇はまた一転して「毫《ごう》を絶し、氂《り》を絶す」という、有無の対立、生死の抗争を一蹋《とう》に蹋翻した世界という意味である、仏教者の平等観である。しかしここにもっとも注意すべき事がある、それは平等観を直ちに「即」の世界と見るの過《あやまり》である。仏教者は往々にこの過を犯す。それは、まだ十分に即非の論理に徹せぬからである。平等というと、いつでも観照的・静態的・分別論理的に考えられる。即非観は時間的即空間的な世界観で、そこには働くものと見るものとが同一である。「絶毫絶氂」の世界を差別観と対立させて見るのではない。即非はもっとも生きた論理なので、宗教的人格的にいうと、大智即大悲、大悲即大智の端的である。それゆえ、雪竇は間髪を容れずに、「山のごとく嶽のごとし」という。「如山如嶽」が直ちに「絶毫絶氂」である。両者は摩尼《まに》の宝珠の渾《こん》然たるようなものである。ちなみに、こんな言いあらわし方に、漢人思想の粗笨でまた妙趣あるところを窺い知ることができる。「絶毫絶氂」と「如山如嶽」とを並置して、その間に何らの連絡をつけておかぬ。「何もない」——「——大いにある。」「ない」と「ある」とが、どういう関係にあるのか、傍観者には何もわからぬ。しかしそう並べてあるところに、また何やら意味があるようで、そしてまた、何でもこちらから、すきな連鎖をつけてよいようで、そこに自由な鑑賞の働く余地がある。この綽綽《しゃくしゃく》たるところを、十分に発揮させたのが禅である。そ

れはまた、宋時代の発達した詩化禅の特色である。雪竇のこの偈頌《げじゅ》のごときは好標本の一であろう。全文を引用すると、

「兎馬《ニ》有《リ》レ角。牛羊《ニ》無《シ》レ角。絶《シ》レ毫《ヲ》絶《ス》レ氂《ヲ》。如《ク》レ山《ノ》如《シ》レ嶽《ノ》。黄金《ノ》霊骨今猶《ホ》在《リ》。白浪滔天《ノ》何処《ニカ》著《ケン》。無《シ》レ処《》レ著《クルニ》。隻履西《ニ》帰《ッテ》曾《テ》失却《ス》。」

如上、道吾と漸源、漸源と石霜、石霜と孚上座、最後に雪竇の偈――これらの人物とその所言とを引用して、生死の問題、存在の問題、即非の論理などについて、多少の饒舌を弄した。これでいくらか禅の歩んで来た道をたどることができると思う。ただ一事とくに注意したいのは、孚上座と雪竇とが主張するところの「黄金の霊骨今猶ほ在り」の事実である。「道はじ道はじ」ではなお消極である、否定の道を踏むやにも考えられる。が、「黄金の霊骨」を説くときに、初めて「人格」の全貌を窺うことができる。「天上天下唯我独尊」の真面目に接することができる。それで「正好著《ニシルニヲ》レ力」である。唯物論者や科学者のように生死を観ずれば、生死に表裏する那一物の意味がなくなる。力をつけようにも、つけるべきたよりがなくなる。われわれは深く思いをここにいたすべきであろう。唯物論の世界では、人間のほんとうの姿が見えぬ、人間のほんとうの働きが出ぬ。人間は、分別智できめた物の上にふらふらしているにすぎぬ。自分で作っておい

て、それにとらえられて、そうして自由であるとか、ないとかいう。創意も創造性もあったものでない。物とか心とかいうのは、人間分別智の工作概念以上の何ものでもない。「正に好し力を著くるに」ということは、唯物論の世界にはないことだ。そうはいうものの、唯物論者も「唯物、唯物」といいつつ、自らの主張を裏切る行動をやるからおかしい。この矛盾に徹底するところに禅がある、「人格」が生きて出てくる。

Ⅶ　至善にとどまる禅

上来章を重ねて禅の目ざしているところは何かということを大略述べたつもりである。もとより十分ではないが、禅に対する浅はかな考え方あるいは想像仮定というようなものを一掃せんと努めたのである。もちろん、一時には呑みこめないことと思うが、いくらか潜心して読んでもらえば、禅というものについて、だいたい、何かの見当はつくだろう。上記はまず人間が宗教に進む心的過程を叙述し、そしてその宗教なるものは、世間に普通もてはやされている伝説や神話の尊重、政治的・民族的歴史の偶像化、経済的イデオロギーの神聖化、単なる生存意志――それが集団というものであっても個人というものであっても、それの無意味な次元向上などと、大いに区別して考うべきであることを、ある程度、ある範囲で明らかにしたと思う。つまり、こんなことをいうのは、禅を正当に理解する道行きにおいて必要なのである。禅の第二次的方面のみが強調せられんとする今日、上記のごときは大いに省みられてよいのである。禅が東方文化の精髄として、宗教の方面はいうまでもなく、哲学や、芸術や、思想全般の上にわたって、きわめて深奥な意味をもっていることを、常に記憶していなければならぬ。

こんなわけで、ここでは主として『趙州語録』および『碧巌録』などによって、きわめて大略ではあるが、自分の領解するかぎりの禅なるものを説明した。禅は、論理の上では、インド流にいうと、四句を離れ百非を絶したところに、一つの活路を開くことである。四句を離れ百非を絶するというは、知性の分別的対立の世界の上に出るとの義である。しかし「上に出る」というのは、ただ上に出る、超えてしまう、絶対無に突入しおわるというのでない、出て出ぬのであり、超えて超えぬのであり、無で有なるのである。絶対に矛盾していて、そしてそこに自同的方面がある。あるいは自同的場面に対立の矛盾が成り立つ、といってもよかろう。これは哲学専門家の研究題目で、普通に禅では、ただこれを実地の上に領得すれば足りるとしておく。

実地に領得するということは、分別意識の抽象性を離れて、具体的「人格」のはたらきそのものに還るの義である、これは人格が見つかるときにおのずから生ずる事象である。「人格のはたらき」とはいうものの、人格にはたらきがついているのでなく、人格がすなわちはたらきである、そしてこのはたらきそのものになるとき、さとるという、あるいはわかる、あるいは見るという。畢竟ずるに、はたらくことがはたらくものであり、見ることが見るものである、そしてはたらくものが見るものである、両者は一つである。これを「人格」といっておく。そこで禅が実地を貴ぶということは、知性分別のいつも遊離的・抽象的ならんとするのをきらうという意味である。知性やその遊離性および抽象性をいたずらに排斥するのではない、それはそれでよい、その場所をさえ守って、自らを独善的に全能だと思い上がりさえしなければ、いずれもまことに結構だ。人間はそのように出来ているのである。が、とかく独善的・高圧的に動きたがるのが知性の分別なので、禅はその知性の一たび人格まで向上あるいは還元せんことを要求する。プロティヌスが絶対の「一者」を至善《アガソン》と名づけて、美とも真とも聖ともいわなかったところに、大いに意味があると自分は考える。人格ははたらきそのものであるかぎり、善というのがもっとも切実だと思う。もちろん、この善《アガソン》は分別上の善、善悪の善ではない。慧能《えのう》の語として伝えられる「不思善、不思悪、正当与《ヨ》麽《モノ》時」というこの「与麽」の時、与麽の端的が「善」である、絶対善である。人格をアガソンというところに、プロティヌスの深意が見える。禅の語彙では、知性上の分別・遊離・抽象化などを、窠窟《かくつ》という、道理計較《けきよう》という、文字言句という、精魂を弄するという、意を恣《ほしいまま》にして情解に堕すともいう。禅者は科学者でないだけに、そのときの心持に応じて、種々雑多の文字を駆使し、創作する。それから分別対立を超えるという側では、またいろいろの言いあらわし方がある。灑灑《しやしや》落落とか、赤髁髁《しやくらら》、不《ズ》レ掛《ケ》二寸糸《ヲ》一、家国喪亡す、一坑に埋却す、吹毛匣《こう》裡冷光寒しなど、その他枚挙に遑《いとま》あらざるほどの文句がある。一たび這裡の消息に通ずるときは、文字は何であろうと、什《な》麽《に》辺《へん》の事をいおうとするかが、たちどころに首肯される。とにかく、禅は見るもの、すなわちはたらくものを露堂堂たらしめんとするのである。ただしここに繰り返し繰り返し用心しておかなくてはならぬことは、見るものといえば、澄澄絶点底を想像し、はたらくものといえば、ただ転轆轆地なるものと計著することである。この二つは一でしかも二であることを、概念的でなく、行為的に体得しなくてはならぬのである。それで人格ということを説いたわけなのである。

くどくどしいがもう一例をあげる。雲門大師、一日姚秦《ようしん》の僧肇《じょう》の著述、『宝蔵論』中の数句を引用していわく、「乾坤の内、宇宙の間、中に一宝あり、形山《ぎょうざん》に秘在す」と。（形山とは四大五蘊のこと、つまりこのからだの義である。）そしてさらに注脚を下していう、「燈籠を拈じて仏殿裏に向かひ、三門を将《も》って燈籠上に来たす」と。形山に秘在する一宝は、趙州のいわゆる「真仏屋裏に坐する」もの、普通に赤肉団上の心または性というのに相当すると見てよい。これまでは何でもない、一般に人のいうところである。それから燈籠を拈じて仏殿裏に向かうも常識であるといってよいが、次の一句はやや難関である。いかにして山門を燈籠上に持ち運びうるか、また山門みずからが足を進めて動き出しうるか。この芸当と、形山中の一宝と、何の関係交渉ありと見るべきか。圜悟の評唱にいわく、

「且《しば》らく道《い》へ、雲門恁麼《いんも》に道ふ、意作麼生《そもさん》。見ずや、古人云はく、『無明の実性は即ち仏性な

り、幻化の空身は即ち法身なり』と。又云はく、『凡心に即して而かも仏心を見る』と。形山は即ち是れ四大五蘊なり。中に一宝あり、形山に秘在す。所以《ゆえ》に道ふ、『諸仏は心頭に在り、迷人は外に向かって求む、内に無価の宝を懐きて識らずして一生休す』と。又道ふ、『仏性堂堂として顕現す、住相の有情は見難し、若し衆生無我なることを悟らば、我が面何ぞ仏面に殊《こと》ならん。心は是れ本来心。面は是れ娘生《うまれつきのままのかお》の面。劫石は移動すべくとも、箇中の改変なし』と。有るものは只箇の昭昭霊霊を認めて宝と為す。只是れ其用を得ず、亦其妙を得ず。所以に動転することを得ず、開撥し行ぜず。古人道ふ、『窮すれば則ち変じ、変ずれば則ち通ず』と。燈籠を拈じて仏殿裏に向かふ。若し是れ常情なるも測度《しきたく》し得べし、三門をもって燈籠上に来たす。還って測度し得てんや。雲門你がために一時に情識・意想・得失・是非を打破し了れり。云云。」

如上、内に懐くとか、外に向かうとかいうが、何も空間的にいうのでない、また仏の面がわが父母所生の面で、仏の心が本来改変のない心だなどいうのも、分別識上においての評判ではない。いずれも分別論理の窮するところまで突き進んで、そこで一変して、そうして通じなくてはならぬのである。かくのごとくにして通じたところより見て、初めて天はこれ天、地はこれ地となるのである。仏面は仏面、我面は我面、燈籠に火が点ぜられ、三門は仏殿前に屹立するのである。

それゆえに雪竇はこの公案を頌して左のごとく歌う、

「看《ヨ》看《ヨ》。古岸何人把《カル》二釣竿《ヲ》一。雲冉冉《ゼンゼン》。水漫漫。明月蘆花君自《ラ》看《ヨ》。」

古岸に釣竿《つりざお》を垂れている「何人か」は必ずしも雲門その人と見なくてもよい、また無為不動の閑道人ではないのである。冉冉として西東にたなびく雲がそれなのである。漫漫として流れてやまざる水がそれなのである。「何人」は、はたらくものである。しかもまた見るものである。明月は如如として蘆花に映じ、蘆花は如如として明月に映ずる、まさに与麼《よも》のとき、これ何の境地か、「君自ら看よ」と雪竇はいう。「看よ、看よ」という起頭の一句、これは分別的知性で看るのではなく、プロティヌスの霊性《ヌース》の眼で見るのである。「人格」は霊性《ヌース》であるといってよい。人格は論理的には無分別の分別であるが、それだけでは禅者の月並的言いまわし、明月とか蘆花とかいって、いわゆる一色《いっしき》辺の事を説くにすぎなかろう。どうしてもここにはたらくもの、すなわち人格が出現しなくてはならぬ。至道無難禅師の歌に、

生きながら死人となりてなりはてて心のままにするわざぞよき

というのがある。「死にはてる」は知的対立の世界を尽くすのである、そしてこの尽くしたところから、枯木裏の龍吟が出なくてはならぬ、何か「するわざ」があるのである、それが「よき《アガソン》」

である。

Ⅷ　誓願行の禅

上来の所述で、だいたい禅の何たるかがわかったとして、なお最後にちょっと付け加えておかぬと、誤解を招くおそれがないとも限らぬ一節がある。それは上来の所述で禅が尽きたと思うと、かえって禅のもっとも緊要とするところが忘れられるのである。今、無難禅師の歌を引いたが、「心のままにするわざぞよき」という、その「わざ」を少しく具体的にしたいのである。情念分別の桎梏を脱した心は、どんなはたらきをしたというのであろうか。

趙州ある日の上堂にいわく、

「此事は明珠の掌《たなぞこ》に在るが如し。胡《こ》（外国人）来たれば胡現じ、漢（中国人）来たれば漢現ず。老僧、一枝の草を把《と》りて丈六（一丈六尺）の金色の仏身と作《な》して用ひ、丈六の金（色の仏）身を把りて、一枝の草と作して用ふ。仏は是れ煩悩、煩悩は是れ仏。」

僧問ふ、「仏、誰人のためにか煩悩する。」

州云はく、「一切の人のために煩悩す。」

問ふ、「如何にしてか免るるを得ん。」

州云はく、「免るることを用ひて作麼《なに》かせん。」


「一切の人のために煩悩する」仏の心、この煩悩から流れ出る一切のはたらきが、無難禅師の「死にはてた心」のはたらきに外ならぬのである。このはたらきは、真宗的にいえば、阿弥陀の誓願である、自力宗的にいえば、四つの弘誓願である。


「衆生無辺誓願度。

煩悩無尽誓願断。

法門無量誓願学。

仏道無上誓願成。」

〔衆生無辺、誓って度せんことを願ふ。煩悩無尽、誓って断ぜんことを願ふ。法門無量、誓って学せんことを願ふ。仏道無上、誓って成ぜんことを願ふ。〕

これが仏の「煩悩」である、誓願である、人格のはたらきの細目である。この誓願のないところには宗教はない。宗教というのはすなわちこの誓願である。この誓願と弥陀の四十八願と、外見上、大いに相違するようであるが、内面的・本質的には同一体で、少しの差等もなく異相もない。これらの誓願の根基をなしている「人格」に徹しない人々が、自作の偏見でこね上げ、歪曲した歴史的イデオロギーで、人間の心を抑圧し強迫して、私心すなわち分別識神を満足させようとするのは、単に国家を誤るのみならず、人間を殺すものである。亭亭として天をも摩せんとする大木を、一尺にも足らぬ鉢の中に植えつけんとするものは、実に人間・人性・人格の賊である。あまりに盆栽好きな日本人にも、これは大なる行き過ぎである。

婆子あり、趙州に問う、「婆はこれ五障の身、いかにしてか免れ得ん」と。州答えていわく、「願はくは一切の人の天に生まれんことを、願はくは婆子の永く苦海に沈まんことを。」この心願は、趙州が八十までも行脚して悟りえたところの一著子である、奥の手である。これは婆子のみの身の上話ではない。われらはいずれも五障か六障か百千障か知らぬが、いつも何かの形で「障」を受けて、悩み悶えているものである。どんな社会の機構の中でも、生死はあり、差別はある。それは個体としての人間の約束である。そして人間には、いつもこの約束を超越せんとの心の動きがある。社会の機構を変更したり、自然的または歴史的環境に対して何かの意味で働きかけたりするのは、この心の現われである。すなわち「誓願」の実践的方向への動きである。唯物論的共産主義といい、政治的・経済的全体主義といい、自由競争的・帝国主義的国家機構といい、いずれも上記「誓願」の心、趙州が婆子に対しての答えの心を知らぬものである。一切の人の天に生まれんことを願い、自分だけは地獄に沈淪してもいとわぬという大誓願は、大宗教家にして初めて体験し、実践し能うところのものである。仏教の哲学も、ひたすらにこの誓願心を、知性の上から闡明せんとする企てにすぎぬ。禅の問答・葛藤もまた、もとより大いにしかりというべきである。

僧あり、趙州に問う、

「久しく趙州の石橋と響く。到り来たればただ掠彴子《まるきばし》を見る。」（天下にやかましい趙州の石橋を見に来たが、さて来て見れば、何だみじめな丸木橋ではないか。）

「汝ただ掠彴子を見て、趙州の石橋を見ず」と、趙州は答えた。（人は自分以上に出るわけにゆかぬ、自分を標準にして他を批判する。人は各自に自分だけの価値の世界に住んでいるといってよい。趙州の石橋も無眼子の坊さんには丸木橋だ。小人は自分の心で大人の心を忖度《そんたく》する。）

「いかなるかこれ石橋。」

「驢を渡《わた》し、馬を渡す。」

「人格」の大石橋はただ驢を渡し、馬を渡すだけではない、天下のあらゆるものを渡して、しかも何ともいわぬ、黙黙としていくらでも踏まれている。今日では自動車も渡し、荷車も汽車も渡す、日本人をも外国人をも渡す、味方も敵もみな渡す。恒河《ごうが》の沙が、象にも踏まれ、魚《ぎょ》鼈《べつ》にも踏まれ、犬の糞や馬の小便にけがされて、しかも、いつもその本来の綺麗さを失わず、超越性を維持してゆくのと同じだといってよい。弥陀の誓願の出どころは実にここにあることを忘れてはならぬ。浄土でも、真言でも、禅でも、何でもみな仏教の根本精神を体得して、そうしてその伝達、その開示、その闡揚の方法だけが異なっているにすぎない。今日に必要なのは、禅の方面から見て、上来の所述に参得透し去って、しかる後その学得底を尽くして体系を作り出すにありと、自分は信ずる。かくして初めて東洋的・日本的なるものをひっさげて、世界的精神文化の向上と豊富に寄与しうるのである。

IX 禅経験の学的説明について

1 ヨーロッパ人の禅観について

初めの章で「誤解の二、三」と題して、禅に関する世界普通の誤った観察の二、三を所述したが、ここでは禅経験を学的に説明せんとする人々について自分の所見を記す。自分は学者でないので、学者の議論を学的に批評する資格も才能も準備もない。が、これだけはいっておきたい。学者が禅について何かその学的意見を陳述せんとするには、まず禅そのものに関してたしかなそして明瞭な理解がなくてはならぬと。もとよりこの理解は経験によりて裏づけられなくてはならないが、それは必ずしも望まぬとしておく。しかし文字言句に現われたかぎりの禅、すなわち禅経験なき人が「門外漢」として、それをたよりて了解せんとする文字上の禅、それだけに対しても十分慎重な態度で研究の歩を進めるのが、学者なるものの責任であろう。この責任が十分に感ぜられていないと、禅の学的研究はとんでもない方角に転ずることがないとも限らぬ。こんな場合、学禅の実地に幾年かを費した人が、何かいうことがあったら、学者は虚心で、これに耳を傾けなくてはならぬ。この謙虚心がないと、その人の学問も、根底から見くびられてしまうこともあると信ずる。それから修禅者のほうでも、真っ向から学者をけなすべきでないであろう。お互いに研究し合って、学者は学的精進を続けてほしいし、修禅の実地家も学者の所見を参考して、自分の禅的了解に資するようにするのがほんとうであろう。

次に付録のようなあんばいにして、ユング博士の禅観とカイザリング伯のとを掲げることにした。ユング博士というは、精神分析学または分析心理学の創始者の一人として、現時学界の第一人者である。これはその方面に関係している人々の熟知するところである。博士は初めはフロイト一派に属していたが、その後これと別れて独自の学的立場を開拓するようになった。「無意識」の場面をずいぶんと深く掘り下げ、またこれを形而上学的方面にまで拡大せんとしている。しかしそれは科学の範囲外なので、彼はそこまでは踏み出さない。東洋的精神修錬法に大いに興味をもっているので有名なドイツの中国学者リヒアルト・ウィルヘルム博士が、道教の書として知られている『金華宗旨』を独訳したとき、それに序文を書いて、自分の分析心理学の立場から、道家の修錬法について意見を述べている。この『金華宗旨』という書物は、元来修禅的なものであるが、インド思想を中国的に適応させたものといってよい。道家的仙術、煉丹法などいう方面に禅的思想を転向させたものである。ちょうど日本で神道者流が、仏教または禅思想をとり入れて、それを日本民族的心理化したと、その揆を一にするといってよい。『金華宗旨』は独訳から英訳もせられて、欧米では一部の人に愛読せられている。そんな関係もあり、また自分も親しく先年ロンドンで会談した因縁もあって、一昨年拙著の一つが独文に訳せられたとき、出版者はユング博士をわずらわして、また序文を書いてもらった。付録はその序文の邦文訳なのである。

カイザリング伯という人は、もとはバルト沿海州の一諸侯で、夫人は故ビスマルク公の長女である。第一次大戦後は、バルト海一帯の諸小国間は、政治的・経済的に大動乱の巷と化し、伯も旧領内の森林を失って、また昔日の侯伯でなくなった。それまでにも、伯は一かどの思想家として、国の内外に知られ、その『哲学者の旅日記』のごときはベルリンの紙価を高騰さしたとさえいわれている。その後も多くの著述があり、近代の欧州思想界を説くものは、いずれも伯を知らぬものはない。が、近年来境遇の変化につれてか、心境に変化を生じ、東洋思想、ことに禅に関して大いに心を傾けてきた。自分への私信には、「この一年は貴著禅論文集三巻を耽読して過ごした」ともいっている。ダルムシュタット市に「智慧院」ともいうべき私塾を開いて、自分の所信を教授していたが、今次の大戦でどうなったか。伯の妹からの近信では、あるいは時の政治思想と相容れないので、どこかで憂鬱な生活を営んでいるかのごとくにも想像せられる。それはいずれにしても、カ伯の禅に対する意見も、日本人にとって何かの参考になろうかとも考えて、付録にしておいた。

自分の意見をいえば、ユング博士もカイザリング伯も、その禅観において必ずしも正鵠を得ていない。それも無理はない。両人とも東洋的見方の伝統的背景のない上に、自分でもまだ足りない、もっと書かなければならぬと思う数種の拙著を一とおり読んだだけでは、禅の実体はなかなかつかめない。むしろ両人とも、あれまでに了解してくれたということで、ありがたいと思ってよかろう。両人以前の人で、または今もなお生存している人で――たとえばキリスト教伝道師などの人で、日本または東洋の宗教や思想を記述しているが、その禅を見る目の透徹せざることおびただしいものがある。それにくらべると、ユ博士もカ伯も、一歩を進めているといってよい。もちろん、われわれ日本人の中でも、禅のわからぬのがだいぶ知っているようなことをいっていて、しかもわからぬのが多い。修禅の実際も進めなければならぬが、禅論もまた大いにやるべきだ。ちょっと横道をするようだが、いずれも禅に関することで、また何か参考になると思うので、次に日本人で禅論をやる人の一例をあげてみる。

2　心理学者の禅観

黒田亮教授に『勘の研究』という書物がある。教授は禅を心理学から闡明せんとするのである。よほど禅に興味をもっておられるようだが、自分は「門外漢」だといわれる。しかも大学では『碧巌録』について講座を開かれているのだから、なかなか「門外漢」でないとも推せられる。もとより「門内漢」でないと『碧巌』が講ぜられぬということは、万々ないわけではあるが。自分が今この文を書いている場所では、黒田氏の『勘の研究』を手元に持っていない、ただその続編だけがある。それで前者を引用することができぬけれども、続編の中で、著者は、「思想展開上に、一段向上の活路が見出された」というから、今、もっぱらこの続編について一言してもよいと信ずる。実際のところ、氏の前著中の所見を忘れてしまっているが、ただ「これでは物足りない、那一点をつかんでいない」という感想だけが、今残っているのである。

黒田氏はこの続編中で「禅には全くの素人である」（二〇ページ）と断わっているが、それはどういう意味にとっていいかわからぬ。「素人《しろうと》」は普通「玄人《くろうと》」に対する。玄人は専門家で、素人はディレッタントだ。これはある場合では謙遜の文字でもあるが、また他の場合では、一種のアイロニイを含んでもいる。すなわち職業的・専門的「玄人」なるものよりは、とらえられない自由の立場で、かえってそのものの中枢をつかんでいるとの意もある。「素人」はあるいはまた次のようにも解せられる、すなわちいわゆる禅門の伝統を継承している「老師」の下に、幾年かを修禅に費して、何か実地に体験したことはないが、何だか禅が面白くて、これに関する書物を読んで、いくらかの了解を得たもの——これが「素人」学禅者だという意味にも解せられる。黒田氏の「禅には全くの素人」なるところは、ここにあるのでなかろうか。

「素人」論をこんなに見なければならぬというのは、正直なところをいうと、この言いわけらしいものが、自分はいやなのである。何かの伏線のように思われてならぬ。またはたして謙遜な心持の「素人」なら、その論文なり著書の中で、その気分が味わわれてくる。必ずしも前書《まえがき》がいらぬのである。

黒田氏の「那一点」論は大いに面白いところがある。それは氏もいうように、今までの西洋の心理学者は、心なるものを静力学的に見てきた。氏の動力学的研究は、けだし、従来のに一歩を進めたものに相違ない。が、この那一点を「麻三斤」にあてはめて、禅を「心理学的」に解することは、どうも首肯できぬ、徹底性を欠いている。今ここで詳しくこれを論ずる余裕はないが、私見の大綱だけを述べるにとどめる。

黒田氏の那一点の定義とも見られるのは次の数句であろう。「この那一点は凡ての対象に最初から備わっているものではない。主観の生命圏内に持ち来たらされ、主観と有機的な交渉を持つに及んで、対象に那一点が芽ばえ、この交渉が親密を加えるに従って、漸次固有な構造を持つに至るのである。」（五三ページ）また、いわく、「那一点において対象が受入れられる時が、紙一重の隔てもなく、主観と対象と直接に接近し、これと合致する時である。この意味において、自然の端的な把捉は、畢竟那一点を介して、自然に迫ることである。ここに芸術が生れ、宗教への門が開かれる。云云。」（五三ページ）これで那一点の何であるかがほぼ見当がつくと思う。黒田氏はこれを公案の解答にあてはめようとする。

禅を説くにあたって、第一に心得ておかねばならぬ一事がある。それは禅経験なるものは、根本的に、他の心理的経験と相違するところのものがあるのである。自分も初めは禅の心理学的研究のようなものを書きたいと思った。しかしそれは公案禅なるものを、伝統的に学習する場合、その技術の方面から、心理学的器械的工作を記述するときにのみ可能なのである。禅経験そのものを中心として見るときは、それに至るまでの心理的工作などは、何らの交渉もないものになる。したがって経験そのものは、その過程心理と没交渉なのだといってよい。それゆえ、経験を過程から説明するわけにゆかぬ。過程の意義はかえって経験によって初めて明瞭になるのである。いわゆる「素人」が、禅文学を見て「九分どおりわかるようだが、どうもあとの一分がわからぬので、暗中模索だ」というが、そのとおりである。最後の「一分」に経験がある。この経験で「九分」がわかる。那一点説に画龍の点睛を欠くゆえんがまたここにあるのだ。

骨董の鑑賞とか、生花の趣味とか、ないし概念の生ける把握などいうものは、黒田氏の説くごとく、それに対する人々の生活圏に入って来るとき、そのものの存在価値を了得し、自分もそれと一つになって、それを自由に働かすことができよう。しかしこんな個々の対象経験は禅経験と本質的にその趣を異にする。それで対象経験に役立つ心理学的仮説を禅の上に応用することができぬ。禅経験は「生活圏」外である、その根源を作るものである。それゆえ、禅と「生活圏」との交渉は内的とでもいうべきである。一方に生活圏をおき、それに対して、また一方に何かをおいて、そしてこの二者の間に関係を打ち建てるものではないのである。禅経験は対象のない、したがって主観のない経験である。そんな経験があるものかといえば、そうもいわれる。しかし経験というは言をもって言を遣《や》るので、第二義に落ちたことなのである。圜悟が「見《レバ》レ道《ヲ》即《チ》忘《ル》レ言《ヲ》」というのも、あるいは「情塵・意想・計較・得失・是非・一時浄尽」というも、澄観が「道本《モト》無レ言」というのもみなこの端的をさすのである。この経験があってから、すなわち「自然《ニ》会《シ》去《ル》」ことがあってから、「因《テ》レ言《ニ》顕《ス》レ道《ヲ》」ということがあり、「言語《ハ》是《レ》載《スル》レ道《ヲ》之器」ということがある。つまり、「言」はあとからの話で、その前に「道」すなわち禅経験をつかまなくてはならぬ。「道」というも、早くすでに第二義に堕在する、「還《シ》二我《ニ》第一機《ヲ》一来《レ》」というその第一機も、そういうときすでに白雲万里、もうそこにはないのである。公案という対象観念が生活圏内に入り来たって、「仏」は「麻三斤」となる。ここに那一点が出来るなどと、そんなまどろこしい話ではないのだ。洞山の「麻三斤」は禅経験の丸出しである。これは仏だの、西来意だの、公案だの、合致だのいう那一点出生以前のものだ。これは個々の対象経験に先行する経験だ。心理学者もこの先行経験を心において、そうして那一点をいわぬといけない。そうすると禅経験の場合には、那一点説のあてはまらぬことが会得せられる。

心理学者、あるいはいわん、そんな経験なら、それは心理学研究の対象ではない、いやしくも何かの意味で経験といわれるなら、どうしても那一点説が応用せられねばならぬと。しかしほんとうの科学者なら、自分のきめた研究範囲の中へ、入らぬものを無理に入れようとはせぬはずだ。

3　洞山の「麻三斤」

黒田氏は「麻三斤」を仏とか西来意とかいう「最高理念」に関係させて解しようとしているごとく見える。しかもそのいうところの那一点を「麻三斤」のどこにどう見ようとするかに至っては、はなはだ物足りない言い方をしている。いわく、「仏という最高理念を、麻三斤の那一点に見る刹那こそ、全く言を忘れる第一機でなければならぬ」と。(六九ページ)「麻三斤」の那一点で仏の理念を見て言を忘れるといっては、やはり「言句の末を追」うているのである。「学者労スルコトレ形ヲ如シニ猿ノ捉ルガレ影ヲ」——これはそのまま黒田氏の頭上に落ちる。何となれば氏のこの「那一点」には「金烏急ニ、玉兎速カ」なることが不可能であるからである。この所説はまだ静態的観点を脱しきらぬ。

圜悟は麻三斤の則を評唱する中に、「這箇の話と雲門の餬餅《こびょう》の話とこれ一般なり」といっている、この餬餅の話は同じく『碧巌録』にのせてある。すなわち第七十七則に、雲門が僧の「いかなるかこれ超仏越祖《おつそ》の談」と問うたのに対しての答えである。この「餬餅」——ぼたもちでも、まんじゅうでも何でもよいが、この「餬餅」も、誤解されやすい言句である。それはこの言句をたよりにして、雲門の経験を見ようとするからである。「仏の最高理念」とか、「麻三斤の那一点」とかいうものを持って来ぬと、話ができぬからである。「禅宗の公案に対する古尊宿の解答がその人により、その時によりて相違するのは、彼がその時の場面に即して捉えた甲所《かんどころ》の相違に、帰着せしむべきものであると解釈したい」と（六七ページ。少し省略・変更）、黒田氏はこういっている。古尊宿の「捉えたかんどころ」なるものがあったとすれば、それはその人により、その時によって相違するものではないのである。東西古今の千聖ことごとく同一所を押えている、同一所を押えているから、千変万化の解答が出てくる、転轆轆地なのである。餬餅でも麻三斤でも、挙体全真である。雲門も洞山も同じ道を手をとって行くのである。「他の追随を許さぬ独自の急所即ち甲所を捉えている」という、その急所、そのかんどころなるものは、餬餅の雲門、麻三斤の洞山、その人の経験には何もないのである。それは文字の上で模索しようとする学者の心理の上にのみあるのである。鐘を叩けば鳴るという、その鳴るところに鐘の那一点をとらえようとしては、もうおそい、鐘はそこにない。鐘はそのまだ鳴らぬ先に聞かねばならぬ。餬餅は雲門の答えの出ぬ前、麻三斤は洞山の口を動かさぬ前にとらえなくてはならぬ。答えは問わぬ先にある。

「那一点」というときには、洞山も雲門も、もうそこにはいない。「門外漢」はどうしても文字言句を逐う、それはやむをえぬ。文字言句の出てこぬ先を経験せぬからである、ここに徹した不見の見がなくてはならない。これは、黒田氏のいわゆる「摑み取ることの出来る対象の核即ち那一点」ではないのである。「纔《わず》かに計較を作して一糸毫の道理あれば、即ち人を礙塞殺して、更に入作の分なし」という圜悟の口癖を、深く考うべきであろう。

　こんなあんばいに説き立てると、禅経験なんていうものは、箸にも棒にもかからぬもの、心理学研究の対象とならぬものではないか。そんなものは初めから問題にならぬ。が、すでに禅録なるものがあったり、禅匠という先生たちもいるとすれば、その上修禅の人々も何やら悟った悟らぬといっているとすれば、これを心理学者がとり上げてもよいではないかと。こんなことを抗議する人もあろう。もっともなことである。が、私があえて反駁しようという点は、そこにはないのである。学者の研究もとより可なりだが、この研究にもっと深味をもってほしいというのだ。深味とは、心理学なら心理学で、その研究の対象となる前の事実、または経験というべきものを見ておかなくてはならぬ、という意味である。それがないと学的研究も幽霊の影を踏むようなものになると、自分は考えるが、どんなものであろうか。またいわく、「それは科学研究の対象にならぬ。科学はそんなものに関係せぬ」と。それでもよい。それなら初めから学的研究などいうものを、「仏の最高理念」の上に加えぬがよいのではなかろうか。

4　禅経験

洞山の麻三斤、雲門の餬餅——これは畢竟那辺の道理を明らめんとするものか。もっと何か積極的に、人々にもわかるように説けぬものか。こんな問いはいつも世間で聞くところである。それから学禅者のほうも、これに答えんとして、いろいろの文字葛藤ないし一棒一喝、あらゆる手段を案出した。が、どうも「わかるものにはわかる、わからぬものにはわからぬ」というより外ないので困るのだ。そうすると、「そりゃ、またそんな逃げ方をする」と、嘲笑、冷笑、苦笑などいろいろなふうでしかられる。しかし、やむをえぬ。たとえば麻三斤で圜悟のいっていることをよく読むとよい。彼は何もかも露堂堂的に言いのけている。もう少し詳しくいうと次のごとくである。

圜悟は「麻三斤」と洞山のいったのに対して、「灼然」と下語している。また「破草鞋」ともいっている。灼然と破草鞋とは、まったく関係のない言葉のように見える。しかし洞山の体験そのものに帰って見ると、いかにも灼然として、一点の疑団の挟むべきところもない、いかにも明瞭瞭として万人ともに見得《う》べきものである。それが、しかし、われわれの誰でもが時時刻刻に経験するところのものであって、別に珍しいとも希有だとも、無価の宝だとも思われぬところのものだとすると、「麻三斤」もまた何らの「破草鞋《やれわらじ》」ぞ、ではなかろうか。もう一つの立場からすると、「破草鞋」で、いかにも日用底であるところから、「淡《トシテ》而無《シ》レ味」ではないか。時たまのご馳走なら、大いに珍しいので、うまい味も嚙みしめられようが、ただそれ毎日のご飯では味も何もない。それでかえって「咬嚼し難し」といえる、「你が口を下すところなし」ということになる。圜悟さらにいう、「只這《コノ》麻三斤、一《ヘニ》似《ゴトクニ》二長安《ノ》大路《ノ》一条《ナルガ》一相似《タリ》。挙《コ》足《ソク》下《ア》足《ソク》無《シ》レ有《ル》レ不《ズトイフコト》レ是《ナラ》」と。すなわちわれらの寝てもさめても離れられぬ大道、これが「麻三斤」なのである。あるいは「麻三斤」を裏づけているわれわれの日夜の経験だといってよい。それで五祖法演も「千百年滞《ノ》貨」だという。父母未生以前、天地開闢以前の破れ草鞋なのである。しかも「無《シ》レ処レ著《ルニ》二渾身《ヲ》一」で、それをどう取り出して人に見せようもない、「那一点」はここだといって指のさしようもないのだ。ましてこれを、公案だの理念だのという対象の一角にひっかけて見んとするような、そんなまどろこしいことではない。

「生活圏」というものがまだ出来ぬ先の話をしようというのが修禅の目のつけどころなのだから、もちろん、心構えや見方の問題ではないともいえる。しかしこの心構えというものをどんなふうに解するかによって、いわゆる「公案の解答」も心構えだともいえる。それから「那一点」も心構えであり、見方であるともいえる。しかし、禅経験なるものは、すべてそんな足場や手がかりを捨てたところに出来る、すなわちすべての足場、手がかりの依って出来上るところのものなのである。麻三斤に対する雪竇の頌に「善応何曾《ゾ》有《テ》二軽触《ランキョウソク》一」とあり、その著語として圜悟はまた「如《ク》二鐘《ノ》在《ルガ》レ扣《ニ》、如《シ》二谷《ノ》受《クルガ》レ響《ヲ》」という。何か「那一点」などの手がかりがあって、それにひっかかれば、こんな偈頌の文句も著語も出るはずはないのだ。「金烏急に玉兎速やかなり」で、ぐずぐずしてはいない、どこにも膠着状態がない。「麻三斤」の出るところを掴《つか》むのである、掴むことのできぬものを掴むのである。そこから麻三斤も、餬餅も、花簇簇《ぞくぞく》も、南地の竹・北地の木も、無礙に無尽に出てくるのである。雪竇に「静而善応頌」があるとのことで、圜悟はそれをここに引用している。(「静かにして」などというと、また何か静かなものがあって、それが対境に向かうものと解しやすい。そしてそれに善応性があるのだというふうに取られる。そこがけんのんなので、誤解の起こるもとである。用心すべきである。)雪竇の頌は明らかにそんな誤解の出来るのを防いでいる。いわく、

「覿面《ニ》相呈《ス》。不レ在《ラ》二多端《ニ》一。龍蛇《ハ》易《ク》レ弁《ジ》。衲子《ノッスハ》難《シ》レ瞞《ジ》。金鎚影動《キ》。宝剣光寒《シ》。直下来也。急《ニ》著《テ》レ眼《ヲ》看《ヨ》。」

「善応《ぜんのう》」の様子がよく記述せられている。「覿面《てきめん》に相呈す」といい、「直下《じきげ》来也《らいや》」というところ、「麻三斤」の洞山の面目を描写して余蘊なしである。それゆえ、「急に眼《め》を著けて看よ」である。

これは禅が文字や概念の建立から入るべきでなくして、経験そのものに、まず突入すべきをいうのである。それゆえ、「麻三斤」などを、何学でもよいが、学的研究の課題とするのは、どうしてもそれがこの禅経験の上に立っているものであることを忘れてはならぬ。これを忘れて文字言句の表面だけを見てうんぬんしようとすると、毫釐千里を隔てる。心理学者が「那一点」説を修禅者の経験の上にあてはめようとすると、どうも物足りなくてしようがないという感じを起こさせる。学者にいま一段の工夫をのぞみたい。

雲門餬餅の話も麻三斤に準じて了解できると思う。宗教学者のうちで、禅経験を汎神論的または神秘論的に解釈せんとするものがある。仏教研究者の中でもそんなのがある。圜悟がいうように、「死漢更《ニ》有《テ》二一般一道《フ》、只這《ノ》麻三斤便《チ》是《レ》仏《ト》、且得《シャクトクスラクハ》　没交渉」で、仏教の汎神論的説明ははなはだ妥当でない。「餬餅」も麻三斤的に解せられることもある。「主観と対象と直接に接近し、これと合致する」などいう心理学者も、汎神論者または神秘論者と同様の窠窟にいるものと考えてよい。禅経験はどうしてもこの窠窟から飛び出なくては可能でない。洞山は従来の人々のために、その膩脂《にし》の帽子を拈却し、鶻臭《こつ》の布衫を脱却せしめんといっているが、神秘論や汎神論または那一点説などの膩脂の帽子をかぶって、それで禅門をくぐりぬけようとしても、守衛はなかなかに許さぬ。

西田幾多郎氏の『ポイエシスとプラクシス』と題する論文の終りのほうに、次のごとき文句がある。

「……東洋的無心とは、自己がなくなるとか、非合理的とか云ふことではない。物を自己となすと云ふに反して、自己が物の自己となることである。自己が絶対者の物となることである。神人合一と云ふことは、人間が神となると云ふことでなく、人間が神の物となることである。自己はどこまでも自己である。唯それは絶対の事物となるのである。故に物となつて考へ、物となつて行ふと云ふ。……それは世界を内在的に把握する立場ではなくして、逆に世界をどこまでも超越的に把握する立場であるのである。自己が物となつて消される立場ではなくして、自己が物として働く立場、自己が包まれる立場であるのである。自己が絶対現在の瞬間的自己限定となる立場であるのである……。」

この一文いかにも明白に「麻三斤」や「餬餅」の出てくる禅者の経験を叙述している。「絶対現在の瞬間的自己限定」が、洞山の場合では「麻三斤」であり、雲門の場合では「餬餅」である。洞山や雲門という「人格」を外にして、その言語についてまわるとき、ある哲学者、ある心理学者の的はずれの解釈となる。「自己が絶対者の物となる」と西田氏はいうが、神秘論者や汎神論者などは、自己と物との間に絶対者をおかぬか、あるいは自己と絶対者だけにしてしまう。それで、働きの出どころがなくなったり、出ても限られたり、動きのとれないものになる。圜悟の評唱のもっともなところがわかる、「麻三斤ノ語ハ諸方只作ス二答仏ノ話会ヲ一」と。多くの禅批評家はまず「仏とは如何」との問いにとらえられ、それから「麻三斤」といった洞山の言葉にとらえられる。そしてその間に何か概念上の連絡、心理学上の交渉があるものと推断する。なるほど連絡も交渉もあるには相違なかろうが、それが何か一つの体験をくぐって来ぬといけないのだ。対象的・分別的・二元的論理では媒介不可能なものが、そこにある。媒介といっておくが、それが十全でないと、「只管於テ二仏上ニ一作ス二道理ヲ一」で、まさに「跛鼈盲亀入ル二空谷ニ一」に似たものがある。

学者は禅者を見て物足らぬ、逃げまわるというが、禅者は学者を見て、摑むべきところを摑まぬから、「言を承けて喪し、句に滞りて迷う」というのである。水掛論になるようだが、学者でもわかっているものはわかっている。禅者といっても、わからぬことをいうものもあるにはある。

5　ユング博士の禅観

さきにもちょっといったが、ユング博士の「無意識」論は、フロイト氏のと相違する。ユ氏のは普通にいう心理学の領域をほとんど逸脱するとも見られる。欧人の所説としては、すこぶる面白いところがある。ただ、欧人では「悟」経験に至ることは至難の企てであるというが、知性または理性にまったくとらえられている人々にとっては、どこの国民でも、「悟」を体得しあたわぬのである。「西田哲学」のごとき弁証法が解せられぬところでは、禅話は無益だともいいうる。しかし欧人でも、エクハルトがわかり、プロティヌスがわかり、ゲーテの『ファウスト』が正しく受け取られるときがあるにきまっているから、禅もいつかは彼らによって十分理解せられるであろう。博士のいうごとく、東洋には禅を理解すべき精神的素地・伝統・雰囲気があり、そうして、それがまたとくに東洋民族の心理・考え方・感じ方であるのだから、われわれにとっては、禅を正しく受け取ることが、大きな義務であるとも考えられるのである。

次の訳文は主として浜中英田教授の手になるものであるが、自分もそここと改竄《かいざん》したところもある。なるべく読みよいようにと心がけたのである。

鈴木大拙氏の禅に関する著述は、最近十年間において、現在の仏教を知るに役立った最良のものであり、また禅そのものがおそらくパーリ語聖典の集録を根底とした、かの大木から生じたもっとも意義あるものであろう。第一に、作者が禅をヨーロッパ人の理解に近づけた事実と、第二に、著者がこの課題を処理した方法態度とに対して、自分はまったく感謝の言葉を知らないほどである。東方の宗教観念は、われわれ西欧のそれとまったく相違しているので、単なる文字の翻訳だけでさえ、非常な困難に遭遇する。時にはむしろ翻訳しないほうが、よりよくその意義を汲み取りえられると思う文字さえもある。たとえば、ヨーロッパ語の翻訳では、いまだ完全にその意を現わしがたい漢語の tao（道）を想起してほしい。原始仏教の経典にも、普通のヨーロッパ人の理解力にはまったく消化しえないといってもよいほどの見解や概念が含まれている。原始仏教の「カルマ」（業）という言葉をぴったりと解釈し、また考ええられるまでには、いかなる精神的な（あるいは風土的な）前提または条件が必要であるかわからないのである。われわれが禅の本質について知るところによれば、ここにもまた征服しがたい異様性をもった中心観念が問題となっている。この特殊な観念は「悟」という言葉で表わされ、「開悟《エルロイヒツング》」と訳される。「『悟』は、禅の存在理由で、これなしでは禅はない」と鈴木氏は言っている。神秘主義《ミスチシスムス》の開悟の解釈、あるいは宗教語においてそういうふうに呼ばれているものなどを理解することは、西欧人の悟性にとってさまで難事ではないであろう。しかし、「悟」はヨーロッパ人が同感しがたい開悟の一種類であり、一方法である。

一例をあげれば、次の事がある。あるとき一人の僧が玄沙の所へ来て、真理への道の入口はどこにあるか知りたいと請うた。玄沙は「そなたは谷川の私語《ささやき》を聞くか」と問うた。「はい、聞きます」と僧は答えた。師は彼に教えていわく、「そこに入口があるのだ」と。

「悟」の体験の測りがたさがここにもはっきりと現われているが、このわずかな例でとどめておこう。たとい多くの例を山積させたところで、いかにして開悟に達するか、またかかる開悟とは何から成り立つものか、すなわち何によって、あるいは何について開悟されるのか——それは依然としてすこぶる模索不著である。この開悟について、曹洞宗大学教授忽滑谷《ぬかりや》快天氏はこう述べている。「自我の誤解より脱したならば、われわれは、われわれの最も内なる純粋な神的な智慧を覚醒させるに違いない。この智慧を禅師は仏心あるいは菩提（開悟を体得する智慧）あるいは般若（最高智慧）と呼ぶ。これは神性の光明であり、内面的天界であり、あらゆる心の秘宝を開く鍵であり、思考と意識の中心であり、感化力と威力の源泉であり、仁と正義と同情とあらゆる事物の尺度となるものである。この内なる智慧が全的にめざめるとき、われわれはいずれも、精神において、本質において、本然性において、宇宙的生命、すなわち仏陀と等しくなること——仏陀に直面して生き、聖者（仏陀）からあふれ出る恩寵を受けること——聖者がわれわれの道徳的な力を覚醒させること——ができる。彼（仏陀）はまた、われわれの眼を開き、われわれの新しい能力を発展させ、われわれにそれぞれの使命を与え、そして人生は生老病死の海でなく、またもとより涙の谷でもなく、むしろ仏陀の神聖な殿堂、すなわちわれわれが涅槃《ニルヴァーナ》の法悦を味わうことのできる浄土（安養の国土）であることを理解しうるまでに至らしめるのである。かくてわれわれの精神はまったく変化してしまう。すなわちわれわれは愛憎のために乱されず、羨望と野心とによって傷つけられず、憂苦によってそこなわれず、悲哀と絶望とに屈することがなくなるのである。云云。」

東洋人にして、しかも禅の識者たる彼は、開悟の本質についてこう言っている。正直にいえば、この引文に少し変更を加えれば、いつでもキリスト教的神秘主義の祈禱書への入口を見いだしうるであろう。しかしこの浩瀚な教義論で描かれた悟《さとり》の体験を理解することとなると、この引文だけでは、われわれには何ら得るところがないのである。忽滑谷氏は、自らかなりに摂取したところの西洋的理知主義を対機として、かく語っているのであるが、すべてはそのためにすこぶる平板となって、お説教式に響くのである。

こんな文様を入れた（ad usum delphini）修飾文よりは、われわれはむしろ禅的逸話《アネクドーテ》の難解で模索不著ではあるが、そのほうを択ぶのである。その語るところは少ないが、含まれている意味は深くて長い。

禅はけっして西洋における哲学ではないのである。（禅は心理学でも哲学でもないのである。）ルドルフ・オットー氏も、大峡氏の禅に関する本（大峡秀瑛著『日本における活ける仏教——禅』）の序文において次のごとく述べている。忽滑谷氏は、「東洋の魔術的な理念の世界を、われわれ西洋の哲学の範疇の中へ入れて」考え、そしてそれを取り違えていると。またいわく、「忽滑谷氏は不二と一元と矛盾の合致（coincidentia oppositorum）というこの神秘的直観を説明するために、あらゆる理論の中でも、もっとも鈍き理論たる精神物理学的対比の助けを借りようとしているが、それは確かに公案と喝と悟の分野を離れ去ることにほかならぬ」と。（大峡著『禅論』オットー序文、八ページ）それよりは、前に予め一度禅の逸話の異様な暗さを深く心に印し、悟は禅師が言うように言語に現わしがたい神秘であるということを繰り返し留意しておくほうが遥かによい。禅話《アネクドーテ》と神秘的悟道との間には、われわれの感情にとって一つの深淵が口を開いていて、この深淵を越え渡る可能性は、せいぜいのところ暗示されているにすぎぬ、けっして実践には移されえないのであるが、ここでは現実の神秘に触れる感をもつもので、けっして空想的なあるいは単に見せかけの神秘ではない。すなわち、何でもを神秘化する神秘小売商でなく、言語に絶した一つの体験が、問題となっている。「悟」は思いがけぬもの、予期できぬものとして来る。

キリスト教の中にあって、長い準備の後に、聖なる三位一体なり、聖母なり、十字架につけられたものなり、守護聖徒なりが、幻覚の中に現われたとき、これは多少とも秩序が立っているように思われる。ヤーコブ・ベーメが、錫皿に反射した太陽の光線によって、「自然の中枢」を観ることができたことも、まだよい。これにくらべれば、マイスター・エクハルトの「小さい裸の男の子」の幻覚などは、一層消化しがたい。さらにスウェーデンボルグの「赤いマントを着た男」が、彼に多食の習慣を戒めようとしたが、しかも、いや、あるいはそれゆえに、彼はそれを主なる神だと認めたなどいうことは、さらに難解である。このようなことは、ほとんどグロテスクに堕しかかっているので、容易には理解しがたい。「悟」の体験の多くは、グロテスクに堕しかかっているばかりでなく、まさにグロテスクの中にあって、はなはだしいナンセンスのごとく聞こえる。

しかしかなり長い間理解と愛とに満ちた態度で、極東の精神の譬喩に専念していれば、あまりにナイーヴな西洋人を次から次へと当惑させる、かの驚くべきことの多くは消滅してゆく。禅は、おそらく仏教の厖大な思想世界を受け、進んで豊富となった中国精神のもっとも驚くべき花の一つであろう。であるから、たといわずかな程度であっても、ある種の西洋の先入観念を棄てて、仏教教理と和解した人ならば、個人的な悟体験の奇異な外被の下に深きもののあることを予感し、不安な感を与える難関を覚破しうるであろう。この難関は、哲学的・宗教的西洋人がこれまで度外視しうると信じていたものである。西洋では、哲学者であったら、生命と無関係な悟性との関係のみに没頭した。キリスト者であったら、けっして異教とは関係しないということであった、すなわち「主よ、余はかかるものであらぬことを感謝する」というのである。かような西洋的空気圏内には悟はない、それは東洋的要件である。しかし、はたしてそうであろうか。事実「悟」は、われわれ西洋人にはないものであろうか。

禅の典籍を注意してよく読むと、次のような印象を受ける。一見はなはだ奇異をきわめているが、「悟」には一つの自然な事件が取り扱われている。そればかりでなく、樹を見て森を見ぬというような単純な事が取り扱われているので、それを説明しようとすれば、かえって人を混乱に陥らせてしまうのである。忽滑谷氏が、禅の――とくに開悟の――内容を説明したり、分析したりしようとするのは、むだな試みであると言っているのは、もっともである。それでも、この著者は、開悟について、それは自我《ゼルプスト》の本性への洞見を蔵しているものであり、また自我に対する錯覚的解釈から意識を解放することであるといって、あえてこれを主張しようとしている。自我《じが》の本性に関する錯覚は、「自分《イヒ》」と「自我《ゼルプスト》」との通俗な取り違えである。忽滑谷氏は「自我《ゼルプスト》」を全仏すなわち生命の意識全体と解している。彼は盤山禅師の語を引用して、「心月はその光の中に全宇宙をつつむ」と言っている。そしてさらに付言して、「それは宇宙的生命であり、宇宙的精神《スピリット》であり、同時にまた、個人的生命であり、個人的精神である」という。

「自我《ゼルプスト》」をどういうふうに定義するにせよ、それは「自分《イヒ》」とは違ったものである。「自分《イヒ》」のより高い洞察が「自我《ゼルプスト》」に移ってゆくかぎり、「自我《ゼルプスト》」は「自分《イヒ》」の経験を内包し、それゆえにそれを越えて行く、より大なるものである。「自分《イヒ》」が、自分自身のある経験であると同じく、「自我《ゼルプスト》」は「自分《イヒ》」の経験ではあるが、より拡げられた、あるいはより高い「自分《イヒ》」の形式としては体験されず、一の「非自我《ニヒト・ゼルプスト》」の形式において体験せられる。

こうした考えは、『独逸神学《ドイッチエ・テオロギイ》』の著者にもまた周知のことである。「もしいずれかの被造物において、この完全さが意識されたとしたならば、そのときには、その被造物性、被造的特質、何物かという《エトヴァスハイト》性格、自我性というものが失われ、消滅していなければならぬ。」「私が善を勝手に自分のものとするのは、それは私のものであるとか、私は善であるとか考える妄想から来るのである。これは常に不完全と愚かさの特徴である。もしも真理が私に意識されたとしたならば、私はまた、私が真理でなく、真理は私のものでなく、私から出たものでないことを悟るであろう。」「そしてそのとき、その人は言う、私は何という憐れな馬鹿だろう。私はそんな妄想をしていた。今やそれはまことに神であり、神であったのだ」と。

しかしこれによって「開悟の内容」に関してすでに重要なことが言われている。「悟」の過程は、「自分《イヒ》」に制限された意識が、「非自分《ニヒト・イヒ》」の「自我《ゼルブスト》」型に突入することと解かれ、またそう言い表わされている。この解釈は、禅の本質に一致するが、しかしまた、エクハルトの神秘主義にも一致する。「心の貧しきものの福《さいわい》」に関する彼の説教において、エクハルトは言う、「余が神から歩み出たときには、すべての物は語った、『唯一の神あり』と。しかるに、それは余を至福にはしなかった。何となれば、そのとき余は自分を被造物と解したからである。しかし、余が神から飛び出たときには、余は神の意志のままの真只中《まっただなか》に立った。この、神の意志ということをも離れた。あらゆる彼の業《わざ》ということをも離れた。神そのものをも離れた。そのとき余は被造物性を超越した。なぜならば余は神でもなくまた被造物でもなくなったからである。余はかつてあったところのものであり、またこれから永久に変わらぬところのものである。そのとき、余は一つの衝動を感じた、そして余はあらゆる天使の上に昇った。この一つの衝動のうちで、余は言い知れぬ豊富さを覚えた、すなわち、神は神であるということによっても、神は神のあらゆる神々しき業《わざ》であるということによっても、神は余を満足するものでなくなった。何となれば余は、この飛び出し、突破《ドゥルヒブルッフ》によって、神と余とは同一性だと感じたからである。そのとき、余は自らかつてあったところのものであり、不増不減底である。余はそのとき、あらゆる物を動かして、しかも自らは不動のものである。ここでは神は、もはや人間のうちに何らの在り場を見いださぬのである。何となれば、人間はこのとき貧しさの極みに到達したので、彼が永遠にあったところのもの、また永遠にあるであろうところのものを、今やまた獲得したからである。」

エクハルトは、ここで、一つの悟の体験を得たのである、すなわち彼は「自我《ゼルブスト》」を通じて、「自分《イヒ》」の解消によって仏性または神性的普遍性というものを得た経験を描いているものと思われる。私はこれをもって——科学的の諦めから——形而上学的に何らかの提言をあえてすることをせずに、これは経験することのできる意識の変化と解して、まず「悟」を心理学的問題として取り扱う。しかし、この立場を共にせず、また理解してくれない人には、「説明」なるものは、何らはっきりした意義を生じない文字にのみすぎないであろう。それから必ずしも、これらの抽象から、事実報告への橋を架けることができるとはいえない。すなわち開花した月桂樹の芳香だとか、野鴨の飛ぶのを見て、鼻を捻じられたというような話が、どうしてそんなに重要な意識の変化を生ぜしめることができるものであるかを理解しえない。すべてこれらの禅話をもって、興味ある童話の領域に入れてしまうか、事実は事実として認めるにしても、それは少なくとも自己欺瞞だとして片づけてしまうかすれば、むろん一番簡単であろうが。（このために、よく「自己暗示」という文字を使うが、これは精神的不充実の武器庫からの悲しむべき売れ残りである。）この異常な現象をまじめに、責任をもって研究する者は、この現象の真実性を不注意に看過しえないのである。むろん、いうまでもなく、われわれは、誰かが「現実に」開悟したのか、あるいは救われたか、それとも単にそう想像しているにすぎないのか、それを決定的にきめることはできない。それには何ら標準となるべきものをわれわれは持ち合わせない。その上に、想像した苦痛のほうが、いわゆる現実の苦痛よりも一層ひどいことがあるということは、十分知られている。それに加うるに、秘密な自責のかすかな予感から、なお微妙な道徳的な悩みが加わるものである。であるから、こういう意味において、「真実性」を問題とせず、心の現実すなわちさとりと称せられる過程の心的事象を問題とするのである。

あらゆる心的事象は、一つの形象であり、一つの構想《アインビルドウング》である。そうでないと、意識も過程の現象性もけっして存在しえないであろう。構想も一つの心的過程で、それゆえに、一つの開悟が「現実的」といわれるか、それとも「構想的」といわれるかと、尋ねることはまったく無礼なことである。開悟を得ている人、あるいは得ていると称している人は、どんな場合にしろ、開悟されたと思っている。他の人がそれをどう考えているかは、彼にとって、彼の体験を何ら左右するものではない。よし虚偽《うそ》をいっているとしても、彼の虚偽は一つの心的事実であろう。それのみでなく、あらゆる宗教的報告が意識的な虚構であり偽造にほかならぬとしても、かかる虚偽の事実に関して、妄想観念の精神病学に現われたと同じ科学性をもって、何と、きわめて興味ある心理学上の論文が書かれたことであろう。一つの宗教的運動があって、それに対して、何世紀もの間、多くの賢明な人たちが、心力を費したという事実は、少なくとも、そういう過程を、科学的理解の範囲に入れようとする、まじめな試みをあえてするに足るのである。

私は前に、われわれヨーロッパ人には悟のようなものがあろうかという問いを提起した。もしわれわれがわれわれ西洋の神秘家の言葉を別とすれば、表面的に眺めたところでは、もちろん、少しでもそれと比較しうるようなものはない。われわれの思想においては、意識発展の段階があるという可能性は、ほとんど顧みられないのである。客観的対象の存在の意識と、客観的対象の「意識の意識」ということとの間には、大変な心理学的な相違があるという、単なる考えすら、すでにほとんど弁明のできない詭弁に類するものとなっている。したがってこういう設問の心理学的条件について説明するほどにまで、この問題をまじめに考える決心は、ヨーロッパ人の間にはなかなかつきにくいであろう。こういう設問や、これに類似の設問が、通例知的要求から生じないで、ほとんど常に根本的に、宗教的実修から生じているということには、意義があるのである。

あるきまった、不完全と感じられる意識状態の束縛から脱せんとする——こうした企てに対して原動力を与えたものは、インドでは瑜伽《ヨーガ》であり、中国では仏教であった。西洋の神秘主義に関していえば、その原典には、いずれもいかにして人間がその意識の我性《イヒハフチヒカイト》から脱却することができるか、また脱却しなければならぬか、そして彼の本質の認識によって、それ以上にいで、内在的（神的）な人間に到達することを目的としなければならぬかということについて、多くの指導がよせられている。ルイスブルックは、そのために、インド哲学と同様な譬喩を用いている、すなわち、根を上に持ち、梢を下に持った樹のたとえを引いている。「そして彼は、神性に根ざしているがゆえに、上から下へ向けて生長する信仰の樹を攀じ登らねばならぬ」と言っている。またルイスブルックは瑜伽と同じようなことを言っている。「人間はあらゆる彼に付随する関係を絶ち、あらゆる被造物を捨て、それから自由になり、形象を無にせねばならぬ」とも言う。また「人間は、苦楽、利害、盛衰、他に対する憂慮、満足と恐怖——そんなことに動かされず、また、いかなる被造物にも執着してはならない」と言っている。これによって、存在の統一ができるのである、そしてそれは「内に向かっている」ということを意味する。「内に向かっている」とは、「人間が、内へ、すなわち自分の心の中に向かっていて、それによって神の内面的活動と内面的言葉を理解し感得するを得ることである」というのである。かくのごとき宗教的修行によって生じた、新しい意識状態の特徴は、外的事物が「自分《イヒ》」という意識の上に、もはや相互の拘束を生ずるような、何らの働きかけもせぬということである。空《くう》になった意識が他の働きかけに対して自由に開いているということである。この「他」の働きかけはもはや自己自体の活動とは感じられず、客観的対象の意識をもつ「非我《ニヒト・イヒ》」の働きと感じられる。すなわちそれは、あたかも、「我《イヒ》」の主観性が移行したか、あるいは「我《イヒ》」の代りとなった他の主観によって引き継がれたかのごとくである。パウロによって言い表わされた、あの周知の宗教的体験が問題となってくるが（Gal. 2. 20）（ガラテヤ書、二章、二十節）、そこには疑いもなく、一つの深刻な宗教的変化過程をとおして、以前の意識状態とはまったく隔絶した、一個の新しい意識状態が描かれているのである。

これに対して、次のように抗議する人があるであろう、いわく、「意識」そのものは変化していない、ただ「ある物に対する意識」が変わったので、いわば一冊の本の中でページをめくり、同じ目ではあるが、今は違った絵を見ているのと同じである。しかし、私は、この見解は勝手な解釈にほかならぬのではないかと思う。何となればこの見解は事実を無視しているからである。事実はこうである。原典には、他の形象なり、対象が描かれているばかりでなく、むしろ、しばしば激しい痙攣のもとに現われて来る変化の体験が描かれているのである。一つの形象が消えて他の形象がこれに代ることは、きわめて日常的な出来事で、けっして変化の体験の特性にふさわしいものでない。「違ったある物が見られる」ということが問題になるのではなく、「違って見る」ということが問題になるのだ。ちょうど、空間的に見るという行為が、何か一つの新しい次元によって変えられたようなものである。禅匠が「何か流れのささやきが聞こえるか」と問うたとき、彼は明らかにそれによって普通のとまったく異なった「聞く」ことを考えているのである。意識は知覚のようなもので、知覚が条件や制限に服するように、意識もそうである。たとえば、人は、いろんな階段において、狭くも広くも、表面的にも、より深くも意識しうる。しかし、このような程度上の相違は、全体として個人性の発展、すなわち認識する主体の性質に依存するものであるから、これはまたしばしば本質上の相違となるのである。

知性《インテレクト》は、認識する主体が論理的に思考するかぎり、主体の性質については何らの興味をもたない。知性は、本質的に、意識内容の消化、あるいはその消化の方法ということに従事するものである。体験を強いたり、理性を克服したり、認識者の認識へと突破したりすることは、哲学的情熱がなくてはできぬ。しかし、こういう情熱は宗教的原動力とほとんど区別しがたいものである。そしてそれゆえに、この問題全体は知力をもってしては測りがたい宗教的変化過程の一部分なのである。おそらく広範囲における古代哲学は、この変化過程のためのものであるが、これは近代哲学の固守するところではない。ショーペンハウエルは条件付き古代的である。ニーチェの『ツァラトゥストラ』に至っては、それはもはや哲学ではない、知性《インテレクト》を完全に呑みほしてしまった一つの劇的な変化過程である。思惟がもはや問題でなく、最高の悟性において、思惟を思惟するものが問題である。それが彼の書物のどのページにおいても、問題となっている。新しい者、完全に変化した者が、登場すべきである。旧殻を破って、新しい天と新しい地とを発見したばかりでなく、それをまた創造したところの者が、登場すべきである。アンゲルス・シレシウスの表現は、『ツァラトゥストラ』にくらべれば、おそらくより謙遜であろう。

「わが身体は一つの殻である、そこから一羽の雛鳥が、
永遠の霊性によって孵化せられて出るのだ。」

キリスト教的領域においては、「悟」は宗教的変化の（訳者注、または「転依」の）体験に相当する。しかし、これには諸種の段階と種類とが存在するから、禅の体験にもっとよく一致する範疇を、もっと精密に記すことは、おそらくむだではないであろう。禅の体験は疑いもなく神秘主義者の体験であって、それに類似したものとし、その相違する点は、この体験の準備が「自己を捨てる」こと、「形象《ビルド》を滅絶する」こと、および、それに似たものによって成立するという点にある。「悟」は、イグナティウスの祈禱のごとき、聖なる形象による修練工夫および想像に基づく宗教的体験とはまったく反対なのである。信仰や祈禱による変化、およびキリスト新教の内部における共同体験による変化も、私はイグナティウス的体験の範疇に加えたいのである。ここでは、一つの非常に明確な仮定が、決定的な役割を演じていて、けっして「虚無」または「空寂」

ということが重要でないからである。後者の特色ある定言、「神は無なり」ということは、受難瞑想や信仰や共同予期などとは、原理において、とうてい一とはなりえないものであろう。

これによって、「悟」と西洋における体験との類似は、かの少数のキリスト教的神秘主義者に限られることになる。そうしてこれらの人々の所説は、そのパラドックスのゆえに異端の境地に触れているのである、否、それを越えているとすらいえる。この特質こそ、周知のごとく、エクハルトの著作が、教会《キルへ》の立場から有罪と宣告せられるに至った原因なのである。仏教がもしわれわれヨーロッパ人のいう意味での「教会《キルへ》」であったならば、禅のごときは仏教にとって我慢のできぬ重荷であったろう。その理由はむずかしくはない、修禅の方法が極端に個人的形態をもっていること、ならびに禅匠の多くは偶像破壊的立場をとることである。禅が一つの運動であるかぎり数世紀を経るにつれて、鈴木氏の禅僧教育に関する著書により窺われうるごとく、共同集団的形式は出来てはいるが、それらはみな形式と内容とにおいてあくまでも外形的なものにすぎない。生活方法の類型性は別として、精神的教育――あるいは精神的形成の方法は、看話という方法にあるように思われる。公案は師匠が弟子に課するパラドックス的設問・言葉、あるいは行為と見てよい。鈴木氏の説明によれば、主として禅話の形式による伝統的な名問題が公案となっているようである。これが師匠から弟子へ瞑想の目標として提出される。一つの古典的《クラシカル》な劇は、「無」字の公案である。「狗子に仏性ありや否や」と、あるとき、一人の僧がその師に問うた。それに対して師は答えた、「無」と。この「無」字の意味は、鈴木氏が注意しているごとく、まったく単純な「無」で、明らかに、狗子自身がこの問いに答えるべきものであったのである。

かような問いを瞑想の対象として提出することは、最初一見したところでは、最後の結果を予想したり予断したりすることのようにも感ぜられる、教師の提出した課題に対して内容的に決定せられたものをもっている。ゼスイット教の祈禱や、またはある瑜伽の瞑想のごとく、体験がすでに内容的に決定せられているようにも思われる。しかし公案は、多様性と、多義性と、何よりももはや打ち勝ちがたいパラドックスとをもっているので、たとい専門家であっても、何が相応した解答として考えられるべきかに関してまったく見当がつかないのである。のみならず、この終局の結果についての叙述に関しては、ただの一件も、公案と体験との間には異論のない、合理的な関係を認めることができないほどの暗黒性をもっているのである。理論的結果がどこにも指示されていないので、看話禅の方法は、心的事件の自由さに、どこでも、何らの束縛をも加えず、それゆえに、終局の結果は、学禅者の個人的素質《ディスポジチオン》から出たものにほかならないことが推量される。一般教育が努力して養おうとする合理的知性《インテレクト》を、完全に否定することは、われわれの意識をしてできるかぎり完全な、無仮定状態に押し進めることになる。それによって、むろん、意識的仮定はできるかぎり排除せられるが、しかし無意識的仮定――すなわち現に存在するが認識されていない心理学的素質《ディスポジチオン》は排除せられていない。これはすべて、けっして空ではなく無仮定ではない。これは自然から与えられた要素で、これが答えるとき、それこそ明らかに「悟」の体験である。それは自然《ナチユール》の答えであって、その反動を、意識の上に、無媒介的に伝えることに成功したものである。弟子の無意識的自然が、師匠や公案に対する答えとして提出するところのもの、それが明らかに「悟」である。この見解は、少なくとも、「悟」に関する記述と一致するもので、かなり肯綮《こうけい》に中《あた》った、「悟」の本質的見解であるように、私には思えるのである。この見解は、禅匠たちが、自性への洞見とか、根源的人格とか、本質の奥底とかいうものに対して、しばしば有する特別な関心を、事実上認めうるということによっても、また支持されるのである。

禅は、その「原理的無仮定」によって、あらゆる他の哲学的または宗教的瞑想の行と区別せられる。仏自身が、学禅者にとっては、彼の修行上、もっとも強い精神的仮定でありうるにかかわらず——否、おそらくは実にそのゆえに峻烈な排撃を受けている、それどころかほとんど冒瀆的と思われるほどの蔑視を受けることがしばしばある。しかし、仏もまた一つの形象である以上、否定せらるべきである。今現にあるもの以外には、何ものもあってはならぬのである。あるものとは、全然無意識的な精神的仮定をもった人間だけである、そしてこの仮定は、その無意識性のゆえに、人間が永劫にそれから離脱しえないところのものである。それゆえに、ちょっと見たところでは、空より生じて来たように思われる答えが、もっとも暗い闇から輝き出たように思われる光明が、不可思議な幸福を与える「悟」として、常に感じられるのである。

意識の世界は、不可避的に、制限と、道を阻む障壁とに満ちた世界である。それは常に意識の本質に相当する必然的一面性である。いかなる意識も、同時的表象のきわめて少数以上を宿すことはできない。その他のすべては陰に隠れて見ることができぬ。同時的内容を増すことは、直ちに意識の薄明《うすくらがり》を生ずる。否、それどころか、混乱を産み、ついには昏迷を生ずるに至る。意識そのものは少数のもの、したがって明確なものに、きびしく局限することを要求する。そればかりでなく、意識は実に、その本質上、そうならなくてはならぬのである。われわれが一般的通暁を得るのは、どうしてかというように、それはひたすらわれわれが注意によって形象《ビルド》の比較的急速な順列を生ぜしめる事情によるのである。しかし注意という努力はわれわれが絶えずなしうるものではない。それゆえに、われわれはいわば同時性表象と形象連続というものを最小限で済まさねばならぬ。その際には、常に、可能な表象の巨大な範囲が脱落して、同時に意識はまたもっとも狭い圏内に、常にいつまでも束縛されているのである。それゆえに、意識がいやしくも表象しうるもののすべてを同時に写像し、それを一瞥の下に包括しえたならば、どんなことが起こるだろうか、まったく考えられないであろう。人間が同時に考えうるわずかな明確なものからして、世界の建築を築き上げることができるとすれば、さらに進んで多くのものと明確なものとをあわせて、同時に、考えうるとするときには、そこに展開する世界はいかに神々しいものであろうか。この問いは、われわれに可能な表象の範囲内に向けられているものである。が、もう一歩を進めて、無意識な内容、すなわちいまだ意識に上らぬ内容――もはや意識しえない内容――これらをすべて加えてからの全展望を考えようと試みたならば、その結果はどんな大胆な想像力も及ぶところのものではない。この思考を絶した光景は、むろん、意識的形式においてはまったく不可能事であるが、無意識的形式においては一つの事実である。識域下のすべてが表象に対して常に可能性として存在するものであるかぎり、それは一つの事実である。無意識なものは、すべての識域下の心的要素の見渡しがたい全体であり、可能的自然《ナチユール》の「全景《トータルシヨウ》」である。それは心の総素質を作るものである。そうしてそのうちから、意識は、最小部分だけを拾い上げているのである。ところで意識が今、できるだけその内容を空虚にしえたとすると、その内容は少なくとも一時的に無意識の一つの状態に入ることであろう。この排除法は禅においては、通常、内容から意識の力《エネルギー》を取り去って、「空」の表象か、あるいは公案そのものへ引き入れられることによって、可能となるのである。後者は安定したものでなければならぬので、形象の連続はなくなり、それとともに、意識の活動を支持する力もなくなる。節約せられた力《エネルギー》の総額は、無意識に帰し、その自然的な蓄積を、一種の最大量にまで強める。それによって、無意識的内容が意識のうちに突入しようとする準備が増すのである。ところが、意識を空にすること、またこれを休止させることは、けっして単純なことではないのである、それであるから、無意識的内容を、結局、意識へ侵入せしめようとする最大量の緊張を起こすには、どうしても特別な修行と、不定の長期にわたる時間とを要するのである。

この突破する内容はけっして任意のXではない。精神病理学の精神病者における経験のように、意識内容と、現われ来たる妄想観念および精神錯乱との間には、独自な関係が存在する。それは、通常の人間の夢と覚醒意識との間に存在するのと同じ関係である。この関連は、本質的には、補足的関係である。すなわち無意識なるものの内容が、もっとも広範な意味において、意識的定位の補足のために、すなわちそれの全体のために、必要なすべてのものを、表面に運んで来る。この無意識によって提供せられた、否、無理に押しつけられた、部分を、意識的生活へ有意味に移植し組みこむことが成功すれば、そこに、個人的人格の全体によりよく一致し、それゆえに、無意識的人格と意識的人格との無用な争闘を中止せしめる、一つの心的存在形式が生じて来る。近代の精神的療法が、無意識なるものは、ただ劣悪な、道徳的に価値の少ない内容を宿しているものだという歴史的先入観念から脱出しえたということは、実にこの原理に基づいているのである。もちろん、たしかに劣等な片隅もそこにはある、また、きたない秘密のがらくた置場もあるにはあるが、それは無意識というよりは、むしろ隠された、半ば忘れられていたものというにすぎないのである。そうして、こんなものと無意識全体との関係は、まあ全人格とむし歯との関係に等しいといってもかまわない。無意識的なものは、あらゆる形而上学的提言、あらゆる神話、あらゆる哲学（ただ批判的だけではない哲学）――そんなものの母体である、また心理学的仮定にもとづく生命形式の母体である。

無意識なるものの侵入は、いずれも一定の意識状態に対する解答であり、しかもこの解答は、存在する表象可能の全体――すなわち上に説明したように、可能的心理的存在一般――中の同時性形象である総素質より生じたものである。個々への分裂、一面的なこと、断片的特徴をもつこと――これらは意識の本質に属するものである。素質からの反動は、常に、全体的特質を有している。それは、差別をつける意識によって分割されていない自然《ナチュール》に、一致するからである。それゆえに、その働きが圧倒的なのである。それは、思いもかけぬ、包括的な、そしてまったく明確な答えである。意識が絶望的な袋小路の中を走り回っているだけに、その働きはますます、開悟および黙示的なものとなる。

だから、禅にいそしむ人が、もっと烈しい修行をなし、合理的悟性に向かって、その力を尽くしてこれを荒廃せしめることに、多年を費して、しかる後はじめて、自然《ナチュール》それ自身が一つの――それは唯一で、そして正しい――答えを与えるものとすれば、「悟」について言われたすべてのことが、今や了然として解しえられるのである。この答えの「自然らしさ《ナチュールハフチヒカイト》」が、輝きでるゆえんは、これで容易に知られるのである。ある禅話で見られるように、悟を開いた弟子が、師匠からしたたかに打ちたたかれることを、学修の報酬として望んだということは、われわれが何か根本的に内面的な快感に似たものをもって、これを理解しうるのである。狗子《くし》に仏性の有無を問うたその答えとして、禅匠が「無」と言ったというが、そのうちには、いかばかり多くの智慧があることか、それと同時に必ずまた次のことを顧みねばならない。それは、一方において、機智と無意味との間の差異をわきまえぬ無数の人間があるとともに、他方において、自らの聡明を信ずるあまり、一生の間に出くわす人々を見て、それらをみな愚者だと思っている人間が、また非常に多いということを心得ておかねばならぬ。

宗教的変化過程の理解にとって、禅の価値は非常に多大であるが、それだけにおそらくは西洋人に対しての応用性は、またきわめて少ないであろう。禅に必要な精神的準備が、西洋には欠如している。われわれのうちに、優れた禅匠と、その不可思議な方法に対して、絶対的な信頼を払いうるものがあるであろうか。より偉大な人格に対するこの尊敬の念は、東洋においてのみ存在するのである。極度にパラドキシカルな変化体験の可能性を信じ、しかもそういう目的の多難な追求に、多くの歳月を犠牲にする程度にまで、信ずると高言するものがあろうか。最後に、体験せられた異端的変化の権威を引き受けることをあえてするものがあろうか。もしありとすれば、信ずるに足らざるもの、病的な理由から大言壮語するものであろう。まさにかような人にでも、われわれ西洋人の間に、追随者の不足を訴えなければならぬことはあるまい。しかしこの「師匠《マイスター》」なるものが、ただ口まねするだけのことでなく、それ以上を要求するがごとき困難な課題を、提出するとしたならば、それはわれわれ西欧人をして疑惑の底に陥らしめるであろう。何となれば、自我形成《ゼルプストウエルドウング》の峻坂は、西洋人にとっては、黄泉のように悲しく憂鬱なものに見えるからである。

悟の体験は西洋においても起こりうるものであることを、私は疑わない。われわれヨーロッパ人の間にも、最後の目的を覚知して、これに近づくために、いかなる努力をも惜しまないものはある。しかし、この人たちは、自ら経験したことを秘密にするであろう。気おくれするということばかりでなく、これを伝達するあらゆる試みが絶望であることを知っているからである。何となれば、われわれの文化のうちの何ものもこの努力を迎えないからである。宗教的財宝の管理者である教会さえも、これをあえてしないのである。それどころか、あらゆる根源経験《ウアエルフアールング》に対抗することが、教会の存在理由なのである。根源的経験などいうものを主張するものは、異端でなければならないということになっているのである。

われわれの文化の内部において、この努力に理解をもっている――否、もつべきである唯一の運動は、精神的治療法《プシコテラピー》である。それでこの序文を書いている者が、まさに精神的治療に従事している者であるということは、けっして偶然ではないのである。

精神的治療法は根本において医師と患者との弁証法的関係である。それは二つの心的全体《ガンツハイトアウアイン》の問答商量《アンデルゼツツング》であって、すべての知識は道具にすぎないのである。その目的とするところは、心的変化（すなわち転依《パラヴリツテイ》）であり、しかも前から予定できない、むしろ漠然たる変化で、その唯一の標準は、自己性《イヒハフチヒカイト》の滅却である。いかなる医師の努力も、この体験を強請することはできない。せいぜいのところ、患者に、決定的な体験に対してもっとも抵抗の少ない態度を得させるように、その道に慣らすことができるくらいである。われわれヨーロッパ人のやり方では、知識に少なからざる重要さを与えているが、これは禅における仏教の伝統的な精神的雰囲気のもつ意義に一致する。禅とその技術は、仏教の精神文化の土台の上においてはじめて立つことのできるもので、実にそれを前提としている。存在しないところの合理主義的理知が否定されるはずがない。知も文化もないところから出て、禅の深奥をきわめた人はない。それゆえに、われわれにあっても、自己性《イヒハフチヒカイト》または合理主義を揚棄することが考えられる前に、まず何よりもさきに、精神的治療法によって、意識的自己《イヒ》と意識的な文化的悟性とが、治療されねばならぬということが、まったく無用とはいえないのである。その上に、精神的治療法が相手にしているのは、けっして禅僧のように、真理のためにあらゆる犠牲を惜しまぬ人ではなく、往々にして、西洋人中のもっとも頑固な人なのである。したがって当然精神的治療法の任務は、禅におけるよりも、非常に複雑であり、長い過程の個々の様相は、はるかに矛盾に満ちているのである。

それゆえに、この理由および他の多くの理由からして、禅を直接にヨーロッパの事態に移すことは、推奨すべきことではなく、全体として不可能なことである。しかし精神的治療法の目的の問題に関して、真剣に努力を払っている治療者は、精神的「治療」、すなわち全体《ガンツマッフング》を作ることの東洋的方法が、いかなる究極の結果を求めようとして苦心しているのであるか、それを等閑視するわけにはゆかないのである。東洋においては、周知のように、この問題にはいとも大胆な人たちが、二千年以上も非常に専念しているので、この点に関する方法や哲学論が発達している。それに類似したあらゆる西洋の付加物のごときはまったくその陰に置かれてしまう。われわれの試みは、わずかな除外例はあるが、みな魔術的なものか、（すなわち神秘崇拝《ミステリエンタルト》――キリスト教もそのうちに数えるべきである、）あるいは知的なもの（すなわちピタゴラスからショーペンハウエルまでの哲学）かに膠著している。やっとゲーテの『ファウスト』とニーチェの『ツァラトゥストラ』の精神的悲劇が、（この中にウィリアム・ブレークも入るべきであろう、）われわれ西半球における全体体験の予感的に認められた侵入を高調しているのである。そしてわれわれは、今日ヨーロッパ精神のすべての所産のうちで、このもっとも未来を孕《はら》めるものが、究極において何を意味するかをさえ、まだ知らないのである。ギリシア的に前もって形づくられているわれわれの精神は、その素材と観照性において、著しくギリシア性を荷なっているのである。われわれは、その知性《インテレクト》を、かの非常な高所からごく小さい小鼠をさえ見つけだす猛鳥の能力、――それに近いほどの完全さにまで発達せしめた。が、われわれはこの世の困難にとらわれすぎている。もしわれわれの理性がその目ざすところの獲物に向けられないで、少なくとも、その隻眼を心の内面に転じさせて、「その求めるものそのものを見いだ」そうとすると、われわれの業因は、われわれを迷乱の形象で満たされた世界に巻き込んでしまうのである。否、そればかりか、理性は未知の恐怖と危険とに取りまかれ、出口のわからぬ迷路と虚偽の影像とに脅迫されて、悪霊でも生まれ落ちるかのような陣痛に悩むのである。もっとも果敢なる者に、もっとも不幸な運命が来るのである。すなわち、彼は今ぞ我世だと呼びなれた、その世の中に居ながら、底なき深淵に落ちて、四面に声なき孤独に襲われるのである。ゲーテは『ファウスト』をその主著と呼んだが、誰がかかる「主著」へのもっとも深き動機を知っているのか、また「ディオニソス体験」の戦慄を知っているのか。全体《ガンツハイト》を求める西洋的「救済の道」のもつ苦難と破局とに対して、東洋的対比を見いだすためには、私が前に提唱したごとく、バルド・テーデル（Bardo Thödol）、チベットの『死者の書』を逆に読まねばならぬ、ここで取り扱われているのは、全体であって、善き意図や、有用な模倣ではなく、また知的曲芸ではさらにないのである。これは、暗示なり、また大小の断片の中に置かれて、あまりに急ぎすぎた、あまりに近視眼的な教養から解放せられた精神的療法者の能くするところなのである。もし彼が、準生物学的信仰告白の奴隷であれば、彼は、いつでも、眺めたところのものを平凡な既知のものに還元し、そしてそれを錯覚で満足する人のみが満足する合理主義的分母で約することを試みるであろう。しかし、あらゆる錯覚の中でもっとも目立つのは、あるものがある人を満足さすということである。この錯覚は、あらゆる不満の後と、あらゆる進歩の前に存在して、これを超克することは最難事である。もし精神治療者が、彼の親切な行動を進めてゆくかたわら、少し自ら顧みて思考する暇があったとすれば、あるいはまた自己自身の錯覚を透視せずにはいられないという事情に際会したとすれば、彼は次のことに気づくに相違ない。すなわちすべて合理主義的帰納法なるものは、生成せんとする生きたものに遭遇するとき、それがいかにも空虚で浅薄なもので、否、それどころでなく、生命そのものに逆らっているものであるということに気づくに相違ない。が、これに反して精神治療者がその生きているものと共に動くということになれば、彼は直ちに「各人が、ともすれば、過ぎがてにする、その門が開ける」というのは、どんな意味を有するかを予想するであろう。

　こう言ったところで、私はここで何かを推奨し、あるいは勧説するものであるというふうには、けっしてとられたくはない。しかし西洋において、何か禅について物語られるときがあるとすれば、そのときは自分にはこんなことを言う義務があると思う。すなわち、この「悟」への長い長い道の入口は、われわれの間では、どこにあるのかを示し、またその道がいかばかり困難に満ちていて、この道を踏んだ者は――おそらく高山の上の火光信号として薄明の未来を照らすのであろうが――われわれ西洋の人間では、ただ、わずかの偉大な人のみであることを示すことは、私の義務であると思うのである。この高山のほんの麓のところで、「悟」または「三摩地《サマーディ》」に出会いうると考えることは、有害な誤謬であろう。全体体験《ガンツハイトエルレーブニス》としては、全《ガンツエ》なるものそのものよりほかに正当なものはありえないのである。こういうことの心理的意義は、意識はその時折のただ心的なるもの一般の一部にすぎぬ、それゆえ心的全とはけっしてなりえないものである、それにはなお無意識の不定な広さが相随しているのであるという、この簡単な考慮で、今いうことの心理的意義がはっきりするのである。しかし無意識は、適当な形式をもって捉えることもできず、学問的定理をもって束縛することもできない。それには運命的なものが付着しているからである。それどころか、『ファウスト』なり『ツァラトゥストラ』が、あまりにも明らかに示すように、それは時としては偉大な運命そのものである。全体への到達には、全なるものが賭けられることを要求する。そうして何人もこの要求を凌ぎえないのである。それゆえに、これ以上正当と見るべき条件・代償・妥協などはないのである。しかし、『ファウスト』なり『ツァラトゥストラ』は、最高の賞賛を受けているにもかかわらず、それはヨーロッパ的に理解しうるものの限界に達しただけのことである。それゆえ、心の暗黒世界について、やっと耳を傾け始めたばかりの教養しかもたぬ公衆に対して、私が全体になることの特徴であると呼んだ個性化過程――それの混沌のうちに入りこんだ一人の人間の精神状態について、何らか十分な概念を作りうるなどとの期待は、ほとんどなしえないのである。そんな場合には、病理学上の語彙が引き出されたり、神経症および精神病術語が満足げに語られたり、あるいは「創造的神秘」などということがささやかれたりする。しかし時たまでさえ詩人となりえない者が、何を創造しうるというのであろうか。こんな誤解のために、自分免許で芸術家となっているものが近代人には少なくない。まるで

「芸術《クンスト》」が「能為《ケンネン》」とまったく無関係であるかのように考えられている。たとい何事も「創造《ショッペン》」

しえないとしても、おそらく自己自身だけは造り出している。

禅は、東洋において、全体《ガンツウルエドユング》になることが、どんな意義をもつものであるかを示している。禅の謎を解くことに従事するということは、おそらく、小心なヨーロッパ人の背骨を強くし、あるいはその心の近視性に眼鏡をかけ、彼が隠れている「陰鬱な壁穴」から覗き出して、少なくとも、それまで霧のかかっていた心的経験の一世界への展望を楽しむことができるようにするであろう。悪い結果になることはけっしてあるまい。あまりに驚愕したものは、「自己暗示」という親切な観念をたよりにして、それ以上の破滅を免れうるであろう、また、あらゆる重大事に対して効果的に自らを防ぎうるであろう。しかし注意の深い、興味をもつ読者に対しては、東洋の精神性を低く評価したり、禅の背後に何らか安易なものがあるなどという想像をせぬように警告したい。西洋において熱心に育てられた東洋の思想財に対して、文字のままでこれを信ずることは、この場合、危険が少ない。禅には、幸いにもインドにおけるほど不可思議な不可解な言葉がないからである。また心理的に思考するヨーロッパ人に、結局その精神を摑みえ、吸い取りうるという、偽わりの希望をいだかせて欺くような、複雑なハタヨーガ的の技巧は、禅のあずかり知らぬところである。これに反して、禅は現実《ヴィルクリヒウエルデン》とならんとするすべての偉大なもののごとく、叡知と意力とを要求するのである。（原文には幾多の付注あるも省略。）

6　カイザリング伯の禅観

i　自我実現への最捷路（一九三八年刊行『完成への道』から引文）

仏教の諸派中、とくに禅が日本人および中国人の生活に対して有する偉大なる意義はそもそも何に由来するか。鈴木大拙氏の所説によれば次のようである。（『禅と日本文化』英文原著一〇二ページ）「禅は表面の観察に頓著することなく、直接に深く事物の根源に突き進むがゆえに、常にきわめて示唆的であり、かつ深く洞察的である」と。禅は最初インド人によってインドから中国に輸入された大乗仏教精神の、とくに中国的精神の復活を意味する。禅はまったく理論を事としない、一切の論議を排斥する。一面は実際的、倫理的であり、他面には美的なるものを最高度に追求する。しかも禅は、中国の文字がその好模範であるように、窮極的簡約を可能ならしめる総合的達観の精神を担っている。したがって中国は長い期間大乗の最深の真髄だけを摂取して、これを具体的生活において表現しえたのである。ここから次のような根本的な思考順序が生じた。わたしはこの思考順序を、意義を主として、少しく正鵠を得ぬところがあるかもしれぬが下のように要約する。仏陀の本質は悟りすなわち成正覚というところに存する。さて仏陀に悟りというものがあったとすれば、他の人々もまた悟りうべきはずである。そのように誰もかも悟りうるものとすれば、実際に悟りを開くということこそ、人生唯一の目標であろう。もしわれわれがこの窮極の目標に到達しうるとすれば、それは仏陀が経たと同一の直接的な道によって成就されねばならぬのである。しかし、仏陀がこの道によって悟りえたとすれば、仏の教えなるものは元来不要であるといってよい。否、仏陀自身もまた不要であるといってよい。

一九一二年、わたしは当時の日本随一の名僧、鎌倉の釈宗演師と面談したことがある。これはわたしが、実際に言葉とゼスチュアとによらないで、一人の人間と会談しえた最初の、そしてわたしの生涯における唯一の場合であった。当時禅がどの程度までわたしに影響したかは、わたしの著である『哲学者の旅日記』にしるされている。しかし永続的な印象ということになると、別にこれというべきものはなかった。わたしはその後四半世紀以上、全然禅を忘却していたような始末である。しかるに一九三七年ないし三八年の冬の危機が来た。友人は鈴木大拙著『禅論文集』三巻（London, 1927—34, Luzac & Co.）をわたしに貸し与えた。この書の印象は非常に大きかった。わたしはその後、満半年の期間、ほとんどもっぱら禅にのみ没頭しつつ過ごしたのである。すなわち、わたしの精神的発展の螺旋状的経路は、『旅日記』中のヒマラヤ山の章、および最後の章の思想の母胎となった心境に似て、さらに高い段階に立つ精神的状態に、再びわたしを近づけたのである。かくてわたしは、人類の一切の行蔵と伝統とのうち、禅のそれこそ、わたしの到達しようと努力しつつある理想にもっとも近いことを認識したのである。

わたしは、わたしの全努力を顧みて、これをわたしの禅の根本理念と解するものと対比並行させながら、下に叙述してみようと思う。

もし「意義《ジン》」（カイザリングの独特の用語）が人間の「最深の実なるもの《テイフスト・ヴィルクリッヘ》」であるとすれば、これはその完全な深さにおいて把握され、かつこの世の生活のうちに実現されねばならぬ。もしこの「意義」が把握され実現されるとすれば、この現実の過程は、ある一定の見解がはたして妥当であるか否かということと無関係でなければならぬ。もし、かくて、見解の当否が問題にならないとすれば、かりそめにも一定の観念に力点を置き、これに執著することは、窮極の目標への到達を妨害する。もし執著が目標への到達を妨害するとするならば、創始者に見られるような無礙不偏の態度を獲得することがもっとも大切である。創始者的無礙だけが精神を実現することを許すがゆえに、これこそ精神に適合する唯一の態度であるとすれば、行動の性質一般は問題ではなくなる。行動の性質が問題でないとすれば、自動的に活動を遂行する存在だけが万事を決定する。もし存在が自動的に活動を遂行するとすれば、この活動を妨害しうるような一切を放下することが肝要となる。もし一時的なもの、外的なものが、ことごとく内的人間から放下されれば、かくて生じた空隙の中には、かの「窮極的に実なるもの」が、無限にかつ不断に流れ入る道理である。「窮極的に実なるもの」が、このように無限にかつ不断に流入する時は、この荘厳なる瞬間にふさわしい現象の形式が、したがって「カイロス」[*]的な、完全な啓示が、必然の帰結となるのである。

＊カイロスとは、永遠が時間の中に突如はいってくる一現在の意味である。各人は永遠が自己の現在の中にはいって来るであろう瞬間を期待し、この瞬間を認識し、この瞬間の中に生きねばならぬ決定的使命を有する。

わたしの活動と禅僧のそれとの間にもまた——小異をすてて大同をとれば——これに劣らない相似が存在する。すなわち一切の理知的・道徳的上部構造を突き破ること、したがって既存の平衡を震撼することが、両者に共通な方法的根本要求である。この要求によって次の事実が生まれる。すなわち挑発、逆説、諷刺的誇張、および修行者あるいは読者をして自力的発明の労苦を省かしめるような、一切の説明的補助などを峻拒すること、——これが禅およびわたしの所見に共通するところの常習手段となるのである。両者とも、剣士に見られるがごとき、間髪を容れない底のもっとも迅速な反応を尊重する。両者とも、一切の教訓は結局存在と存在との対立に帰着するものとみなしている、したがって修行者は、教師の教訓に束縛されることなく、教訓を受けなかった以前と同様に、全然独立的である。

わたしの目標と禅のそれとの相似性を説明するために、わたしはこれ以上の言説を必要としないであろう。さてわたし自身のこの目標に向かっての、個人的な進路に関しては、わたしがフィンランド心理学研究学会の創立十周年記念祝典のために書いた『超感性的なるものに対するわたしの関係』という論文から、次の引文を掲げたい。

一九一四年ころまでのわたしが、精神としてのわたしが、何ものであったかは、『旅日記』に詳細に論ぜられているから、あらためてここに説く必要がない。一九二五年あるいは一九二六年、それよりさらに遡って過去に及ぶわたしの自我意識がいかに表現されたかは、『再生』の跋および『我が信仰』において簡単に述べた。さて昨年に至るやわたしの心に一つの危機が生じた、その危機は大多数の人間が四十歳代の終りに早くも経験するものであって、C・G・ユング博士は、これを定義して次のようにいう、意識が外的に把握しうる目標から独自の無意識的なものへ転向することであると。この転向の後から見れば、おのれ自身の死も、転向以前における地上の満足と、全然同様の意味で、自然であると説いている。この日以来、わたしにとっては、わたしの当初からの努力の目標が何であるか、またわたしの運命の意義およびわたしの生活の窮極の目標が何であるかが、日ごとに明らかになり来たったのである。

『再生』において読まれるがごとく、わたしは生来、現世におけるわたしの生活を、単なる旅人としての生活と観じていた。完全に意識した現世との接触を、わたしは一九二九年、南米においてて初めて獲得した。次いではこの接触から『南米における瞑想』が出来上ったのである。しかし、わたしの精神は初めから「具体化」を熱望していた。けっして――「形体からの離脱」を希望していたのではない。そして、生来作家的素質を全然もたなかったわたしが、物を書く人間となったゆえんは、わたしの心のうちに固有なるものを具体化しうる唯一の道を、わたしの文学的才能の有無を超越して、著述的表現に見いだしたからにほかならぬ。著述するにあたっては、わたしは早くから、わたし自身を著作的霊媒的なものと感じて来た。わたしはわたしの語ることについて、かつて予め何事も知っていたことがない――わたしは常に一定の限界ないし論題について何事かを言おうとする衝動を感じたにすぎない。しかし、一たび筆を執るや、結論はわたしがそれを書き留める余裕を見いださないほど、すみやかに与えられるのを常とする――これは常にわたしにとっては一の驚異であった。意識的にはおぼろげに予感していたものを再認識したよろこばしい驚異であった。ダルムシュタット市において、わたしが予め全然考えていなかった、のみならず、本来、全然わたしの心にかかっていなかった外的活動を展開せねばならなかった場合のような（Darmstadt におけるいわゆる「智慧学園」(Die Schule der Weisheit) の創設をさす）この驚異すべき関係は、極点にまで発展して、わたしの活動がもっぱら一定の期限との「遭遇、一致」によって導かれるに至ったのである。この間わたしはわたしの事業に関し何事の考慮をも費すを要しなかった。期限至るや、わたしの予感したことがおのずから出来上っていたのである。

さて一九三八年の今日、わたしは外部からの強制によって事を行なう時期をすでに通過した、

（もとより事実上、こうした時期はなかなかに去らない、およそ人間の行なうことは、たといもっとも精神的な人間の行動にしても、その九十パーセントが外界からの強要によるのである、）わたしはもはやわたしの五十六年の前半生と同一のことを欲しない。最後の事業としてわたしは個人的具現を完成しようと努力する、より正確にいえば、わたしをして活動させる精神を、わたしの人格において具現することを成就しようと努力する。これは従来わたしに不可及なことのように思われていた。が、今は原則的に可能と感ずるようになったのである。そして、この新しい立場に立って顧みるとき、次のような注目すべき事実を発見する。すなわち、今、（誤解されないことを願うが、）今初めてわたしの個人的経験となりつつあるものを、わたしはすでに青年時代からわたしの生涯を通じて、常に新しい段階および相貌において、精神的欲求の形式として、予め所有していたのである。わたしが以前に行なったことは、わたしの人格を拘束する力をもつことなしにわたしの心に浮かび来たったことであった。過日わたしは『世界の構造』の跋を再読した、これはたぶんわたしの二十四歳の年に起草したものである。人間の全的限定——これが創造的自由を初めて可能ならしめるところのものであるが、（これをわたしは『個人的生活の書』において、わたしの力の及ぶかぎり、明確に記述した、）これが今、命令的な本能力をもって、わたしの人格の実現を迫るのである。二十六歳にしてわたしは『不死』と題する論文によって、当時わたしが直接的にはまだ到底体験することのできなかった内的なものへ、外部より迫進せんと努力しつつ、個人的人間の量深の核を超個人的なものと定義した。今この超個人的なものが、一切の概念から解脱して、有機的成長過程において、いよいよ生きた経験となりつつある。「智慧学園」（カイザリングがダルムシュタット市に創設した非アカデミカルな一種の学院、哲学および文化の革新の中心点たるを目的とす。名づけて"Die Schule der Weisheit"という）、今この学園で教えるところで、その中からもっとも重要なものとして、次の数項をあげる。いわく、霊魂《ゼーレ》と精神《ガイスト》との合一——世界的優越性における政治と叡智《ヴァイズハイト》との相互的浸透——性格の彼岸における性格建設——洞見による現実的生活の改造——なかんずく、精神によって制約される生活の領域にあっては、「意義《ジン》」が事実《タートベシュタンド》を創造すること、けっしてその反対ではないという教説——これらの諸点は一つの「言葉《ヴォルト》」——その本源的意義が「肉体」となることであったという、一つの言葉に関する早くからの精神の予感であったことを、今日の事のために証明するのである。かくてわたしは『旅日記』の終章に書かれたことを、今日初めて完全に理解し、同時にわが肉体の繊維の各々をもってこれを是認するのである。わたしはそれを、大戦第一年の冬、すなわち一九一四年あるいは一五年に、ライキュル（Raykül）において書いた。しかも当時わたしが明らかに直観したことを実現するには、わたしは個人的人間としていまだはなはだ遠かった、わたしの真の「世界一周の旅」がこの時はじまったほどに遠かったのである。この旅は、『旅日記』のモットーが暗示しているとはちがって、『旅日記』と同時に終りはしなかったところのものである。

人間における精神は、肉体的有機体と全く同様に、一の具体物を実現しているということ、そして精神は有機体と同様に萌芽として発生し漸次に発展するということが、上に略述したわたしの体験を根柢として、わたしには今日完全に確実となった。ただこの精神の成長のリズムは肉体のそれとは全然異なり、目標への到達がけっして必然的でない、いわんや確実でなどはなおさらにない、何となれば「自我《ゼルプスト》」は自由な決定を追うて実現されるからである。(『個人的生活の書』の「孤独」および「自由」の二章を参照。)人間にあっては、精神的予感が真の本質《ウエーゼン》の萌芽である。さて、しかし、ヨハネ黙示録のキリストが「我はアルファにしてオメガなり、初めにしてかつ終りなり」という言葉をもって、また禅が「父母未生已前の本来の面目を看よ」とのすばらしい祈禱をもって表現しているすべての偉大な予言者の逆説的な教理の真実が、ここにおいて証明される。起源こそはまことに窮極の目標なのである。人間が本来、最初に観じたところのものは、同時に人間の最終の、最高の達成である。しかし地上生活の意義は、それが必然の「世界を迂回する旅」である点に存する。この迂回なくしては、地上の生活は個人的拘束力のない予想にすぎない。この予想が充足ないし完成において実現されるならば、その時、ただその時のみ、すべての高尚な宗教の説く「不滅の本体」が生まれるのである。わたしの現在の確信に従えば、かかる本体のみが不滅といわれるにふさわしい。かかる不滅の本体の創造は、万人に等しく可能なことではない。地上の存在を利用して、わが力の及ぶかぎり、この不滅の本体を完成することは、ただ、ごく少数の人間のみよくなしうるところである。しかしながら、万人が等しくそれぞれ自分に相応の程度において、幾分かの不滅を享受するものである。これが、すなわち、かのオックルティスムスが、その修行の目的として、霊的存在をして肉体から遊離せしめようとするが、かくなしえたと思うものの大多数が、地上的肉体的人間の上位に立たずに、かえって下位に立つゆえんである。後者にはなお成就の可能がある。前者にはすでにこれが存しないのである。

　自我実現のもっとも早道は、わたしにとっては、はなはだ長い道である、はたしてこれを今生で歩み尽くしうるか否か、はなはだおぼつかない。このゆえにわたしは、今日万人に適当であろうような一定の道を示すことができない。しかしながら今日の急務が、可能なかぎり直接の道を進んで精神に至ることであり、さらに精神から、再び直接の道を進んで物質的生活に復帰することであることは明らかである。この道こそ実に禅の歩んだ道、禅の教えた道である。一定の伝統がそのまま、新生する人間を幸福に導きえた時代は、原則としてすでに過ぎ去ってしまった。この後は、精神を、具体的に、かつ回り道をせずに、直接に体験することが肝要である。われわれ西洋人が過去の数世紀間に、物質を具体的に体験することを学んだように、これから精神を具体的に体験すべき時である。かかる新しい「直接的具体主義《インメディアーテ・コンクレティスムス》」にこそわれわれの幸福は存在する。さてこの各自がみずから求め、かつ見いださねばならない「直接的具体主義」への道において、偉大なる禅僧の体験の研究以外に有効適切な研究は絶無である。鈴木大拙氏の著作こそは、ヨーロッパ人にその研究を可能ならしめる最高かつ最貴の著作である。わたしは禅の体験を強調する、何となれば禅の理論には、もちろんその力がないからである。なお理論的著作の中、ドイツ版の大峡秀瑛著『日本における活ける仏教――禅』(Gotha 1925) のごときは、その誤謬に導きやすい学者風の議論の欠点を除けば、よき入門手引書である。

ii　正しく死ぬる術《クンスト》(一九三八年発行『完成への道』から)

西洋においては、この小編の題がいうところの「術《クンスト》」は発達しなかった。「生きる――それは死を学ぶことである」という、かの有名な言葉は結局一つの警句であり、キリスト教義の示す死後の生活への心構えとか、あるいは一切空に帰する前の心構えとかいう、これだけにすぎないのであって、この言いまわしを文字どおりに解釈したところでは、けっして術ではないのである。動物的な人間が恐れるのは飢餓のみであって、死ではない。死ぬる術が初めて問題となるのは、死が普通な生物学的出来事として正しく理解承認せられ、かつ死を人間の観念のためにさまざまに仮装する教理論にたよらずに体験せられ、それから、それ自体純粋に現世的な出来事を形而上学的実在の表現法に変ずる形成が、精神によって加わる、その時である。

さてこの術を一層深い意味においてわきまえ、かつ理解しているのは、現存の国民にただ二つあるだけである。(わたしがここで現存というのは、たとえば古代エジプト人はどうであったか、はっきりしないからである。）すなわち、日本人とチベット人とである。

前述の禅に関する考察を続ける意味において、私は前者すなわち日本人に関する所見から始める。中国においてとくに多くの聖者や芸術家を輩出せしめた禅仏教は、それが外国において見られぬほど支配的権力となった日本にあっては、武士道の高等教育となった。日本人は形而上学者でも理論家でもなかった。しかしいつでも当然の事として、死ぬ心構え、しかもそれによって死が精神に征服されてしまう、そういう態度で死ぬ心構えが、生活形式とまでなって、その上に武家貴族の特殊文化がその基礎を置いているようなことは、わたしの知っている歴史上の他のいずれの民族においても、かつてないのである。今日なお日本の最高の教養社会に残っている、死の直前に、漢詩または日本の詩歌――いわゆる辞世――を書く風習は、何よりもこの事実によるのである。

「日本人は彼らに迫る激しい人生の要求から解脱するために、一瞬の余裕を見いだすように教えられまた訓練されて来た。死は、すべての注意力を集中せしめるもっとも厳粛な事件である。しかし教養ある日本人は、死を、超越し、かつ客観的に静観すべきものと考えている」と、鈴木大拙氏は、彼の名著『禅と日本文化』に、こう書いている。おそらくこの書は、単に日本に関するのみならず、英雄的精神の深奥にひそむもっとも深遠なものに関して著わされた、もっとも美しい本であろう。

日本の禅の大家益翁は、この日本人の立場の形而上学的意義を、非常に簡単ではあるが余すところなく伝えている（五五―五六ページ）、「もし禅を会得せんと真に望むならば、一度あなたの生命を放棄して直接に死の深淵を潜らねばならぬ」と。そしてこの言をさらに説明して、次のように戒めている。すなわち「生命に執著する者は死し、決闘するように死に向かう（死を恐れぬ）者が生きる。肝心なのはこの精神である。この精神を洞観し、たしかに握りえたならば、生死の彼岸にあって、水にも溺れず火にも焼けぬ何物かが、あなたの心の中にあることを悟るであろう。わたしは、この三摩地を親しく悟りえたので自信をもっていう。生命を捨て死を抱くことを躊躇するものは、けっして純正な武士ではない。」この「生死の彼岸」が、事実人間の根元であり、また起源である。この彼岸を自己のうちに実現した者が、それによってこの過程の経験を超越し、芸術家としてそれを形づける事ができるのである。ここに至った者にして初めて真に人間たるに恥じぬ態度で死にうるのである。

これは、普通いたるところでしばしば見受けられる武士の死を軽んずる態度とは、全然異なった、無限に深いものを意味している。禅によって鍛えられた、あるいは禅の真理に浸透した者は、武士として、ちょうど神を観る聖者と等しく深く精神に根ざしている。わたしはこの点に関してこれ以上いう必要がない。なぜならば、本誌の最初の文章がすでに述べているし、おそらく近いうちにこのすばらしい日本の書物の独逸語版が世に出るであろうから。（注、『禅と日本文化』は

独訳中であったが、完訳出版になった）

わたしは、ここでかの有名なチベットの『死者の書』（副題を『バルドー平原における死後の体験』という。オックスフォード大学出版部W・Y・エヴァンス・ウェンツ発行のラマ・カージー・ダマサムダップの英訳本に依る。この書にはドイツ訳もある）が取り扱っている、死ぬる術の姿について、同様簡単なる考察を付け加えてみたいと思う。

チベット人は、インド人に似て、日本人と反対にまず第一に静観者であり、精神的なものに興味を抱く国民である。であるから、彼らは精神的な形式で、死の彼方にある実際的な立場に到達するだけでは満足しない。人は死ぬが、しかもどの人も死ぬが、「いったいそれはどういうことか」ということを、彼らは知ろうと欲したのである。さらに進んで、彼らはできうるかぎり知覚を保ったまま死するには、死の閾《しきい》の彼方において、できうるかぎりよき態度をとるには、どうすればよいか、それを疑問としたのである。

死する事を教える唯一の教科書たる上述の書名の書は、こうして出来たものである。しかもこの教科書も、生の芸術家に対する一の実現しうる手引にすぎないことを注意してほしい。この書の叙述的な部分には、わたしの見解によれば二、三の誤解もあるが、もちろん有りうべき、事実に忠実な科学的認識を含んでいる。

しかし結局それは問題でなく、ここでも肝心なのは、禅の場合と同じく、立場・態度・処置の洗練である。これはもとより非常に獲得しがたいものである。瀕死の人間が自分ではなしえないことを、その人に代わってする全権が僧侶にゆだねられるのは、チベットのような僧侶国家にあってはもとより当然のことである。しかしそれにもかかわらず、チベット人の考えによっても、修行を積んだ者は、原則として他からの助力を必要としないとされている。彼は、この現世にも通ずる律法《おきて》に従って、極度にその精神を、霊を、制御しなければならない。なぜ極度にというかといえば、その律法のみが、霊が肉体から離脱する際にも、またその後にも、なお通ずるからである。認められぬものは存在しない。注意は、ものを生かす。思想は、みずから働き続ける「物」である。精神は空《くう》であり、実《じつ》によっても、他の空によっても、触れられぬゆえに、絶対的に勇気ある者は、何ものもこれを害することはできない。あらゆる堕落、あらゆる災いは、みな執著から生ずる。すべての事は、個人の立場による。死後魂を襲う「忿怒の神」は、他面から見ればまさしく「慈悲の神」であり、結局守護神であるといったように、「意義」はすべての事実を創《つく》り出す、等々。人間精神の産み出したこの不思議な書を読むことを勧める。

しかし、何といっても肝心なのは、できれば十分に意識を保ちつつ死ぬことである。注意力が正しく向けられていることが、未来にとってもっとも重大なのだから。この点で、『死者の書』の教えは禅の教えと一致する。日本の禅僧または禅の悟りを得た「武士《さむらい》」は、出来事の「何だ」とか、「どうして」などということを問わない。ただ、正しい態度で生命を賭するのである。チベット人はいやしくも知りうる事は知ろうと努める。この意味において、正しく死ぬことは、チベット人にとっても一つのすぐれた術である。（一九三八年七月六日、ダルムシュタットにて記す）

ヘルマン・カイザリング

（カ伯の二編は外村完二氏原訳に多少の改竄を加えたもの）

解説

芋坂　光竜

1

鈴木大拙先生にはじめてお目にかかったのは、今から二十数年前、法友、故奥野源太郎氏が古川堯道老師の室に入り、鎌倉円覚寺で出家得度式を挙げられたときであった。式後一同くつろいで懇談していたとき、何が機縁になったのか忘れたが、武蔵野般若道場のことについて、先生からいかにも興味深そうに、いろいろとご下問をいただいた。武蔵野般若道場は、高楠順次郎先生と釈定光老師のご指導の下に、教禅一致の道場として、昭和六年五月一日建立開場されたものであって、都下各大学の在学生が、勉強しながら坐禅弁道する学生寮も併置されている。この道場は何年通参しても何の資格もつかないところであるが、仏教教理の研究と参禅に精進する居士・大姉の熱心に集まるところである。私はただその犬馬の労をとって、学生諸君と一緒に坐り、仏教を論じ禅を語ってきたのである。そんなことについて、先生はとくに深い関心をおもちのように拝察した。その後もいろんな機会に先生の温容に接したが、いつも春風駘蕩としていられるので、慈父の膝下に帰ったような親しい感じを覚えている。

昭和三十年の二月、先生はまた、コロンビア大学の招きに応じて渡米なされる前々日かに、道場へご来訪下さった。欧米人に道場を紹介するには、まず自分で一度道場を親しく見ておかなくてはならぬという、お考えからであったように拝察した。人のためにする親切心が実によくゆき届いていられる。そのときは古田紹欽氏も、デマチノ氏もご同道下さったが、お話がたまたま禅定力とか、こちらで毎日している行事のことにふれると、突っこんだ鋭いご下問がある。こちらがどの程度まで掘り下げているかを、テストなさる意味であろう。禅語でいうなら、賊身すでに現われるとか、検主問とかいうのである。しかしそれも、坦坦として何の風波も起きない。却ってこちらの菩提心をいやが上にも盛り上がらせる。大善知識のご垂示となる。先生の左右に侍していると、なおざりの一言一句も、きわめて印象的に響いてくる。話の間にまがあっても、別に何か話さなくてはならんという、緊迫感は少しもない。つねに声なき声をお聞きしていて、深い法悦にひたるのである。黙の中に説があり、説の中にも黙がある。充実した問答が終ると、岡村嬢の手厚いお世話を受けながら、目前に迫った旅行のことなど眼中になく、歩歩これ清風のご様子で、井の頭公園駅までお歩きになり、静かに車中の人となられた。電車が発進するにつれて、真如の結晶がだんだん遠ざかって行く思いがした。如去といってもよく、善逝といってもよい感じであった。

昭和三十三年の秋ご帰朝に際して、宮尾亮三居士が先生をご招待して、築地の某所で夕食会を催されたときも、秋月龍珉士と共にお相伴した。そこの主人の純日本式手料理であったが、先生は一品一品よく賞味されつつ召し上がられたので、主催者も料理人も満悦の体であった。どんなご馳走でも適量を過ごされることはなく、いかにも法爾自然である。そのころすでに米寿を迎えられていた先生は、ますますご健康で、和気藹藹として二時間半に渡り、禅と華厳哲学の問題などに触れてご清談下さった。

その後、先生よりはるかに若輩である私が、却って四大不調となり、先生にご心配をかけている由を、秋月龍珉士から仄聞して慚愧の至りである。維摩居士は「衆生病む、故に我れ病む」といわれたが、先生の大悲心には全く頭が下がるだけでなく、勿体ない感じで一杯である。

以上は私事にもわたり、申し上げる筋でないとも考えたが、実は先生のご人格から自然ににじみでてくる、活き活きとした禅の具体的なはたらきの一端をご紹介して、禅は行住坐臥の四威儀を離れるものでなく、道は近くにあることを認めて、この書を読むときの参考としていただきたい老婆心からであったことを、ご諒承願いたい。

それからまた、私はつねに初心者に接触しているので、禅の解説書についてよく質問を受けるが、現代の知識層に対する適切な参考書はきわめて少ないので、いつも難儀してきた。今回時代の要求に応じて、鈴木大拙先生の『禅選集』が刊行されたことは、まことにご同慶に堪えない。今後はこの選集を好個の良書として、推奨できることを非常に力強く思っている。この書に説かれた「金剛経の禅」・「禅への道」は、現代知識人に対して、まず禅の論理を紹介し、禅への思索の道を親切に案内する、老大家のものされたもっとも秀でた解説書である。それに対してさらに解説することは、好肉に傷をつけることになり、全くの蛇足であるから、ご辞退申し上げたが、初心者のために何か参考になることを、とのお話もあったので、馴れない筆をとることにした。この点、鈴木先生はじめ、諸先輩や旧参の上士に対して、ご寛容をお願いする次第である。

2

禅界における現代の通弊は、坐禅するものは多く書を読まず、読書するものは大抵坐禅しないことではなかろうか。暗証の徒は法理に暗く、誦文の士は義解に陥り易い。もしそうなると非常に惜しいことである。古来禅は「教外別伝、不立文字。直指人心、見性成仏」といわれている。たしかに禅は、直に仏の心印を単伝して、自己心地の開明を期することが、その本義であることに異論はない。しかし、一切の経典はみな釈尊の深い禅定から流出した所産であるから、その法理が禅と相違背するはずはない。むしろ、すべての経典は、禅の発展的解説というても過言でないであろう。したがって経典に示されている教理と禅とは、鳥の双翼、車の両輪にも匹敵するものであって、たがいに相呼応するものである。歴史的に見ても、華厳には華厳の禅があり、天台には天台の禅があり、真言には真言の禅がある。浄土の念仏思想も観念の念仏から発展したものである。観念の念仏は、もとより禅の一つの形態に過ぎない。ただ達磨大師を開祖とする祖師禅には、古来特定の所依の経典は存在しない。しかし、達磨大師もインドから中国に楞伽経を将来したという説もある。楞伽経は世親系の唯識思想であるが、四祖道信大師のころから、禅は般若経と不可分のものとなった。四祖の法嗣である牛頭山の法融禅師は、傍系ではあるが般若を重要視された系統である。六祖慧能禅師に至って、金剛経がきわめて重要な地位を占めるようになった。

元来六祖大師は出家前、母と共に貧しい母子生活をしていたのであるが、あるとき金剛経の一節「応無所住而生其心」を聞いて深く省みるところがあって、翻然として出家を志し、黄梅山に五祖弘忍禅師をお訪ねしたのであった。八カ月ほど碓房で、寺男のようにして米を搗いていたとき、有名な投機の偈を作った。「菩提本無レ樹、明鏡亦非レ台、本来無一物、何処惹二塵埃一」。六祖大師は五祖大師に招かれて、深夜その室に入って嗣法した際にも、この「応無所住而生其心」について親切なご垂示をいただいた。そこで古来祖師禅では、この一句を味得することが非常に重要視されている。先生も、この一句について、きわめて適切な解説をしていられる。「応無所住」とは心をどこにも止住しないこと、すなわち無心である。「而生其心」しかもその心を生ずるというのである。その心とはどんな心であろうか。機に臨み変に応じて、もっとも適切な心・行動が法爾自然にでてくる。すなわち自由に行為の主体となることができる。先生はこれを無分別の分別、霊性のはたらきと説かれている。

生きながら死人となりてなりはてて
心のままにするわざぞよき　　無難禅師

沢庵和尚が柳生但馬守に垂示した剣道の要旨は、この端的をよく明示している。剣をもって真剣勝負をするときは、敵の剣先に眼を止めてもいけない。もし敵の剣先に眼を止めていると、その剣先の動きに従って敵の隙を見出し、それから打ち込んでゆかなくてはならぬ。そうするともう後手になる。敵の眼にわが眼を止めていても、同様に後手になる。その他どこに心を止住してもよくない。心をどこにも止住しない、すなわち無住の心境のときは、敵の面に隙ができたと知ったときには、すでに面に打ち込んでいる。胴があいたと思ったときには、もう胴を切っている。

すなわち照用同時であるから後手になることがない。敗けることがない。名人の技、神妙に入るというか、霊性のはたらきというか、「応無所住而生其心」の端的である。

世の中は何にたとへん水鳥の
　はしふる露にうつる月影

水鳥が陸に上がって羽ぶるいするときは、羽毛についていた露が一時に四方に飛ばされる。その瞬間に露の一滴一滴に月影がうつる。霊性のはたらきもここまで徹底すると、人生の妙味、ありがたさが骨身にしみこんでくる。禅味の尊さであり、霊性の魅力である。

しかし、先生が金剛経の禅としてとくに高調されるのは「即非の論理」である。金剛経の如法受持分第十三に「仏の説き給う般若波羅蜜というのは、即ち般若波羅蜜ではない。それで般若波羅蜜と名づけるのである」と説かれている。これが般若思想の根幹をなしている論理であり、また禅の論理である。先生はまた日本的霊性の論理とも述べていられる。これを公式的に表示すると、AはAにあらず、故にAはAなりとなる。否定を媒介してはじめて肯定に入るのが、ほんとの物の見方であり、これを般若即非の論理というのである。文字に現わすと単なる形式論理になってしまうが、実地に行なう禅経験の内容からいうと、そこに大死一番蘇息という、見性の一大事実を内含しているのである。趙州無字の公案を例にあげると、形式的には無字は無字にあらず、故に無字は無字なり、となる。論理はきわめて簡単明瞭であるが、実地の修行は容易の看をなしてはならぬ。まず正身端座した上で身心と呼吸を調節して、おもむろに無字の工夫を始める。はじめて無字を念ずるときは、無字を念じながらも他の雑念妄想に犯されがちになる。念ずる力が弱い証拠である。無字を念ずる念力がだんだん強まってくると、他の雑念が入ってくる隙がなくなる。次の念も次の念も無字を念ずるとき、無字の正念相続ということになる。この純粋に精神の統一している心境を「心一境所」という。また守一の境界ともいう。ここまでは比較的容易に規則正しく進展できる。さらにその上、全身全霊の気力を尽して無字を念じ、念じながら念じているという分別も忘れて、無字を念じ切ったとき、はじめて無分別の心境に到達する。

　無といふもあたら言葉のさはりかな
　　無とも思はぬときぞ無となる

この無とも思わぬ時といっても、自分の思慮分別で、無字を念ずるのをやめたのではない。また無字になりきり念じ切った後も、決して無字を念じないのでもない。全く主観的な思慮分別を離れて、念じながら念じつぶれている、純粋思惟の当体である。それを無分別の分別といい、不思量底を思量する端的であって、非思量すなわち禅そのものである。これを趙州無字の公案の円成といい、般若波羅蜜の功徳という。

廬山烟雨浙江潮　不レ到千般恨不レ消
到得帰来無二別事一　廬山烟雨浙江潮　蘇東坡

廬山のきりさめと浙江の潮は、中国四百余州の中でも絶景である。しかし、実際見物する前の不安感と、見物した後の安心感との間は、同じ名所に対しても雲泥の相違がある。結句の文字は起句と同一であるが、その内容は全く別様の風光を呈している。人生の諸事万般のことみな禅的、霊性的開眼を要するゆえんである。

般若心経には「色即是空、空即是色」とある。これを禅的に解説すると、私が座布団上に坐っている。それは一つの肉のかたまりに過ぎない。しかし公案が円成すると無我無心になる。無念無想になる。「鞍上人なく鞍下馬なし」の心境である。座布団上に坐りつぶれ、公案になり切ったとき、座布団上に坐る妙境界の実現となる。坐禅前の私と坐禅後の私は、その外形においては同じでも、その内容においては天地の相違がある。五蘊皆空と照見して、無我無心を経験することを禅では見性といい、般若哲学では観照般若という。人はみな母胎を通じて人となるように、仏はみなこの観照般若を通じて成仏するので、般若のことを仏母ともいう。人が仏になり、その正眼で見る世界は真如実相である。それを実相般若といい、妙有の世界となって展開する。この真空妙有が仏教哲学の格幹であり、即非の論理の内容である。

また金剛経の同所に「第一波羅蜜は即ち第一波羅蜜でない。是を第一波羅蜜と名づける」とある。第一波羅蜜とは檀那波羅蜜であり、檀那はすでに日本語になっているが、本来はインド語の翻訳であり、古来布施と訳されている。甲が乙に何かを布施する。甲は施者であり、乙は受者であり、何かとは施物である。具体的には金・智慧・労力などである。施者が受者の必要なものを施すことは、道徳的に見ても立派なことである。その布施波羅蜜が布施波羅蜜でないとは、どうしたことか。そこが問題である。施者・受者・施物の三者ともに空じられたときに、我・他・彼・此の見解も、施物に対する執着も一切なくなってしまう。これを三輪空寂という。三者ともありつぶれ、布施を行じながら行じつぶれるから、布施波羅蜜にあらずという。その三輪空寂の当体が見性の端的であり、布施をしながら布施しつぶれるところは、すでに道徳の世界を超越して、宗教の世界・霊性の世界に直入してくる。そこに波羅蜜（到彼岸）の意義がある。布施という道徳的行為がそのまま、仏作・仏行となって宗教的行為となる。それを名づけて布施波羅蜜というのが、金剛経の論旨である。持戒・忍辱・精進・禅定もみな同様である。あらゆる徳目が一旦空じられ、否定されたとき、大死一番、再活現成して、六度万行はすべて霊性的はたらきとなる。この般若即非の論理が、禅を通じて生活化するところに、在家生活がそのまま仏法の顕現となり、生活と仏法は対立したり二枚になることはなく、在家がそのまま仏法となる。ここに在家仏法の重要な契機がある。六祖大師に嗣法した永嘉大師の証道歌にも「欲に在りて禅を行ずるは智見の力なり」とある。

3

禅の道は達磨大師によって、インドから中国に伝来された。それが今、鈴木大拙先生によって、欧米諸国に弘通されだしたのである。欧米人の禅的開眼は全く先生の大業に負うものであって、それは祖師西来に匹敵する一大聖業というも、決して過言ではなかろう。達磨大師は百歳を過ぎて中国に到来され、九年面壁して一個半個を打出した。先生は青年時代すでに米国に遊学され、偉大な学的業績を残されたので、早くから一流学者に認められた。その後、達磨大師がインドから中国に将来したという楞伽経を、先生は梵文から英訳されたことも、学界に対する大きな貢献となっている。現在では先生の数多い著述を愛読する学者グループができて、年々その数を増すばかりでなく、大衆雑誌にまで禅の問題が掲載されるようになってきた。この好時節に際会して、この書の読者の中からも、先生のご偉業に発憤して、みずからも身を禅界に投じ、先生の後継者の一人として、禅を欧米に伝道する決意を以て起ち上がる、熱烈な青年学徒の輩出することを切望してやまない。

さて先生が、この書の中でお示しになっていられるように、禅は単なる論理や哲学ではない。つねに実地に修行して禅経験を味得すべきものである。もし教禅一致の立場で禅書を読むときは、まず一炷坐してから書を読むと、大抵は自分の掌中を見るようにはっきりする。もしわからないところがあっても、それは疑問として残しておいて次を読む。そして所定の時間がくると、また一炷坐して、疑問のところを工夫する。もし打開すれば、無上のよろこびが腹の底から湧いてくる。もしまた解決できないものは、いつまでも疑問としておいて、坐り、読み、坐る。最後まで読み了ると、再び初めに返って読みなおす。同じ方法で二回三回と繰り返すと、読書百遍意おのずから通ずるようになる。はじめは眼で読むのであるが、だんだん心で読むようになり、ついには手足で読むようになる。これを眼読・心読・色読という。色読できるようになると、脚実地を踏んで、生活は板についてくる。つねに行為の主体性が確立し、随処に主となり、立処みな真となる。これを霊性的生活という。

鈴木大拙先生の偉業は達磨大師に匹敵すると申し上げたが、その風格は、趙州和尚に相応するのではなかろうか。骨相・人相、とくにその眉毛の偉相は、人のみな知るところであるが、偉大な禅者でありながら棒を行ぜず、喝を吐かれず、三寸の舌頭骨なく、語に語相がない。文字葛藤を自由に駆使して、四句百非を絶する端的は、全く趙州和尚の口唇皮禅によく似たものがある。

趙州和尚は青年時代すでに破家散宅し、さらに南泉和尚に参ずること二十年、六十歳にして中国四百余州を再行脚した。そのときの誓いの言葉は、「たとい七歳の童子でも、もし我より勝れている者には、彼に就いて教を乞おう。たとい百歳の老翁でも、もし我に劣る者には、我れ彼に向って教を説こう」という公平無私の態度であった。こうして諸方に参禅問法すること二十年、八十歳になって初めて趙州観音院の住職となり、百二十歳まで四十年間、「平常心是れ道」の仏法を挙揚して、唐の乾寧四年（西・八九七）示寂された。趙州和尚は、その長命の点だけみても実に超人的である。その上語言三昧に至っては、「和レ盤托出夜明珠」の感に堪えない。趙州の無字・庭前の柏樹子・喫茶去・洗鉢などの一句、よく乾坤を定むるほどの力がある。多少参禅の経験者なら、趙州の無字に参じない者はないであろう。それだけ趙州和尚は、現代学生諸君にも親しまれている和尚である。私の知人にも就職のとき、私淑する人物として趙州和尚を書き、面接のとき、その面目の一端を披瀝して、一流の官庁や会社に歓迎された人が幾人もある。

　趙州和尚は古来趙州古仏として、中国・日本を通じて非常に敬意を表されている。碧巌録百則の中でも、趙州和尚に関する則が十二則もある。雪竇《せっちょう》禅師も、いかに趙州和尚を敬慕していたかが、よくうかがえる。この書においても先生は、主として趙州和尚の公案を中心として、禅への道をお説きになっていられる。

　今はしばらくこの書に示されている趙州の三転語について、禅への道の一端を窺うことにする。

「泥仏不レ度レ水。木仏不レ度レ火。金仏不レ度レ炉」これを趙州の三転語という。碧巌集第九十六則に出ている。一般に仏とは泥仏・木仏・金仏のように考えられているが、泥仏は水を渡るととけてしまう。木仏は火を渡ると焼けてしまう。金仏も炉の中に入れると、とろけてしまう。そうすると仏は一体どうなるのであろうか。趙州はこの三転語を示し了って、末後に「真仏屋裏に坐す」といっている。水にもとけず、火にも焼けない本ものの仏が、立派な仏殿の中に安置されているように、分別すると、趙州の真意は失われてしまう。泥仏が水にとけ、木仏が火に焼け、金仏が炉にとろけるところに、屋裏の真仏が光明を輝かしている。泥仏はとけながらとけない。木仏は焼けながら焼けない。金仏はとろけながらとろけないところに、その真仏が厳然として穏坐する。花は咲くときだけが生命ではない。咲く咲く常住、散る散る常住である。人の生命も呼吸しているときだけが生きているのではない。圜悟禅師の示衆にもあるように「生也全機現、死也全機現」である。道元禅師も「生死の中に仏あれば生死なし」といっていられる。また「生死は仏の御命なり」ともいっていられる。妙心寺の開山、関山国師は修行僧の生死の質問に対して「おれのところには生死なし」と答えられている。趙州和尚は「世の人は十二時に使われるが、わしは十二時を使い得たり」といっていられる。時間や物に引き廻される生活でなく、つねに主体性を保持した生活である。天地を腹におさめて本を読む境地である。そこに天上天下唯我独尊の法味が湧いてくる。禅は究竟の「人格」を見ることである。趙州の三転語の真仏を徹見することである。実地の行としては、永遠の今に参ずることである。具体的禅の行持としては、即今に没入することである。坐禅のときは坐りつぶれる。読書のときは読みつぶれる。念仏のときは念じつぶれる。それが禅的おつとめである。坐禅して悟ろうの、念仏して極楽に往生しようのと思っている間は、まだ対立の世界であって、真の禅になってはいない。

この秋は雨かあらしか知らねども
今日のつとめに田の草をとる

打算や対立を超越して、宗教的霊性の生活が展開すると、自然に別様の風光に接することができて、真実のよろこびが腹の底からにじみでてくる。そこまで徹底すると、学生も勤労者も、学者も政治家も、あらゆる在家の人々が、おのおのその職域にありながら、自己の職域にありつぶれることにより、真実の仏法を行ずることが可能になる。これを先生は霊性的生活と申されている。在家仏法という言葉も、先生のいわれる霊性的生活のところまで徹底すると、はじめてその真実の意義を発揮する。単に現実社会の外形のみを見て、葬式・仏事を仏法と考えたり、閑人の仏いじりや、ときどき仏書を読む程度のものが在家仏法と思うては、認識不足といわなければならない。

趙州の三転語で、泥仏が真仏であり、木仏が真仏であり、金仏が真仏であることは、哲学的にいうと「絶対矛盾の同一性」そのものである。それを概念的に把握することは比較的簡単であっても、真にその境地を味得することは容易でない。それだけに古来、東洋人でさえ禅を誤解した例がきわめて多い。まして欧米人は、誤解する場合も多いことと思われる。先生もそれを懸念されて、誤解の二、三を挙げていられる。

古来、禅を誤解した代表的なものを野狐禅という。野狐の話は無門関の第二則にでている。百丈禅師とある老僧との問答である。「大修行底の人も因果に落ちるかどうか」と尋ねられたのに対して、「不落因果」と答えた。ところが五百生野狐身に堕したという。そこでその野狐が老僧に化して、百丈禅師に救いを求めて、再び同じ質問を試みたのであった。百丈禅師は「不昧因果」、因果をくらまさないと速答した。その瞬間、野狐は大悟して野狐身を脱したというのである。趙州の三転語が会得できると、この野狐の話もはっきりするわけである。不落因果が誤りで不昧因果のみが正しい、と考えてはならない。不昧因果とは泥仏は水を渡ればとける端的である。不落因果とは泥仏が水にとけながら、そのまま真仏穏坐の当体というのである。不昧因果のまま不落因果である。根本的に矛盾する不落因果と不昧因果が、野狐身において円融するとき、不落因果と不昧因果は一如となって、野狐でありながら風流仏となってくる。大悟して野狐身を脱したというのは、野狐身でありながら穏坐地を得たことである。これを見性成仏という。婦人が見性したからとて男子になるのではない。婦人は、抜け切って真の婦人になるとき、婦人仏になる。米人が見性して日本人になったり、中国人になるのではない。純粋の米人仏が顕現するのが禅の道である。それを禅では柳は緑、花は紅という。きわめて平常底に別様の風光に接しうるところに霊性的展開がある。

著者略歴

鈴木　大拙（すずき　だいせつ）

1870年石川県に生まれる。本名、貞太郎。円覚寺に参禅し、円覚寺派管長である今北洪川、釈宗演に師事し、大拙という居士号を受ける。1897年釈宗演の縁により渡米し、雑誌編集に携わる。1909年に帰国後は学習院、東京帝国大学、真宗大谷大学に勤務。英文著作も多く、ロンドンでの世界信仰会議やエラノス会議へ出席するなど、広く欧米に仏教を紹介した。1966年死去。代表作は『日本的霊性』など。

金剛経の禅・禅への道

一九九一年一月二〇日　初版第一刷発行

二〇二〇年一〇月一五日　新版第一刷発行

著　者　鈴木大拙

発行者　神田　明

発行所　株式会社　春秋社

東京都千代田区外神田二―一八―六（〒一〇一―〇〇二一）

電話〇三―三二五五―九六一一　振替〇〇一八〇―六―二四八六一

https://www.shunjusha.co.jp/

印刷所　株式会社　太平印刷社

製本所　ナショナル製本協同組合

装　丁　伊藤滋章

定価はカバー等に表示してあります

ISBN978-4-393-14287-5

鈴木大拙の本

禅問答と悟り

逆説と超論理に満ちた禅問答を様々な具体例で解説し、山は山、川は川、世界は何一つ変わらぬままに、世界を一変させる新しい観察点を一気に獲得する禅の悟り体験に導く。

2200円

禅による生活

禅による生活とは生活が禅であると意識することである。そう始めて大拙は四つの観点から禅とは何か解き明かしていく。《Living by Zen》(1950)の邦訳。

2200円

金剛経の禅・禅への道

金剛経を自在に用い、「即非の論理」など禅の核心を解説、霊性的直観に導く「金剛経の禅」と、宗教とは何かを問うて、究極の人格を示す「禅への道」。

2500円

▼価格は税別。